Strafrecht

Die Musterklausuren

für's Examen

Januar 1998

Informieren Sie sich über unsere Kurse:

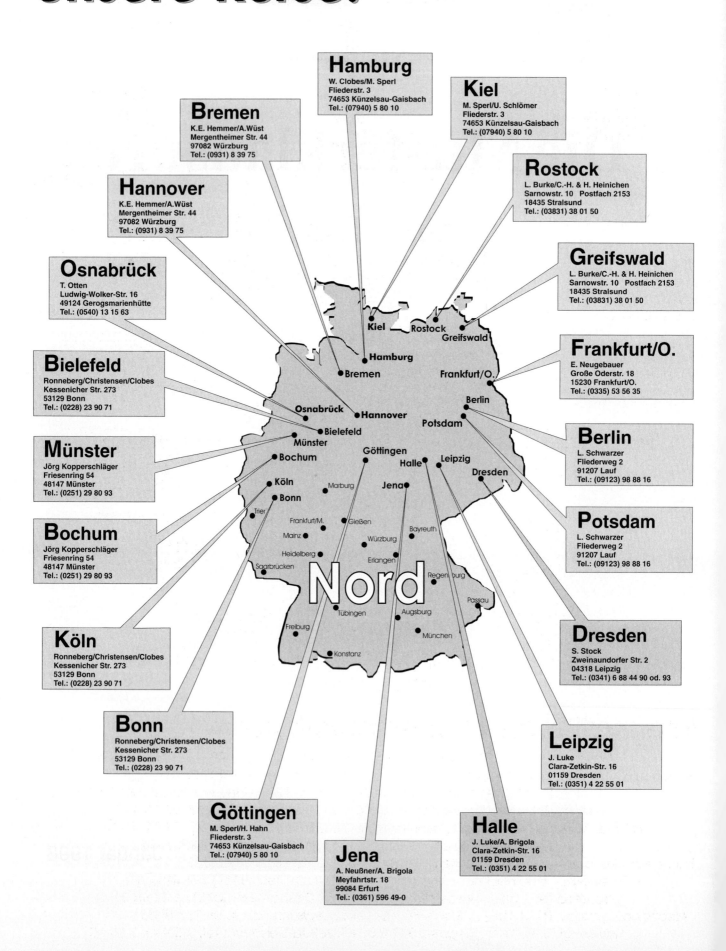

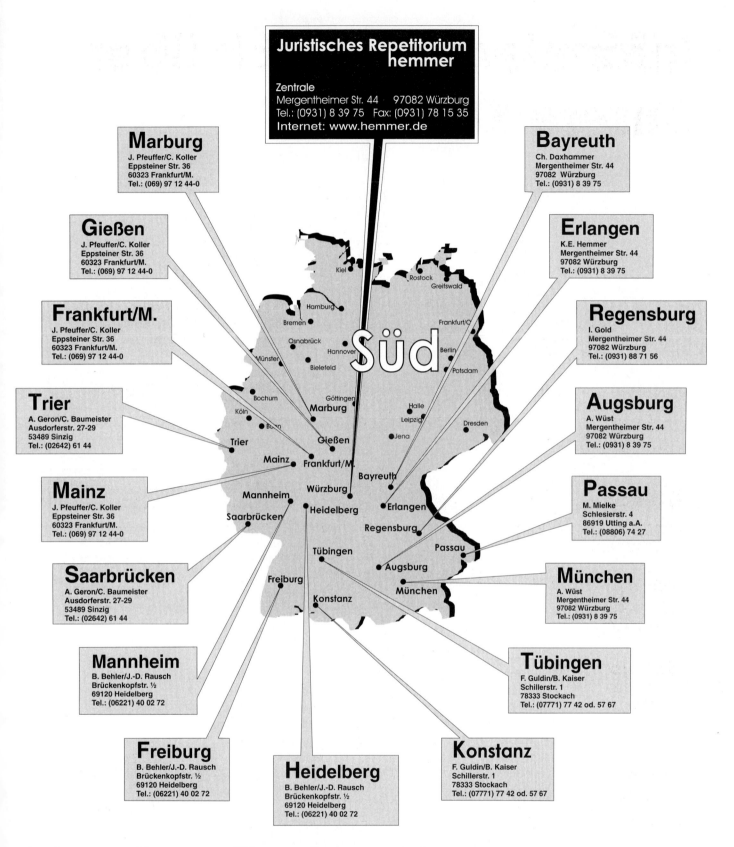

Informationen über Assessorkurse:

- **Bayern:** RA I. Gold, Mergentheimer Str. 44, 97082 Würzburg; **Tel.: (0931) 88 71 56**
- **Baden-Württemberg:** RA F. Guldin, Schillerstr. 1, 78333 Stockach; **Tel.: (07771) 77 42**
  RA'e Behler/Rausch, Brückenkopfstr. ½, 69120 Heidelberg; **Tel.: (06221) 40 02 72**
- **Hessen:** RA J. Pfeuffer, Eppsteiner Str. 36, 60323 Frankfurt; **Tel.: (069) 97 12 44-0**
- **Rheinland-Pfalz:** RA J. Pfeuffer, Eppsteiner Str. 36, 60323 Frankfurt; **Tel.: (069) 97 12 44-0**
  RA. A. Geron, Ausdorferstr. 27-29, 63489 Sinzig; **Tel.: (02642) 6144**
- **Nordrhein-Westfalen:** A. Ronneberg, Kessenicher Str. 273, 53129 Bonn; **Tel.: (0228) 23 90 71**
- **Thüringen:** RA A. Neußner, Meyfartstr. 18, 99084 Erfurt; **Tel.: (0361) 596 49-0**
- **Sachsen:** RA J. Luke, Clara-Zetkin-Str. 16, 01159 Dresden; **Tel.: (0351) 4 22 55 01**
- **Mecklenburg-Vorp.:** RA M. Henjes, Sarnowstr. 10, 18435 Stralsund; **Tel.: (03831) 378 40**
- **Hamburg:** U. Koblenz, Fliederstr. 3, 74653 Künzelsau-Geisbach; **Tel.: (07940) 5 80 10**

hemmer-Skripten

Plz	Ort	Name	Straße
16278	**Angermünde**	Schmook Buchhandlung, Ehm. Welk	Rosenstr. 3
86150	**Augsburg**	Buchhandlung Pustet	Karolinenstr. 12
86150	**Augsburg**	Kittel+Krüger Taschenbuchhandlung	Im Färbergässchen 1
86150	**Augsburg**	Schlossersche Buchhandlung	Annastr. 20
33014	**Bad Driburg**	Buchhandlung Bettine Saabel	Lange Str. 86
96047	**Bamberg**	Görresbücher Universitätsbuchhandlung	Lange Str. 24
96047	**Bamberg**	Wissenschaftliche Buchhandlung Willi Schmidt	Schützenstr. 1
95444	**Bayreuth**	Buchhandlung Gondrom	Maxstr. 18
95444	**Bayreuth**	Markgrafen-Buchhdlung Inh. R.-J. Geilenkirchen	Maximilianstr. 32
95445	**Bayreuth**	Charivari, Inh. M. Ebersberger	Hussengutstr. 47
95447	**Bayreuth**	Uni-Buchladen Peter Kohler	Emil-Warburg-Weg 28
51465	**Bergisch-Gladbach**	Buchhandlung Potthoff	Am Alten Pastorat 5
10117	**Berlin**	Akademische Buchhandlung Am Gendarmenmarkt	Markgrafenstr. 39
10117	**Berlin**	Schweitzer Sortiment Mitte	Französische Str. 13
10178	**Berlin**	Berliner Universitätsbuchhandlung am Alex GmbH	Spandauer Str. 2
10623	**Berlin**	Buchhandlung Kiepert KG	Hardenbergstr. 4-5
10719	**Berlin**	Schweitzer Sortiment Berlin	Meinekestr. 24
10785	**Berlin**	Fachbuchhandlung Struppe & Winckler	Potsdamer Str. 103
12277	**Berlin**	Hugendubel	Buckower Chaussee 116
13187	**Berlin**	Buchhandlungen im Kietz GmbH	Breite Str. 29
14193	**Berlin**	Georg Westermann Buchhandlung	Flinsberger Platz 3
14195	**Berlin-Dahlem**	Fachbuchhandlung Struppe & Winckler	U-Bahnhof Thielplatz
14195	**Berlin-Dahlem**	Kiepert a.d. Freien Universität	Garystr. 46
13505	**Berlin-Konradshöhe**	Bücherstube Jutta Winckelmann	Falkenplatz 9a
10117	**Berlin-Mitte**	Kiepert an der Humboldt-Universität	Georgenstr. 2
33602	**Bielefeld**	Fachbuchhandlung Struppe & Winckler	Friedrich-Verleger-Str. 7
33615	**Bielefeld**	Buchhandlung Luce Benedikt Luce	Universitätsstr. 25
44801	**Bochum**	Universitätsbuchhandlungen Schaten GmbH	Querenburger Höhe 221/222
53111	**Bonn**	Book Company	Nordstr. 104
53113	**Bonn**	Behrendt Buchhandlung	Am Hof 5a
53113	**Bonn**	Bouvier Fachbuchhandlung	Am Hof 32
53113	**Bonn**	Bouvier Juridicum	Nassestr. 1
38100	**Braunschweig**	Johannes Neumeyer, Inh. M. Zieger	Bohlweg 26a
38114	**Braunschweig**	Bernhard Thalacker GmbH & Co KG	Hamburger Str. 277
28195	**Bremen**	Buchhandlung Kamloth: Recht * Wirtschaft * Steuern	Ostertorstr. 25-29
28359	**Bremen**	Universitätsbuchhandlung Bremen	Bibliothekstr. 3
96450	**Coburg**	Buchhandlung Gondrom	Spitalgasse 21
96450	**Coburg**	Buchhandlung Riemann	Am Markt 9
08451	**Crimmitschau**	Behles Buchhandlung	Markt 8
64283	**Darmstadt**	Fachbuch Gebicke	Mathildenplatz 11
94469	**Deggendorf**	Buchhandlung A. Högn, Inh. Hermann Högn	Pfleggasse 1
06847	**Dessau**	Fachbuchhandlung Hein & Sohn	Elisabethstr. 16b
44145	**Dortmund**	Litfass - Der Buchladen	Münsterstr. 107
44137	**Dortmund**	Buchhandlung C.L. Krüger	Westenhellweg 9
01069	**Dresden**	Buchhandlung Technische Universität	Rugestr. 6-10
01187	**Dresden**	Goethe Buchhandlung Teubing GmbH	Westendstr. 3
40001	**Düsseldorf**	Buchhandlung Antiquariat Stern-Verlag Janssen & Co	Friedrichstr. 24-26
40211	**Düsseldorf**	Buchhandlung Sack	Klosterstr. 22
40549	**Düsseldorf**	Goethe Buchhandlung Teubig GmbH	Willstätterstr. 15
99801	**Eisenach**	Karlsbuchhandlung & Verlagsgesellschaft mbH	Karlsstr. 22
38875	**Elbingerode**	Bücher & Schreibwaren, Th. Schreiber	Rohrbachstr. 5
99084	**Erfurt**	Buchhandlung Peterknecht	Lange Brücke 57
99084	**Erfurt**	Haus des Buches Carl Habel GmbH	Juri-Gagarin-Ring 35

im Fachbuchhandel

Plz	Ort	Name	Straße
91054	Erlangen	Mencke-Blaesing Universitätsbuchhandlungen	Universitätsstr. 16
91054	Erlangen	Rudolf Merkel Universitätsbuchhandlung GmbH & Co.	Untere Karlstr. 9-11
91054	Erlangen	Universitätsbuchhandlung Theodor Krische	Krankenhausstr. 6
60311	Frankfurt/M.	Buchhandlung an der Paulskirche, Erich Richter GmbH	Kornmarkt 3
60318	Frankfurt/M.	Nibelungen-Buchhandlung Arno Juhre	Spohrstr. 41
60388	Frankfurt/M.	Bücherstube Berger	Marktstr. 15
60313	Frankfurt/M.	Hugendubel Buchhandlung	Steinweg 12
60313	Frankfurt/M.	Juristische Fach- und Versandbuchhandlung Rolf Kerst	Klingerstr. 23
60316	Frankfurt/M.	Juristische Fachbuchhandlung Hermann Sack	Günthersburgallee 1
60325	Frankfurt/M.	Universitätsbuchhandlung Bockenheimer Bücherwarte GmbH	Bockenheimer Landstr. 127
60486	Frankfurt/M.	Buchhandlung Th. Hector GmbH	Gräfstr. 77
15230	Frankfurt/O.	Ulrich von Hutten, Inh. Robert Kiepert	Logenstr. 8
79098	Freiburg i.Br.	Buchhandlung Rombach GmbH & Co Handelshaus KG	Bertoldstr. 10
79098	Freiburg i.Br.	Walthari Buchhandlung GmbH	Bertoldstr. 28
36037	Fulda	Buchhandlung Joseph Uptmoor	Friedrichstr. 20
07545	Gera	Kanitz'sche Buchhandlung, Inh. Hennies und Zinkeisen	Markt 3
35390	Gießen	Ferber'sche Universitätsbuchhandlung	Seltersweg 83
35390	Gießen	Kurt Holderer Universitätsbuchhandlung	Neuenweg 4
35390	Gießen	Ricker'sche Universitätsbuchhandlung	Ludwigsplatz 12-13
99867	Gotha	Buchhandlung Rudi Euchler, Inh. Manfred Seyfarth	Waltershäuser Str. 10
37073	Göttingen	Deuerlich'sche Buchhandlung	Weender Str. 33
37073	Göttingen	Robert Peppmüller Buchhandlung und Antiquariat	Barfüßerstr. 11
37079	Göttingen	Ottiger-Hogrefe GmbH Buchhandlung	Robert-Bosch-Str. 25
17489	Greifswald	Rats- & Universitätsbuchhandlung	Lange Str. 77
17489	Greifswald	Unibuchhandlung Gustav Weiland Nachfolger GmbH	Markt 5
03172	Guben	Buchhandlung Pohland	Frankfurter Str. 21
57627	Hachenburg	Buchhandlung Schmitt, Inh. F. & H.Schmitt	Wilhelmstr. 27
06108	Halle	J.F. Lehmanns	Universitätsring 7
06108	Halle	Unibuch Dausien	Universitätsring 9-10
20095	Hamburg	J.F. Lehmanns	Hermannstr. 17
20095	Hamburg	Thalia-Fachbuchhandlung Erich Könnecke	Hermannstr. 18
20146	Hamburg	Mauke W. Söhne Buchhandlung	Schlüterstr. 12
20146	Hamburg	Reuter & Klöckner Buchhandlung	Schlüterstr. 44
22415	Hamburg	Buchhandlung Uta Selck	Langenhorner Markt 2a
63450	Hanau	Albertis Hofbuchhandlung, Inh. Jürgen Borisch	Langstr. 47
30159	Hannover	Buchhandlung Schmorl uv Seefeld	Bahnhofstr. 14
30159	Hannover	Decius Fachbuchhandlung GmbH	Marktstr. 52
30167	Hannover	Uni-Buchhandlung Witte	Königsworther Str. 4/6
69115	Heidelberg	Universitätsbuchhandlung Gustav Braun KG	Sofienstr. 3
69117	Heidelberg	Universitätsbuchhandlung Kurt Ziehank	Universitätsplatz 12
37308	Heilbad-Heiligenstadt	Eichsfelder Bücherstube Karin Pradler	Wilhelmstr. 69
74072	Heilbronn	Buchhandlung Zimmermann, Inh. Gisela Preiß-Syhre	Wilhelmstr. 32
38350	Helmstedt	Paul Fröhlich's Buchhandlung	Papenberg 7
95028	Hof	Buchhandlung Gondrom	Altstadt 43
55743	Idar-Oberstein	Carl Schmidt & Co., Inh. Erika Schwarz	Hauptstr. 82
89966	Inning	Buchhandlung Lichtstrahl	Hauptstr. 1a
58636	Iserlohn	Buchhandlung Alfred Potthoff	Wermingser Str. 41
07743	Jena	Buchhandlung Thomas Mann	Eichplatz 1
07743	Jena	Jenaer Universitätsbuchhandlung	Schlossgasse 3-4
76133	Karlsruhe	Fa. Hermann Karl Sack GmbH, Bücher für Rechtswissenschaft	Karlstr. 3-5
76133	Karlsruhe	Metzler'sche Buchhandlung W. Hoffmann	Karlstr. 13
76137	Karlsruhe	Buchhandlung Mende Stammhaus	Karlstr. 76
34117	Kassel	A.Freyschmidt's Buchhandlung, Inh. Dr. Hans Eberhar	Obere Königsstr. 23

hemmer-Skripten

Plz	Ort	Name	Straße
34127	Kassel	Buchhandlung a.d. Hochschule, Joachim Fischlein Gmb	Holländische Str. 22
24100	Kiel	Universitätsbuchhandlung Mühlau	Holtenauer Str. 116
24105	Kiel	Dawartz Universitätsbuchhandlung	Holtenauer Str. 114
24118	Kiel	Brunswiker Universitätsbuchhandlung	Olshausenstr. 1
24118	Kiel	Campus Buchhandlung GmbH	Leibnizstr. 4
38486	Kloetze	Buchhandlung Metzing	Breite Str. 2a
50676	Köln	Vereinigte Universitäts- und Fachbuchhandlung	Rubensstr. 1
50859	Köln	Deutscher Ärzte-Verlag DAEV Versandbuchhandlung	Dieselstr. 2
50937	Köln	Fachbuchhandlung Deubner - Die Bücherpost	Universitätsstr. 20
50937	Köln	Universitätsbuchhandlung W itsch	Universitätsstr. 18
50968	Köln	Verlag Dr. Otto Schmidt KG	Unter den Ulmen 96-98
78462	Konstanz	Buchhandlung Gess GmbH	Kanzleistr. 5
78462	Konstanz	Buchhandlung Söhnen-Meder	Paradiesstr. 3
84028	Landshut	Bücher Pustet	Altstadt 28
69181	Leimen	Leimener Buchhandlung	St. Illgener Str. 1
04107	Leipzig	Fachbuchhandlung Sack für Recht/W irtschaft/Steuern	Harkortstr. 7
09212	Limbach-Oberfrohna	Buchhandlung Ragna Schöne	Johannisplatz 3
32584	Löhne	Buchhandlung Dehne	Lübbecker Str. 11
23552	Lübeck	Buchhandlung Weiland	Fleischhauerstr. 20
39104	Magdeburg	Buchhandlung Erich Weinert	Ernst-Reuter-Allee 23-27
55116	Mainz	Fachbuchhandlung Scherell & Mundt	Kaiser-Friedrich-Str. 6
55122	Mainz	Johannes Gutenberg Buchhandlung	Saarstr. 21
68161	Mannheim	Fachbuch Leydorf - Erhard G. Leydorf KG	L 3,1 gegenüber d. Schloss
68161	Mannheim	Prinz Medienvertriebs GmbH & Co. KG	T1, 1-3
35037	Marburg	Unibuchhandlung Elwert N.G.	Reitgasse 7-9
35037	Marburg	Zeckey`s Buchhandlung für Jura, Volks- u. Betriebswirtschaft	Rudolphsplatz-Passage
25704	Meldorf	Buchhandlung A. Evers	Marklstr. 2
88605	Meßkirch	J. Schönebeck Buchhandlung	Conradin-Kreutzer-Str. 10
95213	Münchberg	Buchhandlung Schlegel, Inh. I. Kredewahn	Kulmbacher Str. 24
80295	München	Fachbuchhandlung für Recht Schweitzer Sortiment	Lenbachplatz 1
80331	München	Hugendubel München - Filiale Marienplatz 2	Marienplatz 2
80335	München	Hugendubel München - Filiale Nymphenburger Straße	Nymphenburger Str. 25
80335	München	Hugendubel München - Filiale Stachus	Karlsplatz 11/12
80469	München	Max & Milian Buchladen & Versand GmbH	Ickstattstr. 2
80539	München	Akademische Buchhandlung	Veterinärstr. 1
80799	München	Hueber Universitätsbuchhandlung	Amalienstr. 75-79
80799	München	Theologische Fachbuchhandl. Chr. Kaiser GmbH	Schellingstr. 3
80799	München	Universitätsbuchhandlung Heinrich Frank	Schellingstr. 3
80993	München	Hugendubel im OEZ	Riesstr. 59
48143	Münster	Coppenrath & Boeser Universitätsbuchhandlung GmbH	Bäckergasse 3
48143	Münster	Poertgen Herder Haus der Bücher	Salzstr. 56
48143	Münster	Universitätsbuchhandlung Krüper	Frauenstr. 42
63263	Neu-Isenburg	Buchhandlung Carl Habel	Hermesstr. 4
90403	Nürnberg	Universitäts-Buchhandlung Büttner & Co.	Adlerstr. 10-12
90419	Nürnberg	Buchhandlung in Johannis	Johannisstr. 87
90429	Nürnberg	Jakob Zeiser & A.M.Ress Juristische Fachbuchhandlung	Fürther Str. 102
99885	Ohrdruf/Thüringen	Jochens Bücherstube, Dipl. Paed. J. Knebel	Marktstr. 10
74613	Öhringen	Hohenlohe'sche Buchhandlung Rau Gmbh	Bahnhofstr. 16
49074	Osnabrück	Buchhandlung H. Th. Wenner GmbH & Co	Große Str. 69
49074	Osnabrück	Buchhandlung Jonscher GmbH	Domhof 6B
49074	Osnabrück	Dieter Heide Buchhandlung	Osterberger Reihe 2-8
67697	Otterberg	Buchhandlung Engel-Ernst	Hauptstr. 59
94032	Passau	Akademische Buchhandlung Nickel & Neuefeind GmbH	Exerzierplatz 10

im Fachbuchhandel

Plz	Ort	Name	Straße
94032	Passau	Buchhandlung Friedrich Pustet GmbH	Kleiner Exerzierplatz 4
31224	Peine	Gillmeister: Bücher * Bürobedarf * Galerie	Breite Str. 8
31228	Peine-Vöhrum	Vöhrumer Bücherstube	Kirchvordener Str. 5
14467	Potsdam	Alexander von Humboldt Buchhandlung GmbH	Am Kanal 47
14467	Potsdam	Schweitzer Sortiment Potsdam	Friedrich-Ebert-Str. 117
14482	Potsdam	Becker's Buchhandlung	Breitscheid/Ecke Bebelstr.
14482	Potsdam	Bücher in Bewegung, Foyer der Mensa	Park Babelsberg 16
01896	Pulsnitz	Bücherstube Zeiger, Inh. Steffi Zeiger	Robert-Koch-Str. 38
78315	Radolfzell	Buchhandlung am Obertor, Georg Harder	Obertorstr. 7
88212	Ravensburg	Buchhandlung De Jure	Marienplatz 11
93047	Regensburg	Bücher Pustet	Gesandtenstr. 6-8
93047	Regensburg	Bücherkiste Prasch	Obere Bachgasse 14
93047	Regensburg	Georg Pfaffelhuber Fachbuchhandlung	Ludwigstr. 6
93047	Regensburg	Hugendubel Buchhandlung	Wahlenstr. 17
53424	Remagen	Buchhandlung am Annakloster, Rosmarie Feuser	Marktstr. 34
18055	Rostock	Fachbuchhandlung GrundGeyer	Kröpeliner Str. 53
18055	Rostock	Uni-Buchhandlung Weiland	Kröpeliner Str. 80
18055	Rostock	Universitätsbuchhandlung im Fünfgiebelhaus	Pädagogienstr. 20
66111	Saarbrücken	Bock & Seip GmbH Buchhandlung	Futterstr. 2
66119	Saarbrücken	Juristisches Antiquariat & Buchhandlung -Jura GmbH	Talstr. 58
33189	Schlangen	Buchhandlung Heinrich Fleege	Ortsmitte 17
98574	Schmalkalden	Buchhaus Uslar	Salzbrücke 8
91106	Schwabach	Buchhandlung Kreutzer am Markt	Königsplatz 14
73525	Schwäbisch Gmünd	Buchhandlung Schmidt	Ledergasse 2
16303	Schwedt	Buchhandlung Gondrom im Oder-Center	Landgrabenpark 1
57080	Siegen-Eiserfeld	Lehr- und Lernmittel, H. Bottenberg GmbH	Eiserfelder Str. 294
70173	Stuttgart	Buchhaus Wittwer	Königstr. 30
70173	Stuttgart	Hoser's Buchhandlung	Charlottenplatz 17
70176	Stuttgart	Karl Leitermeier KG Verlag	Silberburgstr. 126
70178	Stuttgart	Fachbuchhandlung Karl Krämer	Rotebühlstr. 40
70182	Stuttgart	Versandbuchhandlung Hans Martin	Sitzenburgstr. 9
54290	Trier	Akademische Buchhandlung Interbook GmbH	Fleischstr. 62
54296	Trier	Buchhandlung Stephanus	Im Treff 23
72074	Tübingen	Buchhandlung Hugo Frick GmbH	Nauklerstr. 7
89073	Ulm	Buch-Kerler	Platzgasse 26
68519	Viernheim	Buchhandlung Schwarz auf Weiß	Rathausstr. 45
92648	Vohenstrauß	Buchhandlung Rupprecht	Bahnhofstr. 2
49134	Wallenhorst	Schlüsselbuchhandlung, Inh. R. Wittenmayer	Alter Pyer Kirchweg 15
88250	Weingarten	Martinus-Buchhandlung	Kirchplatz 4
85185	Wiesbaden	Hertie -Buchabteilung-	Schwalbacher Str. 8
23966	Wismar	Buchhandlung Weiland	Hinter dem Rathaus 21
06886	Wittenberg	Buchhandlung Gondrom	Markt 23
97070	Würzburg	Buchhandlung Neuer Weg	Sanderstr. 33-35
97070	Würzburg	Ferdinand Schöningh Buchhandlung	Franziskanerplatz 4
97070	Würzburg	Hugendubel - Die Welt der Bücher	Schmalzmarkt 12
07937	Zeulenroda	Bücherstube Zeulenroda, Inh. Hans-Peter Arnold	Dr. Gebler-Platz 5
CH4001	Basel/Schweiz	Olymp & Hades Buchhandlung	Gerberstr. 67

Der Jahreskurs

Juristisches Repetitorium hemmer

gegründet 1976 in Würzburg

Würzburg • Erlangen • Bayreuth • Regensburg • München • Passau • Augsburg
Frankfurt/M. • Bochum • Konstanz • Heidelberg • Freiburg • Mainz • Berlin • Bonn
Köln • Göttingen • Tübingen • Münster • Hamburg • Osnabrück • Gießen
Potsdam • Hannover • Kiel • Dresden • Marburg • Trier • Jena • Leipzig
Saarbrücken • Bremen • Halle • Rostock • Greifswald • Frankfurt/O. • Bielefeld

Unsere Jahreskurse beginnen jeweils im Frühjahr und/oder Herbst.

Skriptenpaket im Preis integriert:*
Bereits mit Anmeldung 12 Skripten nach Wahl vorab.

(*mit Ausnahme der Städte Bonn, Köln, Heidelberg, Freiburg)

EXAMENSTYPISCH • ANSPRUCHSVOLL • UMFASSEND

Gewinnen Sie mit der "HEMMER-METHODE"!

Wer in vier Jahren sein Studium erfolgreich abschließen will, kann sich einen Irrtum im Hinblick auf Examensvorbereitung und Ausbildungsmaterial nicht leisten!

Stellen Sie frühzeitig die Weichen richtig. Trainieren Sie unter professioneller Anleitung das, was Sie im Examen erwartet.

> *Ihr Ziel: Sie wollen ein gutes Examen.*

Dazu hat Ihre Ausbildung den Ansprüchen des Examens zu entsprechen. Um das Examen sicher zu erreichen, müssen Sie wissen, mit welchem Anforderungsprofil Sie im Examen zu rechnen haben.

Die Kunst, eine gute Examensklausur zu schreiben, setzt voraus:

- **Problembewußtsein**

Problembewußtsein

„Problem erkannt, Gefahr gebannt". Ein zentraler Punkt ist das Prinzip, an authentischen Examensproblemen zu lernen. Anders als im wirklichen Leben gilt: „Probleme schaffen, nicht wegschaffen".

- **Juristisches Denken**

Juristisches Denken

Dazu gehört die Fähigkeit,

⇒ komplexe Sachverhalte in ihre Bestandteile zu zerlegen (assoziative Textauswertung),
⇒ die notwendigen rechtlichen Erörterungen anzuschließen,
⇒ Einzelprobleme zueinander in Beziehung zu setzen,
⇒ zu einer schlüssigen Klausurlösung zu verbinden und
⇒ durch ständiges Training wiederkehrende examenstypische Konstellationen zu erfassen.

Grundlegende Fehler werden so vermieden.

- **Abstraktionsvermögen**

Abstraktionsvermögen

Die Gesetzessprache ist abstrakt. Der Fall ist konkret. Nur wer über das notwendige Abstraktionsvermögen verfügt, ist in der Lage, die für die Fallösung erforderliche Transformationsleistung zu erbringen. Diese Fähigkeit wird geschult durch methodisches Lernen.

- **Sprachsensibilität**

Sprachsensibilität

Damit einhergehend ist Genauigkeit und Klarheit in der Darstellung, Plausibilität und Überzeugungskraft erforderlich.

Was macht das Juristische Repetitorium Hemmer so erfolgreich?

In allen drei Rechtsgebieten gilt: Examenstypisches, umfassendes und anspruchsvolles Lernsystem

1. Kein Lernen am einfachen Fall

Grundfall geht an Examensrealität vorbei

Hüten Sie sich vor Übervereinfachung beim Lernen! Unterfordern Sie sich nicht. Die Theorie des einfachen Grundfalles nimmt zwar als psychologischer Aspekt die Angst vor Fallösungen, die Examensreife kann aber so nicht erlangt werden. Es fehlt die Einbindung des gelernten Teilwissens in den Kontext des großen Falls. Ein vernetztes Lernen findet nicht statt. Außerdem: Für den Grundfall brauchen Sie kein Repetitorium. Sie finden ihn in jedem Lehrbuch. Die Methode der Reduzierung juristischer Sachverhalte auf den einfachen Grundfall bzw. das Schema entspricht weder in der Klausur noch in der Hausarbeit der Examensrealität. Sie müssen sich folglich das notwendige Anwendungswissen für das Examen selbst aneignen. Schablonenhaftes Denken ist im Examen gefährlich. Viele lernen nur nach dem Prinzip "Aufschieben und Hinauszögern" von zu erledigenden Aufgaben. Dies erweist sich als Form der Selbstsabotage. Wer sich überwiegend mit Grundfällen und dem Auswendiglernen von Meinungen beschäftigt, dem fehlt am Schluß die Zeit, Examenstypik einzutrainieren.

2. Kein Lernen am Rechtsprechungsfall mit Literaturmeinung

Zwar ermöglicht dies, Einzelprobleme leichter als durch Lehrbücher zu erlernen, es fehlt aber eine den Examensarbeiten entsprechende Vielschichtigkeit.

Rechtsprechungsfall entspricht nicht der Vielschichtigkeit des Examensfalls

Außerdem besteht die Gefahr des Informationsinfarkts. Viel Wissen garantiert noch lange nicht, auch im Examen gut abzuschneiden. Maßgeblich ist die Situationsgebundenheit des Lernens. Wer sich examenstypisch am großen Fall Problemlösungskompetenz unter Anleitung erarbeitet, reduziert die Informationsmenge auf das Wesentliche. Durch richtiges Lernen mit einem ausgesuchten, am Examen orientierten Fallmaterial verschaffen Sie sich mehr Freizeit. Nur wer richtig lernt, erspart sich auch Zeit. Weniger ist häufig mehr!

Die Examensklausuren und noch mehr die Hausarbeiten sind so konstruiert, daß die notwendige Notendifferenzierung ermöglicht wird. Die Examensrealität ist damit in der Regel anders als der einfache Rechtsprechungsfall. Examensfälle sind anspruchsvoll.

3. „HEMMER-METHODE": Lernen am examenstypischen „großen" Fall

Wir orientieren uns am Niveau von Examensklausuren, weil sich gezeigt hat, daß traditionelle Lehr- und Lernkonzepte den Anforderungen des Examens nicht entsprechen. Der Examensfall und damit der große Fall ist eine konstruierte Realität, auf die es sich einzustellen gilt.

Examen ist eine konstruierte Realität

Die "HEMMER-METHODE" ist eine neue Lernform und holt die Lernenden aus ihrer Passivität heraus. Mit gezielten, anwendungsorientierten Tips unterstützen wir vor allem die wichtige Sachverhaltsaufbereitung und damit Ihre Examensvorbereitung.

Jura ist ein Sprachspiel!

Denken Sie daran, Jura ist ein Spiel und zuallererst ein *Sprachspiel*, auch im Examen. Es kommt auf den richtigen Gebrauch der Worte an. Lernen Sie mit uns einen genauen und reflektierten Umgang mit der juristischen Sprache. Dies heißt immer auch, genau denken zu lernen. Profitieren Sie dabei von unserem Erfahrungswissen. Die juristische Sprache ist erlernbar. Wie Sie sie sinnvoll erlernen, erfahren Sie in unseren Kursen.

Statt reinem Faktenwissen erhalten Sie Strategie- und Prozeßwissen. "Schach dem Examen!".

Spaß mit der Arbeit am Sachverhalt.

Die genaue Arbeit am Sachverhalt bringt Spaß und hat sich als sehr effizient für das juristische Verständnis von Fallkonstellationen herausgestellt. Dabei ist zu beachten, daß die juristische Sprache eine Kunstsprache ist. Wichtig wird damit die Transformation: So erklärt der Laie in der Regel in der Klausur nicht: „Ich fechte an, ich trete zurück", sondern „Ich will vom Vertrag los".

Lernen Sie, den Sachverhalt richtig zu lesen. Steigern Sie Ihre Leseaufmerksamkeit. Gehen Sie deshalb gründlich und liebevoll mit dem Sachverhalt um, und verlieren Sie sich dabei nicht in Einzelheiten. Letztlich geht es um die Wahrnehmungsfähigkeit: Was ist im Sachverhalt des Examensfalles angelegt und wie gehe ich damit um ("Schlüssel-Schloß- Prinzip"). Der Sachverhalt gibt die Problemfelder vor. Entgehen Sie der Gefahr, daß Sie "ein Weihnachtsgedicht zu Ostern vortragen".

Trainieren von denselben Lerninhalten in verschiedenen Anwendungssituationen

Juristerei setzt eine gewisse Beweglichkeit voraus, d.h. jeder Fall ist anders, manchmal nur in Nuancen. Akzeptieren Sie: Jeder Fall hat einen experimentellen Charakter. Trainieren Sie Ihr bisheriges Wissen an neuen Problemfeldern. Dies verhindert, daß das Gelernte auf einen bestimmten Kontext fixiert wird. Trainieren Sie, dieselben Lerninhalte in verschiedene Anwendungssituationen einzubetten und aus unterschiedlichen Blickwinkeln zu betrachten. Denn wer einen Problemkreis von mehreren Seiten her kennt, kann damit auch flexibler umgehen. Verbessern Sie damit Ihre Transferleistung. Über das normale additive Wissen hinaus vermitteln wir sog. metabegriffliches Wissen, d.h. bereichsübergreifendes Wissen.

modellhaftes Lernen

Modellhaftes Lernen schafft Differenzierungsvermögen, ermöglicht Einschätzungen und fördert den Prozeß der Entscheidungsfindung. Seien Sie kritisch gegenüber Ihren Ersteinschätzungen. Eine gewisse Veränderungsbereitschaft gehört zum Lernprozeß. Überprüfen Sie Ihr Wertungssystem auch im Hinblick auf das Ergebnis des Falles.

Hüten Sie sich vor zu starkem Routinedenken und damit vor automatisierten Mustern. Fragen Sie sich stets, ob Sie mit Ihren Annahmen den Fall weiterlösen können oder ob Sie in eine Sackgasse geraten.

Assoziationsmethode als erste "Herangehensweise"
– Hypothesenbildung

Mit der Assoziationsmethode lehren wir in unseren mündlichen Kursen, wie Sie die zentralen Probleme des Falles angehen und ausdeuten. Dabei wird die Bedeutung nahezu aller Worte untersucht. Durch frühe Hypothesenbildung werden alle für die Fallösung möglichen Problemkonstellationen durchgespielt. Die spätere gezielte Selektion führt dazu, daß die für den konkreten Sachverhalt abwegigen Varianten ausscheiden (Prinzip der Retardation bzw. der negativen Evidenz). Die übriggebliebenen Hypothesen bestimmen die Lösungsstrategie.

wichtigste Arbeitsphase
= Problemaufriß

Die erste Stunde, der Problemaufriß, ist die wichtigste Stunde. Es werden die Weichen für die spätere Niederschrift gestellt. Wenn Sie die Klausur richtig erfassen (den "roten Faden" / die "main street"), sind Sie zumindest auf der sicheren Seite und schreiben nicht an der Klausur vorbei.

4. Ersteller als „imaginärer" Gegner

Dialog mit dem Klausurersteller

Der Ersteller des Examensfalles hat auf verschiedene Problemkreise und ihre Verbindung geachtet. Der Ersteller als Ihr "imaginärer Gegner" hat, um Notendifferenzierungen zu ermöglichen, verschiedene Problemfelder unterschiedlicher Schwierigkeit versteckt. Der Fall ist vom Ersteller als kleines Kunstwerk gewollt. Diesen Ersteller muß der Student als imaginären Gegner bei seiner Fallösung berücksichtigen. Er muß also versuchen, sich in die Gedankengänge, Annahmen und Ideen des Erstellers hineinzudenken und dessen Lösungsvorstellung wie im Dialog möglichst nahe zu kommen. Je ideenreicher Ihre Ausbildung verläuft, desto mehr Möglichkeiten erkennen Sie im Sachverhalt. Die Chance, eine gute Klausur zu schreiben, wird größer.

bestmöglicher Konsens

> **Wir fragen daher konsequent bei der Fallösung:**
> - *Was will der Ersteller des Falles ("Sound")?*
> - *Welcher "rote Faden" liegt der Klausur zugrunde ("main-street")?*
> - *Welche Fallen gilt es zu erkennen?*
> - *Wie wird bestmöglicher Konsens mit dem Korrektor erreicht?*

Die Fallösung wird dann nicht durch falsches Schablonendenken geprägt, vielmehr zeigen Sie, daß Sie gelernt haben, mit den juristischen Begriffen umzugehen, daß es nicht nur auswendig gelernte Begriffe sind, sondern daß Sie sich darüber im klaren sind, daß der Begriff immer erst in der konkreten Anwendung seine Bedeutung gewinnt.

Unterfordern Sie sich nicht

Lernen Sie nicht auf zu schwachem Niveau. Zwar ist "der Einäugige unter den Blinden König". Die Einäugigkeit rächt sich aber spätestens im Examen. Ziel jeden guten Unterrichts muß eine realistische Selbsteinschätzung der Hörer sein.

problemorientiertes Lernen, unterstützt durch Experten

Wichtig ist, mit der Assoziationsmethode im richtigen sozialen Kontext zu lernen, denn gemeinsames Lernen in Gruppen ist nicht nur motivierend, sondern auch effektiv. Nehmen Sie an einer Atmosphäre teil, wo Sie sinnvoll Erfahrungsaustausch, Meinungsvielfalt und Kontakt mit Experten erfahren. Maßgeblich ist die gezielte Unterstützung. Wir geben das Niveau vor. Achten Sie stets darauf, daß die Lernsituation anwendungsbezogen bleibt und der Vielschichtigkeit des Examens entspricht. Unser Repetitorium spricht den Juristen an, der sich am Prädikatsexamen orientiert. Insoweit profitieren Sie auch vom Interesse und Wissensstand der anderen Kursteilnehmer.

Gefahr bei Kleingruppen

Hüten Sie sich vor sog. "Kleingruppen". Dort besteht die Gefahr, daß Schwache und Nichtmotivierte den Unterricht allzusehr mitbestimmen: "Der Schwächste bestimmt das Niveau!" Wichtig ist doch für Sie, auf welchem Niveau (was und wie) die Auseinandersetzung mit der Juristerei stattfindet. Wer nur auf vier Punkte lernt, landet leicht bei drei Punkten!

Soviel ist klar: <u>Wie</u> Sie lernen, beeinflußt Ihr Examen. Weniger bekannt ist, daß das Fehlen bestimmter Informationen das Examen verschlechtert.

Glauben Sie an die eigene Entwicklungsfähigkeit, schöpfen Sie ihr Potential aus.

5. Spezielle Ausrichtung auf Examenstypik

im Trend des Examens

Dies hat weiterhin den Vorteil, daß wir voll im Trend des Examens liegen. Die Thematik der Examensfälle ist bei uns auffällig häufig vorher im Kurs behandelt worden. Auch in Zukunft ist damit zu rechnen, daß wir mit Ihnen innerhalb unseres Kurses die Themen durchsprechen, die in den nächsten Prüfungsterminen zu erwarten sind.

6. „Gebrauchsanweisung"

Expertenkniffe

Vertrauen Sie auf unsere Expertenkniffe. Die "HEMMER-METHODE" setzt richtungsweisende Maßstäbe und ist Gebrauchsanweisung für Ihr Examen.

Der Erfolg gibt uns recht!

Examensergebnisse

Die Examenstermine zeigen, daß **unsere Kursteilnehmer** überdurchschnittlich abschneiden; z.B. Würzburg, Ergebnisse Frühjahr 1995: Die sechs Besten des Termins in Würzburg, alle "**Freischüßler**": **Schnitt von 13,39** Punkten! Von 1980 bis 1996 in 32 Terminen insgesamt zehn mit der Note "sehr gut", neun von uns. Darunter mehrfach die Landesbesten, z.B. mit **15,08** (Achtsemester). Sieben davon waren langjährige Mitarbeiter. Von 1991-1996 sechs mal "sehr gut", 41 mal gut. Bereits in unserem ersten Durchgang in Berlin, Göttingen und Konstanz **(später 14,5)** die Landesbesten mit "sehr gut". Auch in Freiburg, Bayreuth, Köln, Regensburg **(15,54; 14,0)**, Erlangen **(15,4; 15,0; 14,4)**, Gießen **(15,5)**, Hamburg **(14,5)**, München **(14,25; 14,04; 14,04; 14,00)**, Frühjahr 1997 (1 termin!): 36 mal über Neun: 2x sehr gut, 14x gut, 20x vollbefriedigend. Köln (2x), Bonn, und Heidelberg "sehr gut".

Augsburg: Frühjahr '95, Landesbester mit **15,25** Punkten **(Achtsemester!)**. Wenn Siebtsemester mit **13,7; 13,7; 12,8; 12,3;** (Würzburg) und bereits im ersten "Freischuß 91 I" vier **Siebtsemester** einen Schnitt von **12,01** Punkten (Augsburg) erzielten, spricht dies für ein richtiges methodisches Vorgehen. Sie konnten sich in der Kürze der Zeit nur auf uns verlassen. Häufig erreichten unsere Kursteilnehmer die Note "gut" und "vollbefriedigend". Lernen auf ein Prädikatsexamen zahlt sich eben aus.

Ziel: solides Prädikatsexamen

Lassen Sie sich aber nicht von diesen "Supernoten" verschrecken. Denn unsere Hauptaufgabe sehen wir nicht darin, nur Spitzennoten zu produzieren: Wir streben ein solides Prädikatsexamen an. So erreichten z.B. schon im ersten Durchgang unsere Kursteilnehmer in Leipzig (Termin 1994 II) bereits nach dem Schriftlichen einen Schnitt von 8,6 Punkten, wobei der Gesamtdurchschnitt aller Kandidaten nur 5,46 Punkte betrug (Quelle: Fachschaft Jura Leipzig, »Der kleine Advokat«, April 1995). Aber am allerwichtigsten für uns ist: Unsere Durchfallquote ist äußerst gering! Regelmäßiges Training an examenstypischem Material zahlt sich also aus.

Spitzennoten von Mitarbeitern

Dies zeigt sich auch z.B. bei unseren Verantwortlichen: In jedem Rechtsgebiet arbeiteten Juristen mit, die ihr Examen mit "sehr gut" bestanden haben. Zur Zeit (März 97) arbeiten in der Zentrale in Würzburg drei mit sehr gut (14,79, 14,08, 14,04 und sieben mit über dreizehn (13,8, 13,7, 13,6, 13,5, 13,4, 13,2, 13,02) und weitere mit gut und zwar alles Hemmer-Kursteilnehmer in Würzburg am Kursprogramm mit. Wenn ehemalige Kursteilnehmer mit Noten von 15,54, 15,5, 15,25 Punkten und viele andere mit "sehr gut" und "gut" unser Programm mitgestaltet haben, zeigt das ein hohes Maß an Übereinstimmung mit unserer Lernmethode.

Die Ergebnisse unserer Kursteilnehmer im Ersten Staatsexamen können auch Vorbild für Sie sein. Motivieren Sie sich durch Ihre guten Mitkursteilnehmer/innen. Lassen Sie sich daher nicht von unseren Supernoten verschrecken, sehen Sie dieses Niveau als Anreiz für Ihr Examen. „Wer nur in der C-Klasse spielt, bleibt in der C-Klasse."

Wir sind für unser Anspruchsniveau bekannt. Trainieren Sie zusammen mit anderen interessierten Juristen auf Examensniveau. Lassen Sie sich in unseren Kursen motivieren. Lernen Sie mit der **"HEMMER-METHODE"**. Fragen Sie ehemalige Kursteilnehmer, wie sie im Examen abgeschnitten haben. Sie werden bestätigen, daß die

Ausbildung mit der "HEMMER-METHODE" eine lohnende Investition in ihre Zukunft war.

Anders als die Universität sind wir eine Firma und keine "Behörde". Uns mißt man an unserer Leistung: Wie uns die Kursteilnehmer bestätigen, stimmt das Verhältnis von Kosten und Gewinn.

Holen Sie sich die wichtigsten Grundinformationen z.B. aus den "Basics" und versuchen Sie dann, die Fälle des Hauptkurses vor dem Unterricht zu lösen. Sie lernen dann durch Versuch und Irrtum (trial and error).

Gehen Sie mit dem sicheren Gefühl ins Examen, sich richtig vorbereitet zu haben:

Testen Sie uns!

Der Hemmer-Hauptkurs

Der Jahreskurs mit den großen Fällen, schriftlichen Lösungen, Wiederholungs- und Vertiefungsfragen in allen drei Rechtsgebieten, einschließlich zwölf Skripten bei Kursbeginn.

Kursort/-zeit: Entnehmen Sie bitte den Kursort und die Kurszeit der aktuellen Werbung Ihrer Stadt.

INFOTELEFON: 0931-83975
Fax: 0931-781535
Internet: www.hemmer.de

Probehören: jederzeit im laufenden Kurs
Kündigung: jederzeit ohne Einhaltung von Kündigungsfristen

Anmeldung: Hiermit melde ich mich zum Hauptkurs des Juristischen Repetitoriums Hemmer verbindlich an. (Bitte in Druckbuchstaben deutlich lesbar ausfüllen)

Teilnahme ab: (Einstiegsmonat) .... **Kursort:** ....

Name: .... **Vorname:** ....

Studienadresse: ....

Heimatadresse: ....

Telefon: .... **Unterschrift:** ....

Bitte zusenden an: Juristisches Repetitorium Hemmer • Mergentheimer Str. 44 • 97082 Würzburg • **Fax: 0931-781535** • Tel.: 0931-83975

Strafrecht

Die Musterklausuren

für's Examen

Januar 1998

Das Skript ist urheberrechtlich geschützt. Die dadurch begründeten Rechte, insbesondere des Nachdrucks, der Wiedergabe auf photomechanischem oder ähnlichem Wege und der Speicherung in Datenverarbeitungsanlagen bleiben, auch bei nur auszugsweiser Verwertung, der Hemmer/Wüst-Verlagsgesellschaft vorbehalten.

Hemmer/Wüst Verlagsgesellschaft
Hemmer/Wüst, Strafrecht/Die Musterklausuren für's Examen

ISBN 3-89634-079-4
1. Auflage, Januar 1998

gedruckt auf chlorfrei gebleichtem Papier
von Schleunungdruck GmbH, Marktheidenfeld

Vorwort

Strafrecht

Die Musterklausuren für's Examen

Examensfälle haben eine eigene Struktur. Der Ersteller konstruiert Sachverhalt und Lösung nach bestimmten Regeln, die es zu erfassen gilt. Die Klausur beinhaltet objektive und subjektive Merkmale. Objektiv muß die Klausur wegen der Notendifferenzierung anspruchsvoll; aber lösbar sein, eine Vielzahl von Problemen beinhalten und bei der Lösung ein einheitliches Ganzes ergeben. Subjektives Merkmal ist, wie der Ersteller die objektiven Merkmale gewichtet hat. Hier zeigt sich sein Ideengebäude. Dieses zu erfassen ist die wesentliche Aufgabe bei der Klausurbewältigung. Deshalb fragen wir mit der **HEMMER-METHODE**, was will der Verfasser der Klausur, welcher rote Faden liegt zugrunde, welche kritischen Grenzfälle hat er im Auge, welchen Fall gilt es zu erkennen.

Stellen Sie sich den Ersteller der Klausur als imaginären Gegner vor. Nur wer die in der Klausur angelegten Ideen und Stolpersteine erfaßt, schreibt die gute Klausur.

Es ist notwendig, typische Examensfallkonstellationen durchgearbeitet zu haben, wiederum gilt: "Wer den Hafen nicht kennt, für den ist kein Wind günstig" ('Seneca). **HEMMER-METHODE** heißt, möglichst präzise Beschreibung, wie man bei einer Examensklausur vorgeht. Die Gebrauchsanweisung mit der **HEMMER-METHODE** erstreckt sich auf die äußere Aufbereitung, Aufbau, Obersatzbildung, Sprache, Form, Sachverhaltseinbeziehung, und auf die immer wiederkehrenden Argumentationsfiguren.

Im Examen erwartet Sie kein einfacher Standard,- Grund,- oder Normalfall, sondern der kritische Grenzfall, der zur Auseinandersetzung zwingt. Stellen Sie sich rechtzeitig auf die Anforderungen des Examens ein, so vermeiden Sie die sonst zwangsläufig aufkommende Angst und Panik. Nur wer Examensfälle trainiert, kann auch Examen schreiben.

Die Reihe ergänzt unseren Haupt- und Klausurenkurs, wo über 200 vergleichbare Fälle auf Examensniveau unter Anleitung von Profis erklärt werden.

Viele lernen auch bei Klausuren nach dem "Kübelprinzip", d.h. rein additiv und rezeptiv. Im Examen stellen sie dann oft zu spät fest, daß sie falsch gelernt haben. Nur wer problemorientiert Examensfälle lösen lernt, hat sich richtig vorbereitet.

Der Bewährungsgrad unserer Theorie ist ihr Erfolg in der Praxis: So erreichten z.B. in der Zentrale Würzburg von unseren Kursteilnehmern in den letzten sechs Examensterminen 95/96/97, 5x Platzziffer 1 und 5x Platzziffer 2. 1980 -1996 in 32 Terminen von zehn sehr gut, neun Hemmer-Leute. Frühjahrsergebnisse '95: Die sechs Besten (Freischützen), Schnitt 13,39. Oder München: Frühjahrsergebnisse '97: 36 x über neun Punkte in einem Termin!

Lassen Sie sich von diesen Ergebnissen nicht erschrecken, sehen Sie es als Anreiz für Ihre eigene Vorbereitung. Lernen Sie mit der **HEMMER-METHODE** examenstypisch, anspruchsvoll und umfassend. Wir würden uns freuen, wenn Sie aus dieser Fallsammlung Profit ziehen. Die richtige Investition in Ihre Ausbildung garantiert den Erfolg.

Hemmer   *Wüst*

INHALTSVERZEICHNIS   Seite I

Zahlen beziehen sich auf die Seiten des Skripts

Fall 1:
Alibi für eine Nacht
Unbefugter Fahrzeuggebrauch; Aussagedelikte, insbesondere Fragen der Teilnahme 1

Fall 2:
Zum Geburtstag
Abgrenzung Betrug/Diebstahl beim Passieren der Kasse mit versteckter Ware; zusammengesetzte Urkunden; Vollendung des Diebstahls bei elektronischer Warensicherung 17

Fall 3:
Militant für den Frieden
Nötigungsproblematik bei Sitzblockaden; Beleidigungsdelikte 31

Fall 4:
Gefährliche Brüder
Abgrenzung Raub/räuberische Erpressung; einschränkende Auslegung der §§ 239a, 239b; Problematik der Dreieckserpressung 45

Fall 5:
Anwalt auf Abwegen
Begünstigung; Strafvereitelung; Hehlerei 59

Fall 6:
Gefährliche Straßen
Straßenverkehrsdelikte; mittäterschaftlich begangener Raub; Mitfahrerproblematik bei § 315c 71

Fall 7:
Müllers flammende Mühle
Brandstiftungsdelikte; erfolgsqualifizierter Versuch; fahrlässige Körperverletzung/Tötung 83

Fall 8:
Die betrogenen Autoknacker
Qualifikationen des Diebstahls; Vermögensbegriff beim Betrug; Unterschlagung; Hehlerei 97

Fall 9:
Die Machenschaften von Tick, Trick und Track
eigennütziger/fremdnütziger Betrug; Stoffgleichheit beim Betrug; Urkundendelikte 115

Fall 10:
Der Geldregen
Betrug durch Unterlassen; Scheckkartenmißbrauch; Computerbertrug 129

ALIBI FÜR EINE NACHT

SACHVERHALT:

Artur erkennt auf dem Heimweg um 23 Uhr, daß Cäsar seinen Wagen nicht abgeschlossen und mit steckendem Zündschlüssel hat stehen lassen. Er nutzt die Gelegenheit, auch einmal mit einer Nobelkarosse fahren zu können, und unternimmt eine längere Spritztour. Anschließend stellt er den PKW, wie von vornherein geplant, um 3 Uhr morgens wieder vor dem Haus des Cäsar ab.

Da Artur aber beobachtet worden ist, kommt es zu einem Ermittlungsverfahren. Zur Vermeidung einer Verurteilung bittet Artur seinen Freund Detlef, ihm "ein Alibi zu besorgen". Detlef willigt ein. Artur erscheint auch auf der Geschäftsstelle des Gerichts und bittet um Aufnahme einer Erklärung: Detlef solle als Tatzeuge zum Verhandlungstermin geladen werden, da er bezeugen könne, mit ihm bis 0.30 Uhr im Kino gewesen zu sein. Detlef wird geladen und macht in der Verhandlung auch die von Artur gewünschten Ausführungen, obwohl er sich noch genau an die wirklichen Begebenheiten erinnern kann. Der Richter zweifelt an den Aussagen des Detlef und ordnet, als dieser weiterhin hartnäckig bei seiner Aussage bleibt, eine 10-minütige Verhandlungspause an. Er kündigt an, Detlef anschließend vereidigen zu wollen. Artur und Detlef, die zuvor beide nicht mit einer Vereidigung gerechnet hatten, stehen in dieser Pause zusammen auf dem Flur, sprechen jedoch nicht miteinander. Anschließend beeidet Detlef seine Aussage.

Außerdem bittet Artur den mit ihm befreundeten Taxifahrer Theo, dem Gericht eidesstattlich zu versichern, daß er ihn um 0.45 Uhr nach Hause gefahren habe. Daher schickt Theo wider besseres Wissen folgendes Schreiben an das Gericht:

"Hiermit versichere ich an Eides Statt, daß ich den Artur um 0.45 Uhr nach Hause gefahren habe."

Auch seine Frau Frieda bezieht Artur in seine "Verteidigung" mit ein. Da Frieda leicht vergeßlich ist, bittet er sie, vor Gericht auszusagen, daß er in der fraglichen Nacht um 1.00 Uhr nach Hause gekommen sei. Dabei geht er davon aus, daß die Frieda sich nicht mehr an seine genaue Rückkehr erinnern könne. Diese kann sich jedoch sehr wohl noch genau an die Vorkommnisse erinnern. Dennoch macht sie in der Hauptverhandlung die gewünschten Aussagen und beeidet diese anschließend. Aufgrund der Entlastungszeugen wird Artur schließlich auch freigesprochen.

Bearbeitervermerk:

Prüfen sie die Strafbarkeit von Artur, Detlef, Theo und Frieda.

LÖSUNG:

1. TATKOMPLEX: DIE SPRITZTOUR MIT DEM PKW

> **"HEMMER-METHODE":** Gerade in umfangreicheren Klausuren, wie sie in der Fortgeschrittenen-Übung und im Examen gestellt werden, ist es meistens erforderlich (aus Gründen der Übersichtlichkeit aber zumindest ratsam), mehrere Tatkomplexe zu bilden. Hier ist schon die "Spritztour" ein eigener Abschnitt. Als weitere eigene Abschnitte könnte man auch jeweils die verschiedenen Aussagedelikte ansehen; indes ist dies nicht erforderlich, da diese bereits durch die unterschiedlich handelnden Personen getrennt sind.

STRAFBARKEIT DES A

I. Diebstahl des PKW, § 242 I StGB

obj. Tatbestand: Wegnahme (+)

1. A hat den PKW des C, eine fremde bewegliche Sache, weggenommen, indem er den noch bestehenden, wenn auch gelockerten Gewahrsam des C gebrochen und neuen Gewahrsam begründet hat.

> **"HEMMER-METHODE":** Unproblematisches kurz abhandeln! Die fremde bewegliche Sache muß zwar erwähnt, aber nicht näher erläutert werden. Dagegen könnte man zur Problematik des gelockerten Gewahrsams noch einen Satz mehr schreiben; muß dies aber wohl deshalb nicht, weil der Diebstahl im Ergebnis ohnehin zu verneinen ist und die "Spritztour" außerdem nur als Aufhänger für die Aussagedelikte dient.

Vorsatz

2. Das Vorliegen des *Tatbestandsvorsatzes* kann unproblematisch bejaht werden.

Zueignungsabsicht (-), da von vornherein Rückführungswille

Fraglich ist jedoch die *Zueignungsabsicht*, da es an der dauernden Enteignung des Eigentümers insoweit fehlt, als A seinen von Anfang an gegebenen Rückführungswillen auch in die Tat umgesetzt hat.

Selbst wenn man mit der Rechtsprechung und weiten Teilen der Literatur als Objekt der Zueignung auch den in der Sache verkörperten Wert ansieht (die h.M. folgt der sog. Vereinigungstheorie, die Substanz- und Sachwerttheorie kombiniert), kommt man zu keinem anderen Ergebnis. Da der C die Sache alsbald nach der Verwendung wieder zurückgegeben hat, liegt kein ins Gewicht fallender Wertverlust vor, so daß die Zueignungsabsicht zu verneinen ist.

§ 242 I StGB (-)

3. X hat keinen Diebstahl begangen.

II. Unbefugter Gebrauch eines Fahrzeugs, § 248b I StGB

obj. Tatbestand (+)

1. A hat den PKW des C gegen dessen Willen in Gebrauch genommen, indem er die Spritztour unternahm. Damit hat er den objektiven Tatbestand verwirklicht.

Vorsatz (+)	**2.** A handelte vorsätzlich.
Rwk, Schuld (+)	**3.** Rechtfertigungs- und Schuldausschließungsgründe sind nicht ersichtlich.
§ 248b I StGB (+)	**4.** A hat sich daher nach § 248b StGB strafbar gemacht.

III. Diebstahl des Benzins, § 242 I StGB

Tatbestand (+), aber von § 248b StGB verdrängt

Dadurch, daß A durch die Ingebrauchnahme des Pkws gleichzeitig das im Tank befindliche Benzin weggenommen und durch teilweisen Verbrauch sich zugeeignet hat, hat er den Tatbestand des § 242 I StGB verwirklicht. Da dieser Benzindiebstahl aber die regelmäßige Begleittat einer unbefugten Ingebrauchnahme des Fahrzeugs ist (Fall der Konsumtion), wird er durch § 248b StGB verdrängt. Daran ändert auch die Subsidiaritätsregel des § 248b I StGB nichts, da ansonsten die Privilegierung des Gebrauchs ohne Zueignungsabsicht unterlaufen würde.

2. TATKOMPLEX: DIE FALSCHAUSSAGEN

A. STRAFBARKEIT DES D

I. Meineid, § 154 I StGB

obj. Tatbestand

1. D könnte sich durch die Aussage vor Gericht nach § 154 StGB strafbar gemacht haben. Er hat vor Gericht einen Eid geleistet. Dieser war falsch, denn er bezog sich auf eine objektiv wahrheitswidrige Aussage. Mit der h.M.[1] ist auch dieser objektiven Theorie zu folgen, denn die Vorstellung von der Richtigkeit ist angemessener im subjektiven Tatbestand zu prüfen.

Ob ein Vereidigungsverbot besteht (vgl. § 60 StPO), ist nach allgemeiner Meinung im Rahmen des Tatbestandes irrelevant.[2]

Vorsatz (+)

2. D müßte bezüglich der Wahrheitswidrigkeit seiner Aussage zumindest bedingten Vorsatz gehabt haben. Diese Voraussetzung ist gegeben, so daß D vorsätzlich handelte.

Rwk, Schuld (+)

3. D handelte auch rechtswidrig und schuldhaft.

minder schwerer Fall?

4. Es könnte aber ein Fall von § 154 II StGB vorliegen. Dies ließe sich u.U. - nicht jedoch zwingend - annehmen, wenn ein Fall eines Vereidigungsverbotes gemäß § 60 Nr.2 StPO vorgelegen hätte.[3]

---

1 vgl. etwa D/T, v. § 153 Rn. 5
2 vgl. D/T, § 154 Rn. 27
3 vgl. D/T, § 154 Rn. 27 m.w.N.

> **"HEMMER-METHODE"**: Grds. müssen Sie zur Strafzumessung bis zum ersten Staatsexamen keine Stellung nehmen, wenn der Sachverhalt dies nicht ausdrücklich anordnet. Etwas anderes gilt aber für die Strafzumessungsregeln, die sich aus dem StGB ergeben, also die Anordnungen eines besonders bzw. minder schweren Falls (z.B. §§ 154 II; 243 StGB) oder Strafmilderungen nach § 49 StGB, sofern einzelne Vorschriften (z.B. §§ 1 S.2; 23 II StGB) hierauf verweisen.

§ 60 Nr.2 StPO?

a) Ob hier ein Fall des § 60 Nr.2 StPO vorliegt, muß anhand seines Gesetzeszwecks ermittelt werden. Dieser besteht darin, daß ein Teilnahmeverdächtiger nicht vereidigt werden soll, weil er sich in einem Gewissenskonflikt befindet und ihm die nötige Unbefangenheit fehlt, so daß deswegen der Eid seiner *Funktion* nicht genügen kann, den *Beweiswert einer Aussage zu erhöhen*.[4] Eventuell geht es auch um den Schutz des Zeugen selbst (str.).

nur bei Strafbarkeit vor der Hauptverhandlung

Um § 60 Nr.2 StPO anwenden zu können, muß der Zeuge sich daher vor der Hauptverhandlung strafbar gemacht haben. Die mögliche Strafbarkeit *durch* die Aussage genügt für § 60 Nr.2 StPO nicht.[5] Denn dann besteht noch keine Zwangslage, da der Zeuge seine Aussage jederzeit berichtigen kann.

Zu prüfen ist hier also, ob vorher schon eine Straftat vorlag. Da für eine Beteiligung an der angeklagten Tat selbst nichts vorgebracht und ersichtlich ist, ist alleine auf das *Versprechen der Falschaussage* abzustellen.

b) Eine Falschaussage kann grds. problemlos als Strafvereitelungshandlung qualifiziert werden.[6] Dabei steht der Versuch auch der tatsächlichen Beteiligung i.S.v. § 60 Nr.2 StPO gleich.[7]

Voraussetzung ist aber mindestens, daß das *Versuchsstadium* überhaupt erreicht wurde. Ungenügend ist nach h.M. dagegen die dem Angeklagten gemachte *bloße Zusage* einer künftigen Falschaussage in der Hauptverhandlung[8] Da so etwas nur eine straflose Vorbereitungshandlung darstellt,[9] besteht der genannte Konflikt (vgl. Gesetzeszweck oben) gar nicht, also auch kein Bedürfnis für die Anwendung von § 60 Nr.2 StPO. Die bloße Zusage einer Falschaussage steht einer Vereidigung nicht entgegen.[10]

Da hier beide nicht mit einer Vereidigung rechneten, eine Zusage eines *Meineids* also keinesfalls vorliegt (vgl. *§§ 30 II, 154 I StGB*; beim Meineid handelt es sich um ein Verbrechen i.S.d. § 12 I StGB), kann sich auch aus diesem Aspekt keinesfalls etwas anderes ergeben.

---

4 KLEINKNECHT/MEYER-GOßNER, § 60 Rn. 8 m.w.N.
5 vgl. etwa auch BayObLG NJW 1991, 1126; KLEINKNECHT/MEYER-GOßNER, § 60 Rn. 20
6 D/T, § 258 Rn. 6 m.w.N.
7 KLEINKNECHT/MEYER-GOßNER, § 60 Rn. 19
8 vgl. KLEINKNECHT/MEYER-GOßNER, § 60 Rn. 21.
9 D/T, § 258 Rn. 14 m.w.N.
10 KLEINKNECHT/MEYER-GOßNER, § 60 Rn. 21.

> **"HEMMER-METHODE":** Letztlich würde sich aber auch die Zusage eines Meineides trotz der grundsätzlichen Strafbarkeit nach §§ 30, 154 I StGB nicht auswirken. Der Gewissenskonflikt des Zeugen entfällt nämlich deswegen, weil dieser durch Richtigstellung gemäß § 31 Nr.2 StGB straflos wird, also rechtlich unbefangen aussagen kann.[11]
> Bei der Problematik handelt es sich um ein relativ schwieriges Problem. Zumindest Examenskandidaten sollten es aber schon einmal gehört haben.

§ 154 I StGB (+)

5. D ist strafbar nach § 154 I StGB, für § 154 II StGB ist nach dem Sachverhalt nichts ersichtlich.

II. Strafvereitelung, § 258 StGB

obj. Tatbestand (+)

1. D hat durch seine Versicherung bewirkt, daß A nicht aus § 248b StGB bestraft wurde, und dadurch den objektiven Tatbestand der Verfolgungsvereitelung verwirklicht.

Vorsatz (+)

2. Er wußte, daß A die Tat, die ihm vorgeworfen wurde, auch begangen hatte und wollte somit die Strafverfolgung vereiteln. Damit ist der subjektive Tatbestand erfüllt.

> **"HEMMER-METHODE":** Hinsichtlich der Vortat des Vereitelungsbegünstigten soll nach h.M. dolus eventualis genügen, da sich auf diese Tatsache der Begriff "absichtlich" logisch nicht beziehen könne. "Absicht" oder "Wissentlichkeit" (d.h. dolus directus 1. oder 2. Grades) müsse somit nur hinsichtlich der "Vereitelung" vorliegen. Angesichts des Gesetzeswortlauts erscheint aber auch eine a.A. vertretbar, zumal der Begriff des "Vereitelns" eigentlich auch die Kenntnis von der Vortat voraussetzt.

Rwk, Schuld (+)

3. Rechtswidrigkeit und Schuld sind gegeben.

§ 258 I StGB (+)

4. D hat sich nach § 258 I StGB strafbar gemacht. Mit dem Meineid gemäß § 154 I StGB besteht Idealkonkurrenz, § 52 I StGB.

III. Vortäuschen einer Straftat, § 145d II StGB

§ 145d II StGB (-)

Der Tatbestand des § 145d II StGB ist nicht erfüllt, da D lediglich den Verdacht vom Täter abgelenkt hat, so daß die Strafverfolgungsbehörden nicht auf eine falsche Fährte gelenkt und damit ungerechtfertigt in Anspruch genommen wurden. Auf die Subsidiaritätsfrage ist daher nicht einzugehen.

> **"HEMMER-METHODE":** Dieses Delikt könnte auch weggelassen werden, zumal § 145d StGB ein recht exotischer Tatbestand ist. Punkten Sie aber zusätzlich, indem Sie die (keineswegs abwegige) Vorschrift kurz anprüfen. Das gleiche gilt für den folgenden § 271 StGB.

---

11 KLEINKNECHT/MEYER-GOßNER, a.a.O.; so auch BGHSt 30, 332.

IV. Mittelbare Falschbeurkundung, § 271 I StGB

§ 271 I StGB (-)

Bei dem Gerichtsprotokoll handelt es sich zwar um eine öffentliche Urkunde i.S.v. § 271 I StGB, so daß diese Vorschrift, die anders als § 267 StGB auch die *schriftliche Lüge* pönalisiert, Anwendung finden könnte. Die äußere Beweiskraft dieser Urkunden geht jedoch nur dahin, die Abgabe der Erklärung zu beurkunden, nicht jedoch deren Richtigkeit. Folglich stellt die Falschaussage des D keine mittelbare Falschbeurkundung dar.

B. STRAFBARKEIT DES T

I. Falsche Versicherung an Eides Statt, § 156 StGB

obj. Tatbestand

1. T könnte sich durch das Abschicken des Schreibens nach § 156 StGB strafbar gemacht haben.

zuständige Behörde

Das Gericht müßte eine zuständige Behörde i.S.d. § 156 StGB sein. Zuständig ist eine Behörde, wenn sie befugt ist, zum einen überhaupt und zum anderen gerade in diesem Verfahren und über diesen Gegenstand eidesstattliche Versicherungen abzunehmen.[12] Außerdem darf die eidesstattliche Versicherung im konkreten Fall nicht völlig wirkungslos sein.

Vor dem Strafgericht können eidesstattliche Versicherungen nur von anderen Personen als dem Beschuldigten und auch nur dann abgegeben werden, wenn sie nicht die Schuld- und Straffrage betreffen[13], denn in diesen Fragen ist ein Freibeweis unzulässig.

Da es im vorliegenden Fall aber gerade um die Tatbegehung durch A geht, war das Strafgericht keine zuständige Behörde i.S.d. § 156 StGB.

§ 156 StGB (-)

2. T ist nicht aus § 156 StGB zu bestrafen. Da es sich bei § 156 StGB um ein Vergehen handelt und der Versuch nicht mit Strafe bedroht ist, ist die Abgrenzung von Wahndelikt und untauglichem Versuch an dieser Stelle ohne Bedeutung.

II. Strafvereitelung, § 258 I StGB

obj. Tatbestand

1. Möglicherweise hat sich T aber nach § 258 I StGB strafbar gemacht. Fraglich ist, ob das Abschicken des Schreibens *kausal* für den Freispruch und die daraus resultierende Verfolgungsvereitelung war.

Dies wäre nur dann der Fall, wenn das Schreiben auch in der Hauptverhandlung verwertet worden wäre. Dem könnte jedoch der Unmittelbarkeitsgrundsatz entgegenstehen (§ 250 S.2 StPO).

---

12 vgl. S/S - LENCKNER, § 156 Rn. 10
13 BGHSt 24, 38; D/T, § 156 Rn. 5a

Da es sich hier allerdings um eine für den Angeklagten *günstige* Aussage handelt, kann davon ausgegangen werden, daß er bzw. sein Verteidiger gemäß § 251 II 1 StPO mit der Verwertung als Urkunde einverstanden waren, so daß von einer tatsächlichen Einflußnahme auf den Prozeß ausgegangen werden kann.

Damit wurde der objektive Tatbestand nicht nur versucht, sondern sogar vollendet.

> **"HEMMER-METHODE":** Ein sehr schwieriges und verstecktes Problem, bei dem es schon sehr hoch anzurechnen ist, wenn es überhaupt entdeckt wird! Die Ablehnung der Strafvereitelung ist aber ohne weiteres vertretbar, zumal der Sachverhalt keine konkreten Anhaltspunkte enthielt.

§ 258 I StGB (+)

2. Vorsatz, Rechtswidrigkeit und Schuld liegen vor, so daß T nach § 258 I StGB zu bestrafen ist.

C. STRAFBARKEIT DER F

I. Meineid, § 154 I StGB

obj. Tatbestand (+)

1. F könnte sich wegen ihrer Aussage gemäß § 154 I StGB strafbar gemacht haben. Die F hat hier vor dem Gericht einen Eid geleistet. Dieser war *falsch*, denn er bezog sich auf eine *objektiv wahrheitswidrige* Aussage.

Vorsatz (+)

2. F kannte die Wahrheitswidrigkeit ihrer Aussage, handelte also vorsätzlich.

Rwk, Schuld (+)

3. F handelte auch rechtswidrig und schuldhaft.

§ 154 I StGB (+)

4. F ist des Meineids schuldig. Aufgrund der Angehörigenstellung der F besteht jedoch die Möglichkeit einer Strafmilderung nach §§ 157 I, 49 StGB.

II. Strafvereitelung, § 258 I StGB

§ 258 I StGB tatbestandlich (+), aber: § 258 VI StGB

F hat vorsätzlich, rechtswidrig und schuldhaft den Tatbestand der Verfolgungsvereitelung verwirklicht. Zugunsten der F greift jedoch der Strafausschließungsgrund des § 258 VI StGB ein, da sie Angehörige i.S.d. § 11 Nr.1a StGB ist.

D. STRAFBARKEIT DES A

I. Anstiftung zum Meineid des D, §§ 154 I, 26 StGB

1. Eine vorsätzliche rechtswidrige Haupttat liegt in Form des von D begangenen Meineids vor.

Bestimmen (+)

2. A hat durch seine Bitte an den D, vor Gericht die besagte Äußerung vorzunehmen, den Tatentschluß des D, einen Meineid zu leisten, durch eine Willensbeeinflußung im Wege des offenen geistigen Kontakts hervorgerufen.

kein Vorsatz bzgl. § 154 I StGB

3. Die Bestrafung scheitert jedoch am erforderlichen *doppelten Anstiftervorsatz*, da dem A zwar Vorsatz hinsichtlich seiner Anstiftungshandlung zur Last gelegt werden kann, er jedoch *nicht damit rechnete*, daß D vereidigt wurde, so daß kein Vorsatz bezüglich der vorsätzlichen und rechtswidrigen Haupttat vorliegt.

§§ 154 I, 26 StGB (-)

4. A hat sich nicht nach §§ 154 I, 26 StGB strafbar gemacht.

II. Anstiftung zur falschen uneidlichen Aussage des D, §§ 153, 26 StGB

Bestimmen zur Haupttat (+)

1. A hat den Tatentschluß des D, eine falsche uneidliche Aussage zu begehen, hervorgerufen. Diese ist auch erfolgt, da die falsche uneidliche Aussage zum tatsächlich erfolgten Meineid kein aliud, sondern ein *minus* darstellt.[14]

Anstiftervorsatz (+)

2. Der doppelte Anstiftervorsatz ist in diesem Fall zu bejahen.

§§ 153, 26 StGB (+)

3. Rechtfertigungs- und Schuldausschließungsgründe sind nicht ersichtlich, so daß sich A nach den §§ 153, 26 StGB strafbar gemacht hat.

III. Anstiftung zum Meineid des D durch Unterlassen, §§ 154 I, 26, 13 I StGB

1. A könnte sich jedoch wegen Anstiftung zum Meineid durch Unterlassen strafbar gemacht haben.

Garantenstellung

a) Eine *Garantenstellung* des D könnte sich aus *Ingerenz* ergeben. Das vorausgegangene gefährdende Tun könnte in der Benennung des D als Zeugen sowie in der vorher an D geäußerten Bitte, falsch für ihn auszusagen, liegen. A konnte sich nämlich ausrechnen, daß er D auf diese Weise in eine mißliche Lage bringen würde.

---

14 D/T, § 154 Rn. 25

Ingerenz

Der BGH war zunächst mit der Annahme einer Garantenstellung aus Ingerenz recht großzügig. So wurde bereits das unwahre Bestreiten des Tatvorwurfs durch den Beschuldigten im Strafprozeß als pflichtbegründende Vorhandlung angesehen.[15] Diese Rechtsprechung wurde jedoch auf Kritik des Schrifttums[16] eingeschränkt. Mittlerweile verlangt der BGH, daß der Beschuldigte die Aussageperson in eine *prozeßunangemessene besondere Gefahr* der Falschaussage gebracht hat.[17]

Diese Voraussetzung ist im vorliegenden Fall aber erfüllt, da A den D wissentlich zu einer Falschaussage angestiftet und sogar noch die Vernehmung des D beantragt hat, obwohl er wußte, daß er diesen damit in eine ziemlich schwierige Lage bringen würde.[18]

Die Gegenauffassung in der Literatur, die eine Garantenstellung ablehnt, indem sie die volle Verantwortlichkeit des Aussagenden betont und eine Garantenstellung nur bei fehlender Verantwortlichkeit des Aussagenden selbst annimmt[19], ist abzulehnen, da hier Kriterien der mittelbaren Täterschaft und der Garantenstellung miteinander vermengt werden.

Unterlassensvorwurf

b) Fraglich ist jedoch, *woran* der Unterlassensvorwurf anzuknüpfen ist.

Hierbei ist zu beachten, daß die StPO dem Angeklagten schon aus unverzichtbaren rechtsstaatlichen Erwägungen ein Schweigerecht gewährt (vgl. etwa §§ 243 IV, 136 I 2 StPO), also auch keine Verpflichtung auferlegt, sich zur Richtigkeit einer falschen Zeugenaussage zu äußern. Es wäre daher mit den Beschuldigtenrechten im Strafprozeß nicht vereinbar, dem A die Pflicht zu einer Einwirkung auf den Aussagenden *während* dessen Vernehmung aufzubürden.

Im vorliegenden Fall standen A und D jedoch in der Verhandlungspause zusammen auf dem Flur, wo es dem A ohne weiteres möglich gewesen wäre, den D zu einer Rücknahme seiner Äußerung zu bewegen.

Daher bestand für A die Möglichkeit und auch die Rechtspflicht, in der Verhandlungspause auf den D einzuwirken und ihn zu einem Widerruf seiner Äußerungen zu bewegen.[20] Dieser Rechtspflicht ist A nicht nachgekommen.

Kausalität

c) Fraglich ist jedoch die *Kausalität*. Es kann nicht mit Sicherheit angenommen werden, daß D, der bereits *hartnäckig geleugnet* hatte, sich durch eine entsprechende Bitte des A noch einmal hätte umstimmen lassen. Es muß insoweit daher der Grundsatz in dubio pro reo eingreifen.

§§ 154 I, 26, 13 I StGB (-)

2. A hat daher keine *Anstiftung* zum Meineid durch Unterlassen begangen.

---

15 BGH MDR/D 1953, 272

16 vgl. S/S - LENCKNER, v. § 153 Rn. 39 f.

17 BGHSt 14, 230

18 vgl. BGH NStZ 1993, 489

19 S/S - LENCKNER, a.a.O.

20 vgl. BGH NStZ 1993, 489

> **"HEMMER-METHODE"**: Im vorliegenden Fall wäre es gut vertretbar gewesen, die Anstiftung kürzer abzuhandeln und sich direkt der Frage einer Beihilfe durch Unterlassen zu widmen.
> Immerhin ist nämlich schon umstritten, inwiefern eine Anstiftung überhaupt durch sein reines Unterlassen begangen werden kann. Die wohl h.M. lehnt dies ab[21], während der BGH[22] auf diese Frage noch nicht einmal am Rande eingeht, weil er ohnehin die bei den Unterlassensdelikten erforderliche "Quasikausalität" ablehnt.

IV. Beihilfe zum Meineid des D durch Unterlassen, §§ 154 I, 27 I, 13 I StGB

psychische Beihilfe
⇒ *Bestärkung des D (+)*

1. In Betracht käme jedoch Beihilfe in Form der sog. *psychischen Beihilfe*. Diese psychische Beihilfe kann auch einem bereits zur Tat entschlossenen Täter geleistet werden.[23] Durch Nichtvornahme der rechtlich gebotenen und ihm auch tatsächlich möglichen Einwirkungshandlung hat der A den Tatentschluß des D *gestärkt*, so daß der objektive Tatbestand verwirklicht ist.

Gehilfenvorsatz (+)

2. Ein entsprechender Vorsatz des A bezüglich seiner Beihilfehandlung sowie der rechtswidrigen Haupttat ist anzunehmen. Ein Irrtum über das Vorliegen der Garantenpflicht ist auf Tatbestandsebene unbeachtlich, da A die Tatsachen kannte, aus denen sich die Garantenstellung ergab.

Rwk (+)

3. Rechtfertigungsgründe sind nicht ersichtlich.

Schuld (+)

4. Hinsichtlich des Verschuldens könnte A zwar einem Verbotsirrtum (§ 17 StGB) erlegen sein, wenn er sich über das Bestehen oder die Grenzen seiner Garantenpflicht geirrt hätte. Dieser Irrtum wäre jedoch auf alle Fälle vermeidbar gewesen, so daß lediglich eine fakultative Strafmilderung nach §§ 17 S.2, 49 I StGB in Betracht kommt.

> **"HEMMER-METHODE"**: Gehen Sie die Lösung noch einmal danach durch, wie hier das ganze Spektrum möglicher Beteiligungsformen (Anstiftung, Anstiftung durch Unterlassen, Beihilfe durch Unterlassen) durchgespielt wird und wo jeweils die Probleme liegen. Es wäre zwar denkbar, gleich mit der Beihilfe durch Unterlassen zu beginnen und die Probleme dann jeweils in der Abgrenzung (zum Tun und zur Anstiftung) zu behandeln, allerdings wirken Inzidentprüfungen häufig schwerfällig.

§§ 154 I, 27 I, 13 I StGB (+)

5. A hat sich der Beihilfe zum Meineid durch Unterlassen schuldig gemacht.

BGH: § 52 I StGB

6. Mit der Anstiftung zur uneidlichen Falschaussage besteht Tateinheit, § 52 I StGB.[24]

Die für die Annahme von Tateinheit notwendige *Überschneidung* liegt hier *in der Anstiftungshandlung*, die einmal *unmittelbar* die Strafbarkeit begründet, gleichzeitig aber beim Unterlassungsdelikt unverzichtbar ist für die Garantenstellung.

---

21 S/S - Cramer, § 26 Rn. 5
22 BGH NStZ 93, 489
23 BGH NJW 1951, 451.
24 BGH NStZ 93, 489

> **"HEMMER-METHODE":** Hier ist mit entsprechender Argumentation auch eine andere Ansicht vertretbar. Der BGH nimmt ohne jede Begründung Tateinheit gemäß § 52 StGB an. Die Annahme der Tateinheit über eine Überschneidung durch die (einheitliche) Handlung des Haupttäters D dürfte als Begründung jedenfalls "wackeln": Immerhin gilt es als anerkannt, daß grds. auf den Teilnehmer selbst abzustellen ist, also etwa an ein und derselben Haupttat mehrere Teilnahmen möglich sind.[25]

V. Anstiftung zur Strafvereitelung des D, §§ 258 I, 26 StGB

§§ 258 I, 26 StGB (-)

A hat den D zur Strafvereitelung angestiftet. Für den Vortäter ist jedoch die Anstiftung zur selbstbegünstigenden Strafvereitelung nicht strafbar (vgl. § 258 I StGB: "daß ein anderer").

18

> **"HEMMER-METHODE":** Beachten Sie die Mischung der Stilarten im Gutachten, die nicht willkürlich erfolgt, sondern in der sich die Schwerpunktsetzung widerspiegelt: zum Problem der Beteiligung am Meineid wird ausführlich und genau begründet Stellung genommen, die Anstiftung zur Strafvereitelung kann dagegen kurz "abgehakt" werden. Die Straflosigkeit der Anstiftung zur selbstbegünstigenden Strafvereitelung könnte im übrigen auch mit dem Gedanken des § 258 V StGB begründet werden.
> Beachten Sie, daß der Gesetzgeber die gleiche Konstellation bei der Begünstigung für strafwürdig befunden hat, § 257 III 2 StGB.

VI. Anstiftung zur versuchten falschen Versicherung an Eides Statt durch T, §§ 156, 22, 26 StGB

§§ 156, 22, 26 StGB (-)

Der Versuch der falschen Versicherung an Eides Statt ist nicht strafbar, da es sich um ein Vergehen handelt (§§ 23 I, 12 I StGB). Es fehlt daher bereits an der rechtswidrigen Haupttat.

19

VII. Versuchte Anstiftung des T zur falschen Versicherung an Eides Statt, §§ 159, 156 StGB

> **"HEMMER-METHODE":** Durch § 159 StGB wird der auf Verbrechen beschränkte Anwendungsbereich des § 30 I StGB auf die Vergehenstatbestände der §§ 153, 156 StGB erweitert, während der Meineid über § 30 I StGB direkt erfaßt wird. Die Regelung des § 159 StGB ist insofern systemwidrig, als weder bei § 153 StGB noch bei § 156 StGB der Versuch unter Strafe gestellt ist, hier jedoch die versuchte Anstiftung zu diesen Delikten strafbar ist. Begründet wird dies kriminalpolitisch mit der besonderen Gefährlichkeit der Anstiftung zu Aussagedelikten.

präsumtive Haupttat: untauglicher Versuch oder bloß Wahndelikt

1. A hat den T angestiftet, eine falsche Versicherung an Eides Statt beim Strafgericht abzugeben. Da dieses aber nicht zur Entgegennahme der Versicherung zuständig war, war die Tat des T entweder ein strafloser, untauglicher Versuch oder nur ein Wahndelikt.

20

---

25 S/S - STREE, § 52 Rn. 20.

Diese Abgrenzung ist für die Anwendbarkeit des § 159 StGB auf den A insofern von Bedeutung, als beim Vorliegen eines Wahndelikts § 159 StGB ausscheidet, da hier überhaupt nicht auf die Begehung von strafbarem Unrecht hingewirkt wird.

Abgrenzung

Der Unterschied zwischen untauglichem Versuch und Wahndelikt liegt darin, daß beim untauglichen Versuch irrigerweise ein Sachverhalt angenommen wird, bei dessen Vorliegen der entsprechende Tatbestand verwirklicht wäre, während beim stets straflosen Wahndelikt der Täter bei richtiger Tatsachenkenntnis aufgrund falscher rechtlicher Erwägungen von der Verwirklichung eines Delikts ausgeht.

Diese Abgrenzung ist insbesondere bei Aussagedelikten nicht einfach, wenn die verkannten Normen im Vorfeld des in Frage stehenden Straftatbestandes angesiedelt sind (z.B. prozessuale Zuständigkeitsregeln). Ein Teil der Literatur, wohl auch der BGH in seiner nicht ganz widerspruchsfreien Rechtsprechung messen diesen "Irrtümern im Vorfeld des Tatbestandes" vorsatzausschließenden bzw. versuchsbegründenden Charakter zu.[26]

Demzufolge wird bei dem Irrtum über die Zuständigkeit einer Stelle zur Entgegennahme einer entsprechenden Aussage ein Wahndelikt nur dann angenommen, wenn die fragliche Stelle in keinem Fall - unter welchen Voraussetzungen und in welchem Verfahren auch immer - zur Abnahme einer entsprechenden Äußerung zuständig ist. Da die Strafgerichte in Verfahrensfragen durchaus zur Entgegennahme einer Versicherung an Eides Statt zuständig sind, ist demzufolge ein untauglicher Versuch anzunehmen.[27]

Problem: § 159 StGB auch bei untauglichem Versuch?

2. Umstritten ist, ob aus § 159 StGB auch dann bestraft werden soll, wenn der Angestiftete einen untauglichen Versuch begangen hat[28]. Dann wäre nämlich der Täter selbst nicht wegen Versuchs strafbar (§§ 156, 23 I, 12 II StGB), wohl aber der Anstifter wegen versuchter Anstiftung.

Rspr. (-)

Da dies für unbefriedigend gehalten wird, wendet die Rspr. den § 159 StGB in einem solchen Fall nicht an. Dies wird damit begründet, daß § 30 I StGB zwar auch anwendbar sei, wenn die Tätigkeit, die der Angestiftete nach dem Willen des Anstifters entfalten soll, nur zu einem untauglichen Versuch führen könnte; jedoch beruhe dies darauf, daß diese Vorschrift allgemein nur für Verbrechen gelte, deren Versuch stets strafbar sei. Die Anstiftung zur Abgabe einer falschen eidesstattlichen Versicherung (also einem Vergehen, § 12 II StGB) vor einer unzuständigen Behörde sei daher wegen der Parallele zu § 30 I StGB nicht der Strafandrohung des § 159 StGB unterworfen.[29]

Die in der Literatur vertretene Gegenansicht fühlt sich dagegen dem Wortlaut des § 159 StGB verpflichtet.[30] Die einschränkende Auslegung des BGH führt jedoch zu gerechteren Ergebnissen und ist daher vorzugswürdig.

---

26 vgl. S/S - ESER, § 22 Rn. 82 ff. m.w.N.
27 vgl. S/S - LENCKNER, § 154 Rn. 16
28 vgl. D/T, § 159 Rn. 4
29 vgl. BGHSt 24, 38, 40
30 vgl. S/S - LENCKNER, § 159 Rn. 4

§§ 159, 156 StGB (-)	**3.** A ist nicht nach §§ 159, 156 StGB strafbar.

VIII. Anstiftung zur Strafvereitelung des T, §§ 258 I, 26 StGB

§§ 258 I, 26 StGB (-)	A hat den T zur Strafvereitelung angestiftet. Als Vortäter hat er sich damit aber nicht strafbar gemacht. 21

IX. Anstiftung zum Meineid der F, §§ 154 I, 26 StGB

§§ 154 I, 26 StGB (-)	Die Anstiftung zum Meineid der F scheitert am Anstiftervorsatz, da sich der Vorsatz des A nicht darauf bezog, daß F *vorsätzlich* falsch aussagte. A ging davon aus, daß sie an die Richtigkeit ihrer Aussage glaubte. Dann hätte bei ihr § 16 I StGB vorgelegen. 22

X. Versuchte Anstiftung zum Meineid, § 154 I, 30 I StGB

§§ 154 I, 30 I StGB (-)	Aus dem gleichen Grund, nämlich dem fehlenden Anstiftervorsatz, scheitert auch die versuchte Anstiftung zum Meineid 23

XI. Verleitung der F zur Falschaussage, § 160 I StGB

> **"HEMMER-METHODE":** § 160 StGB schließt die Lücke, die sich daraus ergibt, daß es sich bei den §§ 153 ff. StGB um *eigenhändige Delikte* handelt, die deshalb nicht in mittelbarer Täterschaft begangen werden können.
> Wegen des außerordentlich geringen Strafrahmens der Vorschrift ist jedoch davon auszugehen, daß sie nur Ergänzungsfunktion haben kann und nicht alle Fälle erfaßt, die konstruktiv mittelbare Täterschaft darstellen. Unter § 160 StGB fallen daher nur die Konstellationen, in denen der Hintermann den Aussagenden für gutgläubig (also unvorsätzlich[31]) hält, nicht jedoch die Fälle bei denen der Aussagende schuldlos handelt (so z.B. bei einer Bedrohung des Aussagenden durch den Hintermann). Hier greift die Anstiftung, die wegen der *limitierten* Akzessorietät nur eine vorsätzliche und rechtswidrige Haupttat verlangt, ein.

24

obj. falsche Aussage (+)	**1.** Eine objektiv falsche Aussage liegt vor. Fraglich ist jedoch das Verleiten, da die F hier nicht *gutgläubig*, sondern *bewußt falsch* ausgesagt hat.
§ 160 I StGB auch (+), wenn Aussagender bösgläubig?	Nach dem BGH steht jedoch ein bösgläubiges Handeln der F in Abweichung von der Vorstellung des A der Tatbestandsmäßigkeit des § 160 StGB nicht entgegen.

---

31   vgl. D/T, § 160 Rn. 1

BGH (+)	Auch bei Bösgläubigkeit des Verleiteten sei der Tatbestand erfüllt, was mit dem Vergleich zu § 357 StGB begründet wird,[32] bei dem auch jede Art von Einwirkung vom Tatbestand erfaßt wird, unabhängig davon, ob der Verleitete vorsätzlich oder gutgläubig handelt.
Lit. (-), nur § 160 II StGB	Nach a.A. scheidet in dem Fall, daß der Eid bewußt falsch beschworen oder die uneidliche Aussage bewußt falsch gemacht wird, eine Vollendung des § 160 StGB aus, da es wegen des Exzesses des Verleiteten gar nicht zu der vom Verleitenden gewünschten Aussage kommt.[33]
	Die Ansicht des BGH ist vorzugswürdig, da der Verleitete die Gefährdung der Rechtspflege als den von ihm gewünschten Erfolg durch Herbeiführung einer objektiv falschen Aussage erreicht und die Bewertung seines Verhaltens als Tatvollendung nicht daran scheitern kann, daß der Verleitete in subjektiver Hinsicht mehr tut, als vom Hintermann geplant.
§ 160 I StGB (+)	2. Rechtfertigungs- und Schuldausschließungsgründe sind nicht ersichtlich, so daß sich A nach § 160 I StGB strafbar gemacht hat.

XII. Strafvereitelung in mittelbarer Täterschaft, §§ 258 I, 25 I 2.Alt StGB

§§ 258 I, 25 I 2.Alt StGB (-)	Eine Strafbarkeit wegen Strafvereitelung in mittelbarer Täterschaft scheitert bereits daran, daß A als Vortäter nicht tauglicher Täter der Strafvereitelung sein kann.

XIII. Konkurrenzen

Der unbefugte Gebrauch eines Fahrzeugs (§ 248b StGB) steht mit den im zweiten Tatkomplex begangen Straftaten in Tatmehrheit, § 53 I StGB.

---

32 BGHSt 21, 116
33 D/T, § 160 Rn. 3.

ZUSAMMENFASSUNG

1. Tatkomplex: Die Spritztour mit dem PKW

Strafbarkeit des A

I. § 242 I StGB bzgl. Pkw (-)

II. § 248b I StGB (+)

III. § 242 I StGB bzgl. Benzin (+), aber auf Konkurrenzebene von § 248b StGB verdrängt.

2. Tatkomplex: Die Falschaussagen

A. Strafbarkeit der D

I. § 154 I StGB (+), auch kein Fall des § 154 II StGB, da ein Verstoß gegen § 60 Nr. 2 StPO nicht vorliegt

II. § 258 I StGB (+)

III. § 145d II StGB (-)

IV. § 271 I StGB (-)

B. Strafbarkeit des T

I. § 156 StGB (-)
Strafgericht keine zuständige Behörde im Sinn der Vorschrift

II. § 258 I StGB (+)

C. Strafbarkeit der F

I. § 154 I StGB (+)

II. § 258 I StGB (-)

Angehörigenprivileg des § 258 VI StGB

D. Strafbarkeit des A

I. §§ 154 I, 26 StGB bzgl. D (-)
kein Vorsatz bzgl. Vereidigung

II. §§ 153, 26 StGB bzgl. D (+)

III. §§ 154 I, 26, 13 I StGB bzgl. D (-)
Garantenstellung des A (+);
jedenfalls aber keine Kausalität

IV. §§ 154 I, 27 I, 13 I StGB bzgl. D (+)

V. §§ 258 I, 26 StGB bzgl. T (-)

VI. §§ 156, 22, 26 StGB bzgl. T (-)
mangels Versuchsstrafbarkeit keine vorsätzliche rechtswidrige Haupttat

VII. §§ 159, 156 StGB bzgl. T (-)
nach BGH einschränkende Auslegung, wenn es nur zu einem untauglichen Versuch kommen konnte

VIII. §§ 258 I, 26 StGB bzgl. T (-)

IX. §§ 154 I, 26 StGB bzgl. F (-)
kein Anstiftervorsatz

X. §§ 154 I, 30 I StGB bzgl. G (-)

XI. § 160 I StGB bzgl. F (+)
nach BGH sogar Vollendung

XII. §§ 258 I, 25 I 2.Alt StGB (-)

XIII. Konkurrenzen

Seite 16

ZUM GEBURTSTAG

SACHVERHALT:

Müller (M) ist ein ausgesprochener Geizhals. Da er nie bereit ist, mehr zu zahlen, als nötig ist, hat er sich für die Besorgungen anläßlich seiner anstehenden Geburtstagsparty schon mehrere Strategien zurecht gelegt.

Im Supermarkt "Allkauf" (A) steckt er vor dem Süßwarenregal zunächst eine Schachtel Pralinen in seine weite Manteltasche. Als er in der Spirituosenabteilung angekommen ist, bemerkt er, daß er noch dringend eine Flasche Campari für seine Gäste benötigt. Da ihm diese aber zu teuer ist, kommt ihm eine Idee, wie er 10 DM sparen kann: Er löst das Etikett eines billigen Weines ab und überklebt damit den Preis der Flasche Campari.

Sodann begibt er sich in die Haushaltswarenabteilung. Dort nimmt M eine Haushaltswaage mit, die er benötigt, um seinen Geburtstagskuchen zu backen. Als er den Karton öffnet, um dessen Inhalt zu überprüfen, stellt er fest, daß in der zur Haushaltswaage gehörenden Schüssel noch eine Menge Platz ist. In einem günstigen Moment legt er kurzerhand eine Backmischung für seinen Kuchen hinein. An der Kasse bezahlt M lediglich die Haushaltswaage, sowie den niedrigeren Preis für die Flasche Campari.

Danach fährt M zum Sound-Markt (S), da er noch für Musik sorgen will. In einem unbeobachteten Augenblick steckt er die von ihm ausgesuchten CDs in seine Manteltasche. Anschließend will er das Geschäft durch eine Ausgangsschleuse neben einer unbesetzten Kasse verlassen. Auf der Höhe der Kasse lösen jedoch die von ihm versteckten CDs die Alarmanlage aus. M hatte nicht bemerkt, daß dieses Geschäft kürzlich seine Waren mit elektromagnetischen Sicherungsetiketten versehen hatte. M wird von dem Personal des Sound-Markts gestellt.

Bearbeitervermerk:

Prüfen Sie die Strafbarkeit des Müller.

LÖSUNG:

STRAFBARKEIT DES M

1. TATKOMPLEX: DIE VORGÄNGE IM SUPERMARKT

I. Hausfriedensbruch, § 123 I StGB

obj. Tatbestand (-)

1. Da die betretenen Geschäftsräume dem allgemeinen Publikumsverkehr offenstanden, fehlt es am Eindringen gegen oder ohne den Willen des Berechtigten. Allein die Widerrechtlichkeit des erstrebten Zwecks macht das Eindringen jedenfalls dann noch nicht widerrechtlich, wenn die Absicht - wie hier - nicht äußerlich erkennbar ist.[34]

§ 123 I StGB (-)

2. M ist nicht wegen Hausfriedensbruchs strafbar.

> **"HEMMER METHODE":** Die Frage, ob ein Hausfriedensbruch vorliegt, ist ein "Standard-Zusatzproblem", wenn der Täter in krimineller Absicht ein Kaufhaus, eine Bank, eine Tankstelle etc. betritt. Die Lösung ist allerdings weitgehend unumstritten, so daß das Problem kurz abgehandelt werden sollte. Im Strafrecht kann man in solchen Fällen auch als Student durchaus zum Urteilsstil greifen.
> Eine äußere Erkennbarkeit der Absicht liegt z.B. vor, wenn ein "Bankräuber" die Bank mit einer Strumpfmaske auf dem Kopf betritt.

II. Diebstahl der Pralinen durch Einstecken, § 242 I StGB

1. Dadurch, daß M die Pralinen in seine Manteltasche gesteckt hat, könnte er sich nach § 242 I StGB strafbar gemacht haben.

obj. Tatbestand (+)

a) Die Schachtel Pralinen ist für M eine fremde, bewegliche Sache. Diese müßte er weggenommen haben. Unter Wegnahme versteht man den Bruch fremden Gewahrsams und die Begründung neuen, nicht notwendigerweise tätereigenen Gewahrsams. Mit dem Einstecken könnte M neuen Gewahrsam begründet haben. Nach der herrschenden Apprehensionstheorie ist bereits in dem Moment neuer Gewahrsam begründet, wenn unauffällige, leicht fortzuschaffende Gegenstände z.B. in die eigene Kleidung gesteckt werden.[35] Die Kleidung stellt eine eigene Gewahrsamssphäre dar und bildet eine sog. *Gewahrsamsenklave*.

> **"HEMMER-METHODE":** Dies ist unstritig und kann deswegen in einer Fortgeschrittenenklausur kurz abgehandelt werden. Problematischer wird es beim beobachteten Diebstahl. Nach einer Ansicht setzt nämlich Gewahrsam ein Herrschaftsverhältnis voraus, kraft dessen der Einwirkung auf die Sache keine Hindernisse mehr entgegenstehen. Beim beobachteten Diebstahl im Selbstbedienungsladen sei dies nicht der Fall.[36]

---

34 LACKNER, § 123 Rn. 7; vgl. auch D/T, § 123 Rn. 10 und 11
35 WESSELS, BT-2, § 2 III 4
36 S/S - ESER, § 242 Rn. 39 f.

> Dagegen hindert nach h.M. eine zufällige oder planmäßige Beobachtung des Geschehens die Vollendung der Wegnahme nicht, da § 242 I StGB keine heimliche Begehung voraussetze.[37] Die Beobachtung gibt dem Opfer nur die Möglichkeit, bereits entzogenen Gewahrsam wiederzuerlangen.[38]

M hat die Pralinen daher weggenommen.

subj. Tatbestand (+)

b) Dies tat er vorsätzlich und mit Zueignungsabsicht.

Rwk, Schuld (+)

2. M handelte auch rechtswidrig und schuldhaft, so daß er wegen Diebstahl zu bestrafen ist.

Strafantrag, § 248a StGB

3. Nach § 248a StGB ist ein Strafantrag erforderlich, da es sich um eine geringwertige Sache handelt (Grenze der Geringwertigkeit ca. DM 50,-). Auch ohne Strafantrag können die Strafverfolgungsbehörden einschreiten, wenn ein besonderes Strafverfolgungsinteresse besteht. Letzteres ist anzunehmen bei Rückfall, gewerbsmäßigem Diebstahl oder besonderer Berührung von Allgemeininteressen,[39] was bei einem bloßen Ladendiebstahl zu verneinen sein wird.

III. Urkundenunterdrückung durch Entfernen des Preisetiketts, § 274 I Nr.1 StGB

obj. Tatbestand

1. Dadurch, daß M das Etikett von der Flasche abzog, könnte er sich nach § 274 I Nr.1 StGB strafbar gemacht haben.

Urkundsbegriff

a) Das Preisetikett müßte eine Urkunde darstellen. Darunter versteht man eine verkörperte Gedankenerklärung, die zum Beweis im Rechtsverkehr geeignet und auch bestimmt ist und die ihren Aussteller erkennen läßt.[40] Unter den Urkundsbegriff fallen auch sog. Beweiszeichen, die mit einem körperlichen Gegenstand fest verbunden sind. Sie stellen nach Gesetz, Herkommen oder Vereinbarung der Beteiligten erkennbar eine menschliche Gedankenerklärung dar.[41]

> **"HEMMER-METHODE":** Von den Beweiszeichen sind die sog. Kennzeichen zu unterscheiden. Diese dienen nur der unterscheidenden Kennzeichnung, der Sicherung oder dem Verschluß.
> Bei dem Urkundsbegriff handelt es sich um eine Definition, die Sie in der Klausur ohne langes Überlegen parat haben müssen: Merken Sie sich, daß eine Urkunde i.S.d. StGB nur vorliegt, wenn Perpetuierungs-, Beweis- und Garantiefunktion gegeben sind.

Ein Preisetikett enthält im Geschäftsverkehr eine Aussage über den Preis der bezeichneten Ware. Es läßt auch den Aussteller, hier den Allkauf-Markt, erkennen.

---

37   OLG Düsseldorf NJW 1988, 1335
38   BGHSt 16, 273
39   D/T, § 248 a Rn. 10.
40   Wessels, BT-1, § 18 I 2.
41   D/T, § 267 Rn. 4.

Voraussetzung für die Urkundseigenschaft ist jedoch auch, daß im Fall zusammengesetzter Urkunden eine feste Verbindung zum Bezugsobjekt besteht. Die Verbindung bei einem Selbstklebeetikett ist hierbei ausreichend, sofern das Etikett unmittelbar an der Ware selbst angebracht wird und nicht nur an einer losen Verpackung.[42] Es läßt sich damit festhalten, daß das Preisetikett eine Urkunde i.S.d. § 274 I Nr. 1 darstellt.[43]

"gehört" i.S.d. § 274 I Nr. 1 StGB
⇒ Beweisführungsrecht

b) Die Urkunde darf dem Täter nicht oder nicht ausschließlich gehören. Dabei ist nicht die dingliche Rechtslage maßgeblich, sondern ob der Täter das Recht hat, die Urkunde zum Beweis im Rechtsverkehr zu gebrauchen.[44] Beweisführungsberechtigt ist bei einem Preisetikett jedenfalls auch der ausstellende Supermarkt. Damit "gehört" es dem Täter nicht.

Tathandlung: vernichten

c) Als Tathandlung kommt das Vernichten in Betracht, das vorliegt, wenn die Urkundsqualität durch Beseitigung des gedanklichen Inhalts endet. Durch Entfernen des Etiketts von seinem Bezugsobjekt wird die zusammengesetzte Urkunde als Beweismittel untauglich, die Beweissubstanz geht verloren. M hat die Urkunde daher vernichtet.

Vorsatz (+)

2. M handelte vorsätzlich.

Nachteilszufügungsabsicht: ausreichend dolus directus 2. Grades

Er müßte auch die erforderliche Nachteilszufügungsabsicht besessen haben. Entgegen dem Wortlaut ist hierbei nach h.M. nicht Absicht im Sinne von dolus directus 1. Grades erforderlich, sondern es reicht das Bewußtsein, daß der Nachteil notwendige Folge der Tat ist, also dolus directus 2. Grades.[45] Allerdings muß der Täter beabsichtigen, die Benutzung gerade des gedanklichen Inhalts in einer aktuellen Beweissituation zu vereiteln. Dem M ging es jedoch nur darum, das Etikett anderweitig zu verwenden. Da die Ware jederzeit neu ausgezeichnet werden kann und auch M wohl davon ausging, daß sich ein fehlendes Preisetikett (was ja häufig vorkommt) leicht ersetzen läßt, fehlte ihm die Nachteilszufügungsabsicht.

§ 274 I Nr. 1 StGB (-)

3. M ist nicht gem. § 274 I Nr.1 StGB strafbar.

IV. Urkundenfälschung durch Anbringen des billigeren Preises, § 267 I StGB

obj. Tatbestand

1. Durch das Anbringen des billigeren Preises auf der Campariflasche könnte sich M jedoch nach § 267 StGB strafbar gemacht haben.

a) Das Preisetikett ist eine zusammengesetzte Urkunde.

---

42 vgl. dazu den "Oberhemdenfall" des OLG Köln NJW 79, 729.
43 D/T, § 267 Rn. 4.
44 WESSELS, BT-1, § 19 I 2.
45 D/T, § 274 Rn. 6.

b) Fraglich ist jedoch, welche Handlungsalternative einschlägig ist.

zwischenzeitliche Urkundenunterdrückung?

Man könnte vertreten, daß in dem Überkleben des alten Preises zunächst eine Urkundenunterdrückung nach § 274 I Nr.1 StGB liegt, wobei die Urkundsqualität für einen kurzen Moment endet. Dies wird um so augenfälliger, wenn der alte Preis nicht einfach überklebt, sondern erst entfernt wird. Das Aufkleben des neuen Etiketts stellt dann genaugenommen die Herstellung einer unechten Urkunde (1.Alt) dar.

h.M.: Verfälschungstatbestand, § 267 I 2.Alt StGB

Die h.M. nimmt in einem solchen Fall allerdings die 2.Alt des § 267 I StGB an. Denn bei natürlicher Betrachtungsweise seien die soeben beschriebenen Einzelakte als einheitliche Tathandlung anzusehen, durch die der Verfälschungstatbestand verwirklicht werde (2.Alt.). Die zwischenzeitliche Urkundenunterdrückung (s.u. V.) sei nur Mittel zur Verfälschung und werde damit als notwendige Begleittat von § 267 I 2.Alt StGB verdrängt.[46]

§ 267 I 2.Alt StGB verdrängt § 267 I 1.Alt StGB

Da der Verfälschungstatbestand (2.Alt) einen Spezialfall der 1.Alt darstellt, genießt er diesem gegenüber gesetzeskonkurrierenden Vorrang. Soweit also im Verfälschen zugleich das Herstellen einer unechten Urkunde liegt, muß die 1.Alt zurücktreten. Damit hat M den Verfälschungstatbestand verwirklicht.[47]

bei konkreter Gebrauchsabsicht nur Strafbarkeit nach § 267 I 1.Alt StGB

M hat von dieser Urkunde außerdem durch Vorzeigen an der Kasse Gebrauch gemacht. Fraglich ist, ob er damit zwei Urkundenfälschungen begangen hat. Verfälscht der Täter eine Urkunde in konkreter Gebrauchsabsicht, wird jedoch überwiegend angenommen, es liege nur eine Urkundenfälschung vor.[48] Die Rechtsprechung begründet dies damit, daß im Fälschen oder Verfälschen die Vollendung, im Gebrauchmachen die Beendigung der Straftat liege.[49] Nach der Argumentation der Lehre werde - auf zeitlich verschiedener Stufe - nur ein Angriff auf die Sicherheit des Beweisverkehrs vorgenommen.

> **"HEMMER-METHODE":** Daß Herstellen und anschließender Gebrauch nur eine Urkundengefährdung bedeuten, kann man auch mit dem Wortlaut des § 267 StGB begründen. Indem bereits die Herstellung zur Täuschung im Rechtsverkehr erfolgen muß, liegt quasi ein zweiaktiger Delikt vor. Das spätere Gebrauchen entsprechend der von vornherein bestehenden Absicht stellt dann kein zusätzliches Unrecht dar.

subj. Tatbestand

2. M handelte vorsätzlich und zur Täuschung im Rechtsverkehr, das heißt mit dem Willen, einen anderen über die Echtheit der Urkunde zu täuschen und damit zu einem rechtserheblichen Verhalten zu veranlassen.

§ 267 I 1.Alt StGB (+)

3. Da M auch rechtswidrig und schuldhaft gehandelt hat, ist er gem. § 267 I StGB strafbar.

---

46 WESSELS, BT-1, § 18 IV 1 m.w.N.
47 lesenswert zu den Urkundendelikten GEPPERT, Jura 1988, 158 ff.
48 GEPPERT, Jura 1988, 158, 163; WESSELS, BT-1, § 18 V 2 m.w.N.
49 BGHSt 17, 97 ff.

V. Urkundenunterdrückung durch Überkleben des teureren Preises, § 274 I Nr.1 StGB

§ 274 I Nr. 1 StGB tatbestandlich (+), aber von § 267 I 1.Alt BGB verdrängt

1. Das überklebte Preisetikett stellt eine Urkunde dar.

Als Handlungsalternative kommt das Vernichten in Betracht, denn durch das Überkleben wird ein Preisschild in der Regel als Beweismittel untauglich gemacht.

M handelte vorsätzlich und mit Nachteilszufügungsabsicht, denn er war sich bewußt, daß mit dem alten Preisschild auf der konkreten Flasche kein Beweis mehr zu erbringen war.

2. M handelte rechtswidrig und schuldhaft.

3. M hat sich der Urkundenunterdrückung schuldig gemacht. Die Tat wird allerdings von § 267 I 1.Alt StGB verdrängt (vgl. oben)

VI. Sachbeschädigung durch Überkleben des teureren Preises, § 303 I StGB

§ 303 I StGB (+)

1. Das Preisetikett der teureren Flasche ist eine fremde Sache. Eine Beschädigung liegt vor, weil es ohne Substanzbeeinträchtigung nicht wieder zum Vorschein gebracht werden kann.[50]

2. M handelte vorsätzlich, rechtswidrig und schuldhaft.

3. M ist der Sachbeschädigung schuldig; allerdings ist das Strafantragserfordernis des § 303c StGB zu beachten.

> **"HEMMER-METHODE"**: Setzen Sie richtige Schwerpunkte: Die §§ 274, 303 I StGB sind in diesem Zusammenhang von untergeordneter Bedeutung und treten auf Konkurrenzebene (vgl. u.) zurück, so daß sie nur knapp (aber hinsichtlich ihrer Tatbestandsvoraussetzungen gleichwohl vollständig) geprüft werden müssen. Andererseits ist ihr Vorliegen wohl auch nicht so offensichtlich und unproblematisch, daß sie nur mit einem Satz auf der Konkurrenzebene (etwa: "Die gleichfalls verwirklichten §§ ... treten zurück") behandelt werden sollten.

VII. Urkundenfälschung durch Hineinlegen der Backmischung in den Karton, § 267 I StGB

obj. Tatbestand

1. Dadurch, daß M die Backmischung in den Karton legte, könnte er sich nach § 267 StGB strafbar gemacht haben. Dazu müßte er eine unechte Urkunde hergestellt bzw. eine echte Urkunde verfälscht haben.

Der Inhalt des Kartons entsprach nach dem Hineinlegen der Backmischung nicht mehr dem Inhalt, der laut Außenseite des Kartons vorhanden sein sollte.

---

50 BGH NStZ 1992, 508: Überklebtes Wahlplakat.

zusammengesetzte Urkunde

Bei dem Karton mit der Aufschrift bzgl. des Inhalts könnte es sich um eine zusammengesetzte Urkunde handeln. Eine solche liegt aber nur dann vor, wenn eine verkörperte Gedankenerklärung mit ihrem Bezugsobjekt räumlich fest zu einer Beweismitteleinheit verbunden wird, so daß beide zusammen einen einheitlichen Beweis- und Erklärungsinhalt in sich vereinigen.[51]

Fraglich ist die Beweisbestimmung des Kartons. Unzweifelhaft besteht zwischen dem Karton und der Beschreibung des Inhalts eine feste Verbindung. Dies reicht aber nicht aus, da sich die Beschreibung nicht auf den Karton selbst, sondern nur auf dessen Inhalt bezieht. Nur dieser kann Bezugsobjekt für die Aufschrift sein. Insoweit fehlt es aber an einer festen Verbindung und damit an einer der Beweisbestimmung dienenden ausreichenden Zuordnung von Inhalt und Aufschrift.

§ 267 I StGB (-)

2. M hat sich nicht nach § 267 StGB strafbar gemacht.

> **"HEMMER-METHODE":** Hierbei handelt es sich um einen Tatbestand, der unter "ernsten Bedingungen", d.h. vor allem bei einem entsprechenden Zeitlimit auch weggelassen (oder jedenfalls viel kürzer geprüft) werden könnte

VIII. Diebstahl der Backmischung durch Verstecken im Karton, § 242 I StGB

obj. Tatbestand

1. M könnte durch das Verstecken der Backmischung aber einen Diebstahl begangen haben.

Die Schokolade als bewegliche Sache war für M fremd.

Gewahrsamsbruch durch Verstecken (-)

M müßte daran den Gewahrsam gebrochen und neuen begründet haben. Fraglich ist daher nur, ob M zum Zeitpunkt des Einsteckens der Backmischung in den Karton schon neuen Gewahrsam begründet hat. Dies könnte nach der herrschenden Apprehensionstheorie der Fall sein, da es sich um einen kleinen Gegenstand handelt. Indes kann der Karton noch keine Gewahrsamsenklave des M begründen. Es besteht insofern ein Unterschied zu selbst mitgebrachten, persönlichen Gegenständen wie dem Mantel. Bezogen auf den Karton war eine jederzeitige Zugriffsmöglichkeit des Ladenbesitzers bzw. -verwalters nach wie vor gegeben und hätte - anders als bei der Suche nach Gegenständen in der Kleidung - überhaupt keiner Rechtfertigung bedurft. Durch das Einstecken allein hat M keinen Gewahrsam begründet.

> **"HEMMER-METHODE":** Das Gleiche gilt, wenn die Ware in anderer Weise im Einkaufswagen versteckt wird, so z.B. durch das Bedecken mit Prospekten. Ein Grenzfall zwischen dem ("körpernahen") Mantel und dem Einkaufswagen ist das Verstecken in einer vom Kunden mitgebrachten Einkaufstasche: einerseits gehört sie bereits zur "Sphäre" des Kunden, andererseits ist sie nicht ähnlich eng wie die Kleidung.

§ 242 I StGB (-)

2. Zum Zeitpunkt des Versteckens der Backmischung liegt von seiten des M jedenfalls kein vollendeter Diebstahl vor.

---

51 OLG Stuttgart NJW 1978, 715.

IX. Diebstahl am Campari durch das Passieren der Kasse, § 242 I StGB

obj. Tatbestand (-),
Flasche wurde dem M übereignet

1. Dadurch daß M mit der Flasche die Kasse passierte, könnte er sich nach § 242 I StGB strafbar gemacht haben. Die Flasche Campari müßte eine fremde, bewegliche Sache sein. Problematisch ist allein das Merkmal "fremd", denn die Kassiererin könnte dem M das Eigentum an der Flasche übertragen haben. Fraglich ist insoweit nur, wie sich deren Irrtum über den wahren Preis auswirkt. Nach dem zivilrechtlichen Abstraktionsprinzip sind jedoch Verpflichtungs- und Verfügungsgeschäft grundsätzlich voneinander unabhängig zu behandeln. Daher hat die Kassiererin, wenn auch im Irrtum über den Kaufpreis, dem M die Flasche Campari übereignet. Diese ist damit nicht mehr fremd.

§ 242 I StGB (-)

2. M ist nicht wegen Diebstahls an der Flasche Campari strafbar.

> **"HEMMER-METHODE":** Hier erschiene es wohl vertretbar, eine durch das Kassieren des korrekten Preises aufschiebend bedingte Übereignung anzunehmen (wenngleich diese Konstruktion das Abstraktionsprinzip spürbar zurückdrängen würde). Allerdings würde ein Diebstahl dann jedenfalls am Merkmal der Wegnahme scheitern.

X. Betrug an der Kasse durch Bezahlen des niedrigeren Preises, § 263 I StGB

obj. Tatbestand

1. M hat sich aber eventuell des Betruges schuldig gemacht.

Täuschungshandlung
⇒ Irrtumserregung (+)

a) M müßte die Kassiererin getäuscht haben. Ausdrücklich ist dies nicht geschehen. Durch das Vorzeigen der Ware gibt der Käufer jedoch nach der Verkehrsauffassung konkludent zu verstehen, der anhaftende Preis sei derjenige, mit dem die Ware auch ausgezeichnet worden sei. Da dem nicht so war, liegt damit eine Täuschungshandlung vor. Durch diese wurde bei der Kassiererin auch ein entsprechender Irrtum erregt, denn diese ging davon aus, dies sei der durch Befugte angebrachte Preis. Infolge des Irrtums müßte sie eine Vermögensverfügung vorgenommen haben, worunter man jedes Tun, Dulden oder Unterlassen versteht, das sich unmittelbar vermögensmindernd auswirkt. Ein solchen vermögensminderndes Tun kann hier problemlos in der von der Kassiererin vorgenommenen (irrtumsbedingten) Übereignung gesehen werden.

> **"HEMMER-METHODE":** Vertretbar wäre es auch, das Unterlassen der Geltendmachung des Differenzbetrags in den Vordergrund zu stellen. Es läge dann ein sog. Forderungsbetrag vor, bei dem - anders als beim Sachbetrug (dazu unten) - keine Verfügungsbefugnis erforderlich ist. Lebensnäher erscheint es aber, die strafrechtlich relevante Vermögensverfügung in der Übereignung zu sehen!

Es müßte dadurch ein Vermögensschaden entstanden sein. Unschädlich ist jedenfalls die Personenverschiedenheit von Verfügendem (Kassiererin) und Geschädigtem (Allkauf), da bei § 263 StGB nur Identität von Getäuschtem und Verfügendem erforderlich ist.

Im Falle eines Dreiecksbetrugs reicht es aus, daß der Getäuschte in der Lage ist, rechtlich oder tatsächlich über das betroffene Vermögen zu verfügen.[52] Dies ist hier der Fall, da die Kassiererin berechtigt ist, dem Käufer bezahlte Waren auszuhändigen.

Problematischer ist allerdings der Vermögensschaden, denn die Mehrforderung bleibt ja bestehen und geht nicht etwa durch Nichterhebung unter. Das Vermögen von Allkauf ist somit an sich nicht geschmälert worden. Jedoch kann diese Forderung mangels Kenntnis nie realisiert werden, womit letztlich doch ein Vermögensschaden vorliegt. Der objektive Tatbestand des Betrugs ist damit erfüllt. Zudem sind zivilrechtliche Ansprüche, die dem Geschädigten aufgrund der Täuschung erwachsen (Bereicherung, Delikt), im Rahmen der Schadenskompensation ohnehin unbeachtlich.[53]

subj. Tatbestand (+)

b) M handelte auch vorsätzlich und mit der Absicht stoffgleicher Bereicherung.

Rwk, Schuld (+)

2. Er handelte auch rechtswidrig und schuldhaft.

§ 263 I StGB (+)

3. M ist wegen Betrugs strafbar. Über § 263 UV StGB ist auch hier das Strafantragserfordernis nach § 248a StGB zu beachten.

XI. Diebstahl durch Nichtbezahlen der Backmischung an der Kasse, § 242 I StGB

obj. Tatbestand

1. Bei der Backmischung handelt es sich um eine fremde, bewegliche Sache, die insbesondere auch dem M nicht übereignet wurde. Ein Gewahrsamsbruch nebst Neubegründung liegt zwar noch nicht im Verstecken der Backmischung im Karton (vgl.o.), könnte jedoch im Passieren der Kasse ohne Bezahlung liegen.

Abgrenzung: Betrug ⇔ Diebstahl

Allerdings ist zu beachten, daß die Bejahung des Diebstahlsdelikts nicht unumstritten ist, sondern der Sachverhalt auch die Tatbestandsmerkmale eines Betruges im Sinne des § 263 StGB erfüllen könnte.

Wegnahme oder Vermögensverfügung

Wenn sich der Täter eine Sache durch Täuschung verschafft, kommt es für die strafrechtliche Abgrenzung zwischen Diebstahl und Betrug darauf an, ob ihm dies durch Wegnahme i.S.d. § 242 StGB, also eine eigenmächtige Handlung, oder aber durch Vermögensverfügung des Getäuschten i.S.d. § 263 StGB gelingt.[54] Dabei wird allgemein angenommen, daß diese Merkmale sich gegenseitig ausschließen.

Willensrichtung des Getäuschten maßgebend

Für ihre Unterscheidung kann es nicht allein auf das äußere Bild von Geben oder Nehmen ankommen, sondern darauf, ob nach der inneren Willensrichtung des Getäuschten ein *freiwilliger* oder *unfreiwilliger Gewahrsamsverlust* vorliegt, ob also der Geschädigte bewußt über die Vermögensstücke zugunsten des Täters verfügen oder ob er den Gewahrsam behalten wollte.[55]

---

52 LACKNER, § 263 Rn. 28
53 vgl. S/S - CRAMER, § 263 Rn. 120
54 BGH NJW 1995, 3129, 3130 m.w.N.
55 BGH NJW 1995, 3129, 3130 m.w.N.

Hieraus ist zu folgern, daß sich das Opfer beim "Sachbetrug" der vermögensbedeutsamen Wirkung seines Verhaltens bewußt sein muß.[56]

e.A.: genereller Verfügungswille der Kassiererin
⇒ *§ 263 StGB (+)*

Von diesen praktisch unstreitigen Grundsätzen ausgehend, nimmt das OHG Düsseldorf an, daß die Kassiererin durch die Erlaubnis, den Kassenbereich zu verlassen, dem Kunden gestatte, sich des gesamten Inhaltes des Kartons zu bemächtigen. Sie sei sich daher der vermögensbeeinflussenden Wirkung der so erteilten Erlaubnis durchaus bewußt und habe sich lediglich in einem Irrtum über die tatsächlichen Verhältnisse befunden.[57]

a.A.: Verfügungswille ist reine Fiktion

Allerdings ist durchaus fraglich, ob man überhaupt sagen kann, die Kassiererin treffe in einem solchen Fall auch hinsichtlich der unbemerkt "vorbeigeschleusten" Ware eine bewußte Verfügung. Vielmehr fehlt es an einem solchen Willen, wenn die Kassiererin nicht erkennt, daß sich im Karton noch weitere Waren befinden. Erst recht kann nicht davon die Rede sein, daß ein genereller Verfügungswille des Kassierers in Bezug auf den gesamten Inhalt des Kartons besteht. Die Annahme eines generellen Verfügungswillens läuft im Ergebnis auf eine Fiktion hinaus.[58]

> **"HEMMER-METHODE":** Der soeben zitierte Fall lag insofern anders, als die vorbeigeschleusten Waren im Einkaufswagen durch eine Zeitung verdeckt waren. Es ist fraglich, ob der vorliegende Fall deshalb eine unterschiedliche Behandlung rechtfertigt, da ja die Kassiererin zumindest den Karton sieht. Jedoch kann ihr auch hier kein Verfügungsbewußtsein unterstellt werden, da es ihr ja arbeitsvertraglich untersagt ist, über andere als die abkassierten Waren zu verfügen.

h.M.: Verfügungswille nur bzgl. der vorgezeigten Waren

Realistischer erscheint dagegen folgende Betrachtung: Die Aufgabe der Kassiererin beschränkt sich auf die Abrechnung der ihr vorgezeigten Waren; durch das Eintippen der dazugehörigen Preise in die Kasse werden die Gegenstände individualisiert, auf die sich ihr Übertragungswille bezieht.[59] Weitergehende Erklärungen kann und will sie schon aufgrund ihrer arbeitsvertraglichen Verpflichtungen nicht abgeben, eine weiterreichende Verantwortung aufgrund der von ihr nur begrenzt durchgeführten Kontrolle deshalb nicht übernehmen.[60]

> **"HEMMER-METHODE":** Ob eine andere Beurteilung geboten ist, wenn der Kassierer den Täter ausdrücklich fragt, ob er sämtliche Waren vorgelegt habe, und dieser die Frage bewußt wahrheitswidrig beantwortet, läßt der BGH ausdrücklich offen. Er scheint aber dazu zu tendieren, auch bei einer solchen Konstellation Diebstahl anzunehmen; denn eine solche Frage des Kassierers ändert nichts daran, daß sich der Täter durch dessen Täuschung nur die Gelegenheit zur Wegnahme dadurch verschafft, daß der Kassierer ihn in der irrigen Vorstellung, er habe alle Waren erfaßt, die Kassenzone passieren läßt. Geht es dem Täter im Ergebnis aber darum, den Gewahrsam ohne Wissen und damit ohne Einverständnis des Getäuschten aufzuheben, liegt nicht Betrug, sondern Diebstahl vor.

---

56 vgl. die Nachweise bei OLG Zweibrücken NStZ 1995, 448, 449
57 OLG Düsseldorf, NStZ 1993, 287, zu dieser Entscheidung: BROCKER, JuS 94, 919
58 BGH NJW 1995, 3129, 3130 m.w.N.
59 BGH a.a.O.
60 OLG Zweibrücken NStZ 1995, 448, 449

Annahme von § 263 StGB auch im Hinblick auf § 252 StGB kriminalpolitisch bedenklich

Überdies ist noch folgendes zu bedenken: Die Unterstellung eines generellen Verfügungswillens des Kassierers und - davon ausgehend - die Annahme von Betrug in diesen Fällen würde im Blick auf den qualifizierten Straftatbestand des räuberischen Diebstahls (§ 252 StGB) zu schwer erträglichen Unterschieden in der Behandlung nach Anschauung des täglichen Lebens gleichgelagerter Sachverhalte führen.[61]

Als Vortat des räuberischen Diebstahls kommt nur (vollendeter) Diebstahl in Betracht, nicht aber Betrug. Die Annahme von Betrug hätte danach zur Folge, daß der Täter, der nach dem Verlassen des Kassenbereichs gegen den ihn verfolgenden Detektiv tätlich wird, um sich den Besitz an der nicht bezahlten Ware zu erhalten, nur wegen Betruges und Nötigung sowie ggf. wegen Körperverletzung verurteilt werden könnte.

Hätte derselbe Täter demgegenüber die Ware bereits vor dem Passieren der Kasse eingesteckt und damit einen vollendeten Diebstahl begangen, so wäre er, wenn er unter den gleichen Voraussetzungen Gewalt anwendet, wegen des Verbrechens des räuberischen Diebstahls zu bestrafen.

Eine solch unterschiedliche Bewertung an sich gleicher Sachverhalte wäre willkürlich und würde auch dem Schutzzweck des § 252 StGB nicht gerecht.

> **"HEMMER-METHODE":** Die Abgrenzung von Betrug und Diebstahl beim "Einkauf" in Selbstbedienungsläden ist ein Klassiker.
> Nachdem aber der BGH auf Vorlagebeschluß des OLG Zweibrücken, das von der zitierten Entscheidung des OLG Düsseldorf abweichen wollte, sein Machtwort gesprochen hat, läßt sich die Annahme eines Betrugs in der Klausur nur noch sehr schwer und nur mit erheblichem Begründungsaufwand vertreten.
> Auch wenn der Verweis auf eine bevorstehende Rspr. keine eigenständige Begründung ersetzt, haben Sie es leichter, wenn Sie in der Klausur Diebstahl bejahen.

Fraglich ist lediglich noch, ab welchem Zeitpunkt von einem vollendeten Diebstahl ausgegangen werden kann. Dies ist der Fall, wenn die Ware durch die Kassenzone gebracht wurde und der Zahlungsvorgang abgeschlossen ist. Dann liegt Vollendung vor.[62]

2. M hat vorsätzlich, in Zueignungsabsicht, rechtswidrig und schuldhaft gehandelt und sich somit nach § 242 I StGB strafbar gemacht. Das Antragserfordernis des § 248a StGB ist zu beachten.

> **"HEMMER-METHODE":** Aufbaumäßig war es nicht einfach, die Delikte des 1. Tatkomplexes zu ordnen. Hier wurden sie in zeitlicher Reihenfolge geprüft, möglich war jedoch eine Gruppierung nach den einzelnen Gegenständen.

---

[61] BGH NJW 1995, 3129, 3130 m.w.N.
[62] vgl. OLG Köln NJW 1984, 810

XII. Konkurrenzen

Die Urkundenunterdrückung durch Überkleben des alten Preisschilds tritt als notwendige Begleittat hinter § 267 StGB zurück. § 303 StGB wird als notwendige Begleittat von § 274 I Nr.1 StGB konsumiert.[63] Durch das Gebrauchmachen von der Urkunde an der Kasse (§ 267 StGB) liegt eine Teilidentität der Ausführungshandlungen mit § 263 I StGB vor, wodurch Handlungseinheit hergestellt wird. Der Diebstahl der Backmischung an der Kasse wird zeitgleich mit dem Betrug ausgeführt, so daß hier ebenfalls Handlungseinheit anzunehmen ist. Was den vorangegangenen Diebstahl an den Pralinen angeht, ist von einer natürlichen Handlungseinheit und damit Tateinheit (§ 52 I StGB) auszugehen, da das Gesamtgeschehen in einem engen räumlichen und zeitlichen Zusammenhang steht und daher bei natürlicher Betrachtungsweise als einheitliches Geschehen zu würdigen ist.

2. TATKOMPLEX: DIE VORGÄNGE IM SOUND-MARKT

Diebstahl der CDs in einem besonders schweren Fall, §§ 242, 243 I 2 Nr.2 StGB

obj. Tatbestand

vollendete Wegnahme?

1. Die CDs waren für M fremde, bewegliche Sachen. Die Wegnahmehandlung könnte im Einstecken zu sehen sein. Problematisch ist jedoch, ob angesichts des elektromagnetischen Sicherungsetiketts nur ein *versuchter Diebstahl* in Betracht kommt oder mit dem Einstecken in die Manteltasche schon *Vollendung* anzunehmen ist.

e.A.: (-), noch kein tätereigener Gewahrsam

Ein Teil der Lit. verneint in diesem Fall Vollendung, denn der Täter könne durch den in jedem Fall ausgelösten Alarm den Gewahrsam nicht ohne Behinderung durch den Berechtigten ausüben. Damit stünden der Herstellung eines tatsächlichen Sachherrschaftsverhältnisses wesentliche Hindernisse entgegen.[64]

BayObLG: (+)

Anders hat jedoch das BayObLG entschieden[65]:

"Neuer Gewahrsam ist begründet, die Wegnahme daher vollendet, wenn der Täter die Herrschaft über die Sache derart erlangt hat, daß er sie, unbehindert durch den alten Gewahrsamsinhaber, ausüben und dieser seinerseits über die Sache nicht mehr verfügen kann, ohne die Verfügungsgewalt des Täters zu beseitigen... Im Selbstbedienungsladen ist das bereits der Fall, wenn der Täter - jedenfalls bei Sachen geringen Umfangs - die Beute mit Zueignungsabsicht in die Tasche steckt oder sonst verbirgt...Ist die Ware mit einem alarmauslösenden Sicherungsetikett versehen, liegt der Fall nicht anders... Vielmehr wird es auf das Geschick des Täters, seine kriminelle Energie, das Vorhandensein weiterer Kunden sowie auf sonstige Umstände ankommen, ob einem entschlossenen Täter das Entkommen mit der Beute gelingt.

---

63   LK-Tröndle, § 274 Rn. 26
64   D/T, § 242 Rn. 15; S/S - Eser, § 242 Rn. 40
65   BayObLG NJW 1995, 3000 (JuS 1996, 78); zu dieser Entscheidung: Kargl, JuS 96, 971

Von diesen, im nachhinein oft gar nicht zu rekonstruierenden Zufälligkeiten kann aber die Frage der Gewahrsamsbegründung nicht abhängen, zumal auch eine nur ganz vorübergehende Sachherrschaft Gewahrsam ist.[66] Anders könnte es allerdings dann liegen, wenn der Kontrollbereich durch zusätzliche Maßnahmen, etwa eine Überwachung durch stets einsatzbereite Hausdetektive, geschützt ist, so daß der Täter von vornherein nicht die geringste Möglichkeit gehabt hätte, mit der Beute zu entkommen. So lag der Fall aber hier offensichtlich nicht. Die Alarmauslösung durch das Sicherungsetikett kann daher im Regelfall noch weniger als die Beobachtung die Vollendung der Gewahrsamsbegründung verhindern; sie ist vielmehr nichts anderes als gleichsam die Entdeckung der bereits vollendeten Tat... Die gegenteilige Auffassung verschiebt die Vollendung der Wegnahme dagegen in Richtung Sicherung der Beute und damit der Tatbeendigung."

Dieser Ansicht ist zuzustimmen. Das Sicherungsetikett verhindert in der Tat nur die Beendigung, nicht aber die Vollendung des Diebstahls. Auch insoweit ist daher an der Enklaventheorie festzuhalten.

subj. Tatbestand (+)

2. M handelte vorsätzlich.

Rwk, Schuld (+)

3. Er handelte auch rechtswidrig und schuldhaft.

§ 243 I 2 Nr. 2 StGB?

4. Fraglich ist noch, ob das Regelbeispiel des § 243 I 2 Nr.2 StGB Anwendung findet. Die CDs könnten durch das Sicherungsetikett "gegen Wegnahme besonders gesichert" sein. Jedoch fallen nach ganz überwiegender Ansicht nur solche Schutzvorrichtungen darunter, die nicht erst die Beendigung, sondern bereits die Vollendung der Wegnahme verhindern sollen.[67] Es liegt damit kein Diebstahl in einem besonders schweren Fall vor.

§ 242 I StGB (+)

5. M ist wegen Diebstahls nach § 242 I StGB strafbar.

---

66 BGHSt 16, 271, 273

67 LACKNER, § 243 Rn. 16

Zusammenfassung:

Strafbarkeit des M

1. Tatkomplex: Die Vorgänge im Supermarkt

I. § 123 I StGB (-)

II. § 242 I StGB bzgl. Pralinen (+)

III. § 274 I Nr. 1 StGB
durch Entfernen des Preisetiketts (-), keine Nachteilszufügungsabsicht

IV. § 267 I StGB
durch Anbringen des billigeren Preises (+)

V. § 274 I Nr. 1 StGB
durch das Überkleben (+), aber von § 267 I StGB verdrängt

VI. § 303 I StGB (+)

VII. § 267 I StGB
durch Verstecken der Backmischung (-)

VIII. § 242 I (-)
zu diesem Zeitpunkt jedenfalls keine Vollendung

IX. § 242 I StGB bzgl. Campari-Flasche (-)

X. § 263 I StGB bzgl. Campari-Flasche (+)

XI. § 242 I StGB bzgl. Backmischung (+), insbesondere nicht § 263 I StGB, da keine Vermögensverfügung der Kassiererin bzgl. der vorbeigeschleusten Ware

XII. Konkurrenzen

2. Tatkomplex: Die Vorgänge im Sound-Markt

§ 242 I StGB (+)
auch bei elektronischer Sicherung der Ware vollendeter Diebstahl, kein Fall des § 243 I 2 Nr. 2 StGB

MILITANT FÜR DEN FRIEDEN

SEITE 31

SACHVERHALT:

Die Prostituierte Babsi Billig hatte sich, nachdem sie des jahrelangen Anschaffens überdrüssig geworden war, einen seriösen Halbtagsjob gesucht und zur Freizeitgestaltung der Gruppe "Militant für den Frieden" angeschlossen. Nun verbringt sie ihre Freizeit kurzweilig auf Friedensdemonstrationen, Podiumsdiskussionen und vor Kasernentoren.

Am 2.11.94 nahm Babsi im Rahmen einer Aktionswoche an einer Blockade in der Nähe einer Bundeswehrkaserne teil. Um ihren Forderungen mehr Nachdruck zu verleihen, hatten sich die Teilnehmer mit ihren Fahrzeugen auf die Straße gestellt, um den Durchgang zu versperren. Die Polizei hatte jedoch schnell reagiert und die Autofahrer schon mehrere hundert Meter vor der Blockade angehalten und umgeleitet. Nach einer Stunde zogen die Teilnehmer enttäuscht wieder ab.

Als sich B und ihre Gesinnungsgenossen am 5.11.94 auf der Anfahrt mit einem Reisebus zu einer bereits im Vorfeld verbotenen Demonstration befanden, wurden sie auf einer Raststätte frühzeitig von der Polizei gestoppt; die Personalien wurden aufgenommen. Aus Protest gegen diese Behandlung und gegen das Verbot der Veranstaltung verteilten sich alle Insassen des Reisebusses auf den Fahrbahnen und versperrten einer Vielzahl von Autofahrern den Weg. B und die übrigen Teilnehmer wurden von der Straße entfernt, nachdem sie bereits einen kilometerlangen Stau verursacht hatten.

Der sensationslüsterne Journalist Jürgen Jeck hatte all diese Veranstaltungen mit regem Interesse verfolgt und schrieb einen Artikel für die Wochenendausgabe des "Main-Kurier". Er berichtete über Aktionsfeld und Zusammensetzung der Gruppe "Militant für den Frieden". Er ging dabei auch auf die "Aktionswoche" ein: "Am 5.11.94 wurde die genannte Gruppe von der Polizei auf dem Weg zu einer Demonstration gestoppt. Nachdem sie eine Sitzblockade auf der Autobahn veranstaltet hatte, wurde sie mittels eines Schlagstockeinsatzes von der Polizei gefügig gemacht, um erst gar keine Gegenwehr aufkommen zu lassen. Dann trug die Polizei die vor Schmerzen jaulenden Teilnehmer von der Fahrbahn. Die nachfolgende Aufnahme der Personalien zog sich über Stunden hin, ohne daß die Betroffenen den Einsatzbus verlassen durften. An der Effizienz der Polizei dürften nach diesem gelungenen Einsatz keine Zweifel mehr verbleiben!" Was die Zusammensetzung der Gruppe betrifft, berichtete J: "...Der Mitgliederkreis hat sich in den letzten Jahren stark vergrößert. Mittlerweile wollen Szenekenner unter den weiblichen Mitgliedern schon ein ehemaliges Callgirl gesichtet haben, das nun offenbar nicht mehr Karriere auf der Straße, sondern in politischen Kreisen zu machen versucht...."

Als der den Einsatz leitende Polizeioberwachtmeister und seine Kollegen den Bericht in der Zeitung lesen, sind sie über diese "Lügengeschichten" empört. Auch B und ihre weiblichen Mitstreiter halten den Bericht für eine "Unverschämtheit".

Bearbeitervermerk:

Prüfen Sie die Strafbarkeit von Babsi Billig und Jürgen Jeck nach dem StGB.

LÖSUNG:

A. STRAFBARKEIT DER B

1. Tatkomplex: Blockade am 2.11.1994

I. Nötigung, § 240 I StGB

obj. Tatbestand: hier körperlich wirkender Zwang

1. Das Blockieren von Straßen mit Fahrzeugen, um andere Verkehrsteilnehmer aufzuhalten, ist anders als bei Sitzblockaden körperlich wirkender Zwang, da die Autofahrer das Hindernis, selbst wenn sie wollten, nicht überwinden könnten. Die Zwangseinwirkung ist hier nicht bloß psychischer Natur, so daß auch nach der Entscheidung des BVerfG[68] von der Verwirklichung der Gewaltalternative ausgegangen werden kann.

Problem: Vollendung

Fraglich ist jedoch, ob die Nötigung vorliegend vollendet war. Zwar hat die B die Nötigungshandlung (Blockieren der Straße) ausgeführt. Und auch zum Nötigungserfolg (Keine Durchfahrt auf dieser Straße für andere Verkehrsteilnehmer) ist es gekommen.

> **"HEMMER-METHODE":** Dies durfte nicht übersehen werden. Zwar konnte das Gebäude auf einem anderen Weg erreicht werden, jedoch gehört zur Willensentschließungsfreiheit auch grundsätzlich die freie Wahl des Wegs.

Jedoch hielten die anderen Autofahrer nicht unter dem unmittelbaren Zwang an, daß vor ihnen Demonstranten sich weigerten, die Fahrbahn zu verlassen. Vielmehr wurden sie durch die Weisung der Polizei am Weiterfahren gehindert.

Unterbrechung des Kausalverlaufs durch Einschreiten der Polizei?

Folgt man den allgemeinen Kausalitätsregeln, könnte man an eine Unterbrechung des Kausalverlaufs durch das Dazwischentreten der Polizei denken. Eine solche kommt jedoch dann nicht in Frage, wenn die früher gesetzte Bedingung bis zum Eintritt des Erfolges fortwirkt.[69] Ein solcher Fortwirkungszusammenhang ist hier zweifellos gegeben. Denn ohne die Blockade wäre die Polizei nicht tätig geworden, um die Autofahrer anzuhalten bzw. umzuleiten. Auch eine Unterbrechung des Zurechnungszusammenhangs scheidet aus. Denn das Tätigwerden der Polizei liegt keineswegs außerhalb der allgemeinen Lebenserfahrung in einer solchen Situation.[70]

BayObLG (+)

Das BayObLG[71] hingegen verlangt einen spezifischen Zusammenhang zwischen Nötigungshandlung und -folge. Das Nötigungsopfer müsse von der ausgeübten Gewalt erreicht worden sein, sie als solche empfinden und sich ihr bewußt beugen. Eine mittelbare Gewalteinwirkung reiche nicht aus. Das ergebe sich aus dem Wortlaut des § 240 I StGB ("mit Gewalt nötigt"), und man könne auch die Polizei nicht als "verlängerten Arm" der Blockierer ansehen.

---

68 BVerfG, NSTZ 95, 276; zu dieser Entscheidung weiter unten ausführlich.
69 vgl. WESSELS, AT, § 6 I 3.
70 So i.E. das OLG Stuttgart, MDR 86, 602.
71 BayObIFG NJW 90, 59; anders die wohl h.M., vgl. S/S - ESER § 240 Rn. 14a m.w.N.

MILITANT FÜR DEN FRIEDEN

Die Ansicht des BayObLG begegnet durchgreifenden Bedenken. Zwar mag es begrüßenswert sein, auf diesem Wege neben der Berücksichtigung der Fernziele beim Strafmaß zu einer weiteren Erleichterung für die Täter zu finden. Jedoch kann es keinen Unterschied machen, ob die blockierten Verkehrsteilnehmer unmittelbar von den Demonstranten oder ein paar hundert Meter vorher von der Polizei angehalten werden. Zwar erscheint es sinnwidrig, gerade das polizeiliche Handeln den Blockierern zuzurechnen, jedoch zeigt gerade das, daß der Nötigende, der sein Ziel über den Umweg des polizeilichen Eingreifens erreicht, ebenso vollendet tatbestandsmäßig i.S.d. § 240 StGB handelt wie der, dessen Blockade unmittelbar wirkt. Maßgebliches Korrektiv zur Ausscheidung atypischer Kausalverläufe muß die allgemeine Regel über die Unterbrechung des Zurechnungszusammenhanges bleiben.

> **"HEMMER-METHODE":** An dieser Stelle war mit dem BayObLG eine andere Ansicht selbstverständlich vertretbar. Konsequenterweise mußte dann aber die Versuchsstrafbarkeit bejaht werden.

Vorsatz (+)

2. B handelte vorsätzlich. Insbesondere stellt sich das Dazwischentreten der Polizei auch subjektiv als unerhebliche Abweichung vom Kausalverlauf dar, die vom Vorsatz der B noch gedeckt ist.

Rechtswidrigkeit

3. Zu untersuchen ist, ob die Nötigung auch rechtswidrig ist.

Rechtfertigungsgründe

a) §§ 34, 193 StGB kommen als Rechtfertigungsgründe nicht in Betracht.

Auch aus den Grundrechten der Meinungs- und Versammlungsfreiheit (Art. 5, 8 GG) läßt sich keine Rechtfertigung der B herleiten. Denn ihr Verhalten ging über das hinaus, was notwendig war, um von diesen Grundrechten Gebrauch zu machen: das Grundrecht der Meinungs- wie der Versammlungsfreiheit berechtigt nicht dazu, anderen seine Meinung mittels Gewalt aufzuzwingen.[72]

> **"HEMMER-METHODE":** Grundsätzlich sollten bei der Prüfung der Rechtswidrigkeit der Nötigung zuerst Rechtfertigungsgründe angesprochen werden. Liegen solche vor, ist die Rechtswidrigkeit ausgeschlossen, ohne daß es der Abwägung des § 240 II StGB bedarf.

§ 240 II StGB: Verwerflichkeit

b) Bei § 240 StGB (wie auch bei § 253 StGB) handelt es sich um einen sog. offenen Tatbestand, d.h. die Rechtswidrigkeit der Tat ist positiv festzustellen, § 240 II StGB. Die Verwerflichkeit der Nötigung kann sich aus ihrem Zweck, dem eingesetzten Mittel oder der Relation von beiden ergeben. Da Zweck und Mittel im vorliegenden Fall an sich nicht zu beanstanden sind, kann das Rechtswidrigkeitsurteil nur auf ihrem Verhältnis zueinander beruhen.

Zweck-Mittel-Relation
⇒ *Gesamtwürdigung*

Erforderlich ist eine am Einzelfall orientierte Abwägung aller Umstände.

---

72 BGHSt 23, 56

Berücksichtigung von Fernzielen?

Umstritten hierbei ist, welche Ziele des Nötigenden Berücksichtigung finden müssen. Primär will und erreicht der Nötigende die Einschränkung der Bewegungsfreiheit von Verkehrsteilnehmern. Damit bezweckt er jedoch auch und gerade, die Aufmerksamkeit der Öffentlichkeit, speziell der Massenmedien, zu erregen.

Die Minderheit der Verfassungsrichter[73] vertrat die Auffassung, daß auch die Fernziele der Demonstranten in die Bewertung mit einzubeziehen seien, während die Mehrheit dies von Verfassungs wegen nicht für notwendig erachtete, aber auch nicht ausdrücklich für unzulässig erklärte.

wohl abzulehnen

Die besseren Argumente sprechen aber wohl dafür, die Fernziele der Demonstranten bei der Rechtswidrigkeit unberücksichtigt zu lassen. Zu beachten ist nämlich, daß unbeteiligte Bürger genötigt werden, die keine Möglichkeit haben, die (in den Augen der Demonstranten bestehenden) Mißstände abzuschaffen. Im übrigen stehen dem Bürger im demokratischen Rechtsstaat genügend Möglichkeiten zur Verfügung, seine "Fernziele" in die politische Meinungsbildung einzubringen. Der Einsatz von Gewalt in Form von Straßenblockaden kann nicht als rechtmäßiges Mittel im politischen Meinungskampf angesehen werden, um welche anerkennenswerten Ziele es dem Gewaltübenden auch gehen mag.

nur unmittelbare Folge der Zwangsausübung maßgebend

Vielmehr kommt es bei der Frage der Rechtswidrigkeit der Nötigung nur auf das Verhältnis zwischen dem Nötigungsmittel und der unmittelbaren Folge der Zwangsausübung an. Das muß aber nicht heißen, daß jede Demonstration per se eine rechtswidrige Nötigung darstellt. Rechtlich verwerflich ist nur, was sozial unverträglich und wegen seines grob anstößigen Charakters sozialethisch in besonders hohem Maße zu mißbilligen ist.[74]

bei Demonstrationen kurze Beeinträchtigungen der Fortbewegungsfreiheit hinzunehmen

Insbesondere müssen bei der Abwägung auch Dauer und Intensität der Willens- und Fortbewegungsbeeinträchtigung des Genötigten eine Rolle spielen. Im Rahmen einer "Demonstration" muß es als sozialadäquat angesehen werden, daß es zu Verkehrsbehinderungen kommt (dies schon im Hinblick auf Art. 5 I, 8 I GG). Ganz kurzen Blockaden ist daher mehr ein Kundgabe-, denn ein Nötigungscharakter beizumessen. Daraus resultierende Beeinträchtigungen der Fortbewegungsfreiheit sind folglich hinzunehmen.

hier aber eine Stunde
⇒ Rwk (+)

Vorliegend dauerte die Blockade jedoch eine Stunde und fand nicht lediglich durch die körperliche Anwesenheit der Demonstranten, sondern unter Zuhilfenahme von Fahrzeugen statt. Setzt man diese Folge der Nötigung in Relation zu der von B ausgeübten Gewalt, kann das Handeln der B nicht gebilligt werden.

> **"HEMMER-METHODE":** Die Diskussion über die Berücksichtigung von Fernzielen ist auch in jüngster Zeit nicht abgeebbt. Eine andere Ansicht ist daher ohne weiteres vertretbar.

Schuld (+)

4. B handelte auch schuldhaft und ist daher nach § 240 StGB zu bestrafen.

---

73   BVerfGE 73, 206, 257
74   WESSELS, BT-1, § 8 III G mit Nachweisen auf die Rspr.

Fernziele können bei der Strafzumessung berücksichtigt werden

Bei der Frage, welche Strafe verhängt werden soll, kommt es auf die persönliche Schuld, namentlich auch auf die Beweggründe und Ziele des Täters an, § 46 I, II StGB. Hier ist der richtige Ort, Fernziele der Täter zu berücksichtigen.[75] Da diese keine eigennützige Natur haben, sondern vielmehr - wenn auch möglicherweise falsch aufgefaßter - staatsbürgerlicher Verantwortung entspringen, müssen sie strafmildernd berücksichtigt werden.

> **"HEMMER-METHODE":** In aller Regel ist im 1. Examen auf die Strafzumessung (oder gar ein konkretes Strafmaß!) nicht einzugehen, wenn es nicht ausdrücklich verlangt ist. Da die Rspr. jedoch hier die Lösung eines zentralen Problems in den Bereich der Strafzumessung verlagert, sollte dazu kurz Stellung genommen werden.

II. Landfriedensbruch, § 125 I Nr.1 StGB

obj. Tatbestand

1. Zunächst müßte die Blockade aus einer "Menschenmenge" heraus erfolgt sein. Nach dem Sinn des § 125 StGB ist dies eine nicht mehr auf den ersten Blick überschaubare Anzahl von Menschen, bei der es auf den ein oder anderen Hinzukommenden oder Weggehenden nicht ankommt. Schon hier ist im Rahmen einer Einzelfallwertung zu ermitteln, ob gerade aus dem Zusammensein mehrerer in einer Menschenmenge eine spezifische Gefahr resultiert. Es ist daher schon äußerst fraglich, ob die Teilnehmer der Blockade eine Menschenmenge i.S. dieser Norm darstellen.

Des weiteren müssen Gewalttätigkeiten aus der Menschenmenge heraus begangen werden. Ursprünglich verstand man darunter Gewalt i.S.d. § 240 I StGB. Diese Gleichstellung ist heute nicht mehr zu rechtfertigen. Denn während der allgemeine Gewaltbegriff nur auf alle möglichen Methoden fremder Willensbeugung abstellt, muß unter "Gewalttätigkeit" aggressives, gegen die körperliche Unversehrtheit von Menschen oder fremde Sachen gerichtetes aktives Tun unter Einsatz physischer Kraft verstanden werden.[76]

§ 125 I Nr. 1 StGB (-)

2. B hat daher keinen Landfriedensbruch begangen.

> **"HEMMER-METHODE":** Selbstverständlich müssen sie keine Details zu § 125 StGB kennen, jedoch kann für eine gute Arbeit schon eine kurze Auseinandersetzung mit den Tatbestandsmerkmalen verlangt werden. Denken Sie grundsätzlich auch kurz daran, daß sich Strafvorschriften nicht nur im StGB finden lassen. Enthält der Bearbeitervermerk keine Einschränkung, so kann in der Klausur auch einmal Nebenstrafrecht anzuprüfen sein. Gerade bei Demonstrationen und Sitzblockaden müssen Sie daher auch an das VersammlG denken, das in den §§ 21 ff. Strafvorschriften enthält. Relevant ist hier insbesondere der § 27 VersammlG, der das Führen von Waffen, aber auch Verstöße gegen das Vermummungsverbot pönalisiert. Im Sachverhalt war hierfür konkret nichts ersichtlich, aber es hätte nur eines ergänzenden Nebensatzes bedurft, und die Vorschriften des VersammlG wären durchaus einschlägig gewesen.

---

75 so auch BGH ST 35, 270
76 S/S - LENCKNER, § 125 Rn. 5

2. TATKOMPLEX: STRAßENBLOCKADE AM 5.11.1994

I. Nötigung, § 240 I StGB

obj. Tatbestand

1. Wiederum kommt eine Nötigung durch die Ausübung von Gewalt in Betracht. Durch die Sitzblockade könnte B gegenüber den Fahrzeugen eine Nötigung mittels Gewalt begangen haben.

Entwicklung des Gewaltbegriffs
RG: körperliche Kraftentfaltung erforderlich

An dieser Stelle muß auf den Gewaltbegriff näher eingegangen werden. Verlangte das Reichsgericht zunächst die Anwendung körperlicher Kraft zur Überwindung eines geleisteten oder erwarteten Widerstandes,[77] so wurde das Erfordernis der Kraftentfaltung bald wieder aufgegeben.

BGH: zunehmend Entmaterialisierung des Gewaltbegriffs

Später wertete der BGH als entscheidendes Moment die beim Opfer auftretende körperliche Zwangswirkung.[78] Dieses Merkmal wurde jedoch dadurch unterwandert, daß auch die psychosomatischen Wirkungen einer geäußerten Drohung, wie etwa die Nervenerregung beim Opfer unter den Gewaltbegriff subsumiert wurden.[79] Logische Konsequenz dieser Entwicklung war schließlich das Laepple-Urteil, bei dem ein Sitzstreik auf Straßenbahnschienen als Gewalt i.S.d. § 240 StGB angesehen wurde. Hierbei wurde zur Begründung nicht auf die Nervenerregung des Straßenbahnfahrers zurückgegriffen, für ausreichend hielt der BGH auch den psychisch wirkenden Zwang, sofern er *von einigem Gewicht* war.[80] Dieser sog. *entmaterialisierte Gewaltbegriff*, der nun auch auf das Erfordernis der körperlichen Einwirkung auf das Opfer verzichtete, wurde vom BVerfG lange Zeit gebilligt.[81]

Gewalt war danach "...körperlich oder psychisch wirkender Zwang durch ein Verhalten, das als gegenwärtige Übelszufügung nach seiner Zielrichtung, Intensität und Wirkungsweise bestimmt und geeignet ist, die Freiheit der Willensentschließung oder -betätigung zu beeinträchtigen."

An dieser Auffassung wurde jedoch kritisiert, der Gewaltbegriff habe sich zu einem "Sammelbecken für alle Zwangsformen außerhalb der Drohungsalternative"[82] entwickelt. Insbesondere sei eine solche Auslegung vom Wortsinn des § 240 StGB nicht mehr gedeckt und Verstöße gegen das Analogieverbot. Ein solchermaßen weit aufgefaßter § 240 StGB genüge dem Bestimmtheitsgrundsatz nicht mehr.

BVerfG: gleichzeitiger Verzicht auf körperliche Kraftentfaltung und physische Zwangswirkung verstößt gegen Art. 103 II GG

Das BVerfG sah sich nun in einer jüngeren Entscheidung veranlaßt, dieser Entwicklung in der Rechtsprechung entgegenzusteuern. Es hatte zu beurteilen, ob der für die Strafbarkeit von Sitzdemonstranten aus § 240 I StGB zugrunde gelegte Gewaltbegriff gegen das Bestimmtheitsgebot des Art 103 II GG verstößt.

---

77 RGSt 56, 88
78 BGHSt 1, 145
79 BGHSt 19, 263; 23, 126; z.B.: Bedrohung des Opfers mit einer Schußwaffe, dichtes Auffahren auf der Autobahn
80 vgl. BGHSt 23, 46
81 BVerfGE 73. 206
82 WESSELS, BT-1, § 8 III 2

Hierbei geht das BVerfG davon aus, daß zumindest die Fälle, in denen das Verhalten des Täters allein durch seine körperliche Anwesenheit an einer Stelle, die ein anderer annehmen oder passieren möchte, gekennzeichnet ist, nicht unter den Gewaltbegriff subsumiert werden können, sofern das Opfer nur psychisch gehemmt ist, seinen Willen durchzusetzen.[83] Hierbei brachten die Richter in ihrem umstrittenen 5:3-Urteil zum Ausdruck, daß der gleichzeitige Verzicht auf eine gewisse körperliche Kraftentfaltung (auf Täterseite) und eine körperliche Zwangswirkung (auf Opferseite) den Gewaltbegriff ausufern läßt, und beauftragten die Strafgerichte, eine mit Art 103 II GG vereinbare Auslegung des Gewaltbegriffes vorzunehmen.

Die erweiternde Auslegung des Gewaltbegriffs in § 240 I StGB im Zusammenhang mit Sitzblockaden verstößt danach jedenfalls gegen Art. 103 II GG.

BGH: § 240 I StGB jedenfalls bzgl. der nachfolgenden Autofahrer (+)

Der BGH sieht jedoch bei Sitzblockaden, die auf der Autobahn vorgenommen werden, unverändert den § 240 I StGB verwirklicht. Er profitiert hierbei von den weit gesteckten Vorgaben des BVerfG und nimmt eine Eingrenzung nur hinsichtlich der psychischen Zwangswirkung vor, während er den Verzicht auf die körperliche Kraftentfaltung als sinnvoll einstuft.[84] Da außerdem durch die ersten Fahrzeuge für die hinteren Fahrzeuge eine auch tatsächlich nicht zu überwindende Barriere geschaffen werde, könne auch körperlich wirkender Zwang angenommen werden, so daß zumindest für diesen Fall eine Strafbarkeit wegen Nötigung nach wie vor in Betracht komme.

Der BGH sieht in dieser Entscheidung keine Abkehr vom Beschluß des BVerfG; dieser habe lediglich dann praktische Auswirkungen, wenn aufgrund der geringen Zahl der blockierten Fahrzeuge lediglich psychische Zwangswirkung hervorgerufen würden. Bilde sich jedoch eine Autoschlange, sei den Demonstranten die physische Zwangswirkung der zuerst angehaltenen Fahrzeuge auf die Nachfolgenden zuzurechnen. Nötigung sei kein eigenhändiges Delikt; außerdem werde hierdurch auch nicht der Kausalzusammenhang unterbrochen.[85]

BGH-Rspr. nicht ohne Kritik

Diese Auffassung des BGH ist erwartungsgemäß nicht ohne Kritik geblieben.

Die Unterscheidung zwischen den Autofahrern in der ersten Reihe (diesen gegenüber liegt keine strafbare Nötigung vor, da das Hindernis nur psychischer Natur ist) und denen ab der zweiten Reihe (diese werden quasi in mittelbarer Täterschaft genötigt) ist äußerst spitzfindig und im Hinblick auf § 31 I BVerfG bedenklich.

Auch in dogmatischer Hinsicht ist die Entscheidung des BGH nicht unangreifbar, denn der Nötigungserfolg besteht ja nicht in der Hinderung der Weiterfahrt an sich, sondern darin, daß den nachfolgenden Autos kein Platz in der "ersten Reihe" zuteil wird. Denn spätestens hier hätten auch die nachfolgenden Autofahrer halten müssen, ohne daß ihnen gegenüber eine strafbare Nötigung vorgelegen hätte. Insofern ist doch fraglich, ob dieser konkrete Nötigungserfolg tatsächlich noch dem Schutzzweck des § 240 StGB unterfällt.[86]

---

83 vgl. BVerfG NStZ 1995, 276, zum Gewaltbegriff des BVerfG auch ARNOLD, JuS 97, 289 und HERZBERG, JuS 97, 1067
84 vgl. BGH NStZ 1995, 542
85 zu der BGH-Entscheidung auch SCHMIDT, JuS 1995, 1135
86 vgl. HOYER, JuS 96, 200, 204.

Interessant ist weiterhin, daß auch die untergeordneten Gerichte dem BGH zum Teil die Gefolgschaft verweigern. So hat insbesondere das OLG Koblenz unter ausdrücklicher Ablehnung der BGH-Auffassung im Wiederaufnahmeverfahren aufgrund von § 79 BVerfG ein unter der alten Rechtsprechung zu § 240 StGB ergangenes Urteil aufgehoben, obwohl der BGH nach wie vor zur Strafbarkeit der Sitzdemonstranten gelangt wäre.[87]

Schließt man sich - wenn auch unter Bedenken - der BGH-Rechtsprechung an, hat B im vorliegenden Fall Gewalt i.S.d. § 240 I StGB verübt.

Vorsatz (+)

2. B handelte auch vorsätzlich.

Rwk (+)

3. Rechtfertigungsgründe sind nicht ersichtlich (vgl. dazu schon oben). Daher muß die Verwerflichkeit der Nötigung gem. § 240 II StGB positiv festgestellt werden. Nötigungserfolg war die Verursachung einer kilometerlangen Autoschlange, Nötigungsmittel die Sitzblockade. Fernziele wie der Ausdruck des Protestes gegen die Behandlung vor Ort und des Unmuts über das Verbot der geplanten Veranstaltung sind bei der Abwägung nicht zu berücksichtigen (siehe dazu schon oben). Der Eingriff in den Straßenverkehr war auch nicht nur geringfügig und auch keine bloße Nebenfolge einer Demonstration, sondern gezielt beabsichtigt, so daß die Anwendung von Gewalt im Verhältnis zum Nötigungserfolg nicht als sozialadäquat, sondern als verwerflich bezeichnet werden muß.

§ 240 I StGB (+)

4. B handelte auch schuldhaft und ist daher wegen Nötigung zu bestrafen.

II. Gefährlicher Eingriff in den Straßenverkehr, § 315b I Nr.2 StGB

obj. Tatbestand (-), keine konkrete Gefahr

1. Durch die Sitzblockade auf der Autobahn könnte B einen gefährlichen Eingriff in den Straßenverkehr vorgenommen haben. Durch das Sitzen auf der Autobahn hat B die Sicherheit des Straßenverkehrs dadurch gefährdet, daß sie ein Hindernis bereitete (Nr.2). Hierdurch müßte eine konkrete Gefahr für Leib oder Leben eines anderen oder eine fremde Sache von bedeutendem Wert verursacht worden sein. Die abstrakte Gefährlichkeit des Vorgehens der B ist insofern nicht ausreichend. Der Sachverhalt gibt aber keine Auskunft über einen z.B. knapp verhinderten Unfall durch starkes Abbremsen, so daß vom Ausbleiben einer konkreten Gefahr auszugehen ist.

§ 315b I StGB (-)

2. B ist nicht wegen gefährlichen Eingriffs in den Straßenverkehr strafbar.

"HEMMER-METHODE": Der BGH ist im vorliegenden Fall auf § 315b StGB nicht eingegangen. Angesichts der großen Gefahr, die eine Sitzblockade auf der Autobahn für den Verkehr und für die Demonstrationsteilnehmer bedeutet, erscheint die Diskussion des § 315b StGB jedoch naheliegend.

---

[87] OLG Koblenz NJW 96, 3351.

III. Versuchter gefährlicher Eingriff in den Straßenverkehr, §§ 315b I, II, 22 StGB

Vorprüfung

1. Der Tatbestand des § 315b StGB ist nicht erfüllt. Der Versuch ist gem. § 315b II StGB strafbar.

Tatentschluß

2. B wußte, daß sie durch ihr Verhalten Menschenleben und Fahrzeuge gefährden konnte, und es ist zu unterstellen, daß sie dies auch in Kauf nahm, da eine solche Gefährdung sehr nahelag. Daher ist von dolus eventualis auszugehen.

unmittelbares Ansetzen

3. Durch das Besetzen der Autobahn hat die B auch nach ihrer Vorstellung von der Tat zur Verwirklichung des Tatbestands unmittelbar angesetzt, da auf einer Autobahn ohne wesentliche Zwischenakte von einem Moment auf den anderen mit einem heranbrausenden Fahrzeug zu rechnen ist.[88]

§§ 315b I, 22 StGB (+)

4. B hat sich damit nach §§ 315b I, 22 StGB strafbar gemacht.

IV. Landfriedensbruch, § 125 I Nr.1 StGB

§ 125 I StGB (-)

Mangels Gewalttätigkeiten aus einer Menschenmenge liegt kein Landfriedensbruch vor.

B. STRAFBARKEIT DES J

I. Verleumdung, § 187 StGB

obj. Tatbestand

1. J könnte die Polizei als Institution verleumdet haben.

Beleidigungsfähigkeit der Polizei als Institution

Beleidigungsfähig sind neben Einzelpersonen auch *Personengemeinschaften*. Diesen kommt dann Ehrschutz zu, wenn sie eine rechtlich anerkannte soziale Funktion erfüllen und einen einheitlichen Willen bilden können.[89] Ersteres trifft für die Polizei ohne weiteres zu. Fraglich ist aber die Organisationsstruktur der Polizei, insbesondere, ob es einen einheitlichen Träger politischer oder verwaltungsmäßiger Verantwortung gibt. Da die Polizei aus einer Vielzahl von Einrichtungen in Bund und Ländern besteht, besitzt sie keinen einheitlichen Träger. Die Polizei als Institution genießt damit keinen Ehrschutz.[90]

wohl (-), nur die konkret betroffene Polizeibehörde

Allerdings ist zu beachten, daß sich die Äußerungen des J auf einen konkreten Anlaß bezogen, so daß die für den Einsatz zuständige Polizeibehörde individualisiert werden kann. Diese kann daher einen Strafantrag stellen.

---

[88] so auch HRUSCHKA, NJW 1996, 160, 163.
[89] WESSELS, BT-1, § 10 I 3.
[90] so auch BayObLG NJW 90, 1742.

> **"HEMMER-METHODE":** Entgegen dem Wortlaut des § 194 I StGB ist nicht nur die Beleidigung i.S.v. § 185 StGB, sondern sind alle Beleidigungsdelikte des 14. Abschnitts Antragsdelikte!

Verleumdung der am Einsatz beteiligten Polizisten?

möglich: Beleidigung einer Einzelperson unter einer Kollektivbezeichnung

2. J könnte auch alle am Einsatz beteiligten Polizisten verleumdet haben.

Namentlich wurde hierbei keiner bezeichnet. Jedoch kommt die Verleumdung von *Einzelpersonen unter einer Kollektivbezeichnung* in Betracht. Ein solcher Fall ist gegeben, wenn der Personenkreis derart klar umgrenzt ist, daß er deutlich aus der Allgemeinheit hervortritt.[91] Bei der pauschalen Nennung der "Polizei" ist dies nicht der Fall, jedoch muß auch hier wiederum beachtet werden, daß aufgrund des konkreten Anlasses die zuständige Polizei am Ort des Geschehens ermittelt werden kann. Diese Einsatztruppe ist auch zahlenmäßig überschaubar und tritt somit deutlich aus der Allgemeinheit hervor. Fraglich ist weiterhin, ob der erforderliche Individualbezug gegeben ist. Es muß sodann durch Auslegung ermittelt werden, ob mit der Nennung der Polizei zugleich die Beamten betroffen werden sollten. Dies läßt sich hier nicht abschließend feststellen, kann aber mit Rücksicht auf die drastischen Beschreibungen, die jeglicher Grundlage entbehren, angenommen werden (a.A. vertretbar). Jeder am Einsatz beteiligte Polizist könnte daher selbständig einen Strafantrag wegen Verleumdung stellen.

> **"HEMMER-METHODE":** Die Beleidigung von Personenmehrheiten sowie von Einzelpersonen unter einer Kollektivbezeichnung waren zentrale Problemkreise in den umstrittenen Soldaten-Urteilen des BVerfG.[92] Mit derartigen Fragestellungen ist im 1. Examen durchaus zu rechnen.

wissentliche Kundgabe unwahrer Tatsachen

Die Polizei und die zuständigen Beamten müßten verleumdet worden sein. Kennzeichnend für die Verleumdung ist die wissentliche Kundgabe unwahrer, ehrenrühriger Tatsachen gegenüber Dritten. Der Bericht über den Schlagstockeinsatz und über die stundenlange Personalienaufnahme war in den wesentlichen Punkten frei erfunden und beruhte damit auf unwahren Tatsachen. Diese waren auch ehrenrührig, da sie geeignet waren, die betreffende Polizei und ihre Beamten in der öffentlichen Meinung herabzuwürdigen, so daß das Vertrauen in die Tätigkeit der Polizei erschüttert wurde. Auch fand eine Kundgabe gegenüber Dritten statt.

> **"HEMMER-METHODE":** Vergegenwärtigen Sie sich noch einmal das System der Beleidigungstatbestände! Die Beleidigung (§ 185 StGB) erfaßt die Kundgabe von ehrenrührigen Tatsachen und Werturteilen gegenüber dem Betroffenen sowie von ehrenrührigen Werturteilen gegenüber Dritten. Die üble Nachrede (§ 186 StGB) und die Verleumdung (§ 187 StGB) erfassen nur die Kundgabe von ehrenrührigen Tatsachen gegenüber Dritten. Bei gleichzeitiger Kundgabe von ehrenrührigen Tatsachen gegenüber dem Betroffenen ist daher Tateinheit möglich.[93]

---

91 Wessels, BT-1, § 10 I 3.
92 BVerfG NJW 94, 2943 und NJW 95, 3303
93 vgl. S/S - Lenckner, § 186 Rn. 21.

> § 186 StGB und § 187 StGB schließlich unterscheiden sich vom subjektiven Tatbestand her: Während der Täter bei § 187 StGB wider besseren Wissens handelt, muß die Nichterweislichkeit der ehrenrührigen Behauptung bei § 186 StGB nicht vom Vorsatz des Täters umfaßt sein. Es handelt sich nicht um ein Merkmal des objektiven Tatbestandes, sondern um eine objektive Bedingung der Strafbarkeit. Der Täter wird auch dann aus § 186 StGB bestraft, wenn er die verbreitete Tatsache für wahr gehalten hat. Ein solcher Irrtum geht zu seinen Lasten.

Damit liegt der objektive Tatbestand der Verleumdung vor.

subj. Tatbestand

2. J hatte die Tatsachen wissentlich und willentlich entstellt und war sich auch der Ehrenrührigkeit seiner Behauptungen bewußt, so daß er vorsätzlich handelte.

Rwk: § 193 StGB?

3. Im Bereich der Ehrdelikte kann eine Rechtfertigung durch § 193 StGB stattfinden, dessen Hauptanwendungsfall die Wahrnehmung berechtigter Interessen ist.

§ 193 StGB aber (-) bei bewußt wahrheitswidriger Berichterstattung

Es kommt hierbei in der Regel zu einer Abwägung der Meinungs- bzw. Pressefreiheit (Art. 5 I GG) mit dem Recht auf Ehre, wobei im Sinne der Wechselwirkungslehre des BVerfG festgestellt werden muß, welchem Recht im konkreten Fall der Vorrang gebührt.[94] Der Art. 5 I GG findet seine Grenzen nämlich in den allgemeinen Gesetzen, dem Jugend- und dem Ehrschutz (Art. 5 II GG). Ein Journalist kann sich bei Äußerungen durch die Presse auf seine Meinungs- bzw. Pressefreiheit berufen; diese soll gerade seine Berufsausübung sichern. Dem Art. 5 I GG unterfällt jedoch nicht eine bewußt wahrheitswidrige Berichterstattung. Das BVerfG fordert in diesem Zusammenhang die subjektive Wahrhaftigkeit des Geäußerten bzw. Publizierten; die Überzeugung des Äußernden soll wiedergegeben werden. Bewußte Entstellungen der Wahrheit genießen demnach keinen Schutz.[95] Somit scheidet im Rahmen der Verleumdung nach h.M. eine Rechtfertigung nach § 193 StGB in der Regel aus.[96]

Während im Rahmen der üblen Nachrede (§ 186 StGB) dem Berichterstatter, falls dieser seinen Informationspflichten genüge getan und nicht leichtfertig Behauptungen aufgestellt hat, noch eine Art "erlaubtes Risiko" für den Fall der Nichterweislichkeit der berichteten Tatsache zugebilligt wird[97], ist dafür bei der Verleumdung kein Platz. Da hier die Wahrheit bewußt entstellt wird, kann kein berechtigtes Interesse geltend gemacht werden.

> "HEMMER-METHODE": Ein berechtigtes Interesse nimmt z.B. schon der Journalist nicht wahr, der beleidigende Berichte veröffentlicht, die lediglich die Freude am Klatsch und an der Sensationsgier befriedigen sollen[98], denn nur ein ernsthaftes Informationsinteresse der Öffentlichkeit vermag rechtfertigend zu wirken.

---

94 S/S - LENCKNER, § 193 Rn. 8
95 PIEROTH/SCHLINK, Grundrechte, Rn. 631; BGH NStZ 92, 535
96 D/T, § 193 Rn. 3
97 S/S - LENCKNER, § 193 Rn. 8
98 S/S - LENCKNER, § 193 Rn. 9

Rwk (+)	Da J unter keinem Gesichtspunkt ein berechtigtes Interesse für seinen Zeitungsbericht geltend machen kann, ist er nicht gerechtfertigt und handelte damit rechtswidrig.
Schuld (+)	**4.** J handelte schuldhaft.
§ 187 StGB (+)	**5.** J ist wegen Verleumdung strafbar. Die erforderlichen Strafanträge wurden gestellt.

II. Beleidigung der Polizei, § 185 StGB

obj. Tatbestand	**1.** Daneben kommt noch eine Beleidigung der zuständigen Polizeibehörde und der betroffen Polizeibeamten in Betracht. Beleidigung ist die Kundgabe der Miß- oder Nichtachtung gegenüber dem Betroffenen. Der Bericht in der Zeitung enthielt unwahre, ehrenrührige Tatsachen, die geeignet waren, die Betroffenen in der Öffentlichkeit verächtlich zu machen. Die Kundgabe müßte auch diesen gegenüber stattgefunden haben. Zwar könnte man vertreten, daß der Bericht auch von den Polizeibeamten in der Zeitung gelesen wird, also auch diesen gegenüber kundgegeben wird. Jedoch ist der Bericht an die Öffentlichkeit gerichtet und erfolgt nicht unmittelbar gegenüber den Betroffenen. Daher liegt keine Kundgabe gegenüber den betroffenen Polizeibeamten vor.
§ 185 StGB (−)	**2.** Eine Beleidigung der Polizei scheidet damit aus.

III. Beleidigung der weiblichen Gruppenmitglieder, § 185 StGB

obj. Tatbestand	**1.** J könnte die weiblichen Mitglieder der Gruppe beleidigt haben, indem er eines von ihnen als ehemaliges Callgirl bezeichnete, das nunmehr nicht auf der Straße, sondern in politischen Kreisen Karriere zu machen beabsichtigt. In Betracht kommt mangels namentlicher Individualisierung der B wiederum eine Beleidigung unter einer Kollektivbezeichnung, diesmal jedoch in der Form, daß der Täter nur ein bestimmtes Mitglied meint, jedoch offenläßt, wer konkret gemeint ist, so daß jeder betroffen sein kann.

In diesem Fall muß der angesprochene Personenkreis deutlich und hinreichend bestimmbar sein.[99] Ist dies der Fall, sind alle Gruppenmitglieder, die diese Kriterien erfüllen, betroffen. Alle weiblichen Mitglieder können somit aufgrund ihres Geschlechts mit dieser Beleidigung gemeint sein. Insbesondere liegt trotz des Wahrheitsgehalts der gemachten Äußerung dennoch eine Beleidigung vor, da die Formulierung die Mißachtung durch den J erkennen läßt. Es ist der Fall der sog. *Formalbeleidigung* (§ 192 StGB) gegeben.

---

99 WESSELS, BT-1, § 10 I 4.

> **"HEMMER-METHODE":** Hier war mit guter Begründung auch eine andere Ansicht vertretbar.
> Die Bejahung der Beleidigung gegenüber den weiblichen Gruppenmitgliedern steht auch nicht im Widerspruch zu der Ablehnung des § 185 StGB gegenüber dem Polizisten, wenn man davon ausgeht, daß hier primär ein Werturteil vorliegt, wobei für die Strafbarkeit des J dann nicht die Kundgabe gegenüber der B, sondern gegenüber den Zeitungslesern maßgebend ist.

Somit wurden alle weiblichen Gruppenmitglieder von J persönlich beleidigt und sind daher strafantragsberechtigt.

Vorsatz (+)

2. J handelte vorsätzlich.

Rwk, Schuld (+)

3. J handelte auch rechtswidrig, da er sich insbesondere nicht auf § 193 StGB berufen kann: Formalbeleidigungen sind i.d.R. nicht gerechtfertigt.[100] J handelte auch schuldhaft.

§ 185 StGB (+)

4. J ist gem. § 185 StGB strafbar. Die erforderlichen Strafanträge wurden gestellt.

C. Konkurrenzen

I. Strafbarkeit der B

Die Nötigung im 2. Tatkomplex steht mit dem versuchten gefährlichen Eingriff in den Straßenverkehr in Tateinheit, da beide Delikte durch eine Handlung begangen wurden, § 52 I StGB.

die beiden Nötigungen stehen in Tatmehrheit, § 53 I StGB

Was die einzelnen Tatkomplexe angeht, muß, da die Figur der fortgesetzten Tat durch die Rechtsprechung mittlerweile aufgegeben wurde, von mehreren Handlungen ausgegangen werden. Daher liegt bezüglich § 240 I; §§ 240 I, 315b I, 22, 52 I StGB Realkonkurrenz (§ 53 I StGB) vor.

II. Strafbarkeit des J

§ 52 I StGB

Die zwei Delikte wurden durch eine Handlung begangen. Die Beleidigung steht daher mit der Verleumdung in Tateinheit, § 52 I StGB.

---

100 KREY, BT-1 Rn. 402.

ZUSAMMENFASSUNG:

A. Strafbarkeit der B

1. Tatkomplex: Blockade am 2.11.94

I. § 240 I StGB (+),
hier physische Gewalt; keine Unterbrechung des Kausalverlaufs durch Eingreifen der Polizei; keine Berücksichtigung von Fernzielen bei der Rechtswidrigkeit

II. § 125 I Nr.1 StGB (-)

2. Tatkomplex: Straßenblockade am 5.11.94

I. § 240 I StGB (+)
einschränkende Auslegung des Gewaltbegriffs durch das BVerfG, nach BGH aber Gewalt jedenfalls gegenüber Autofahrern ab der zweiten Reihe

II. § 315b I Nr.2 StGB (-)
keine konkrete Gefahr

III. §§ 315b I Nr.2, 22 StGB (+)

IV. § 125 I Nr.1 StGB (-)

B. Strafbarkeit des J

I. § 187 StGB (+)
Verleumdung nicht der Polizei als Institution, sondern der einzelnen Polizisten unter einer Kollektivbezeichnung

II. § 185 StGB bzgl. der Polizei (-)
keine Kundgabe

III. § 185 StGB bzgl. der weiblichen Gruppenmitglieder (+)

C. Konkurrenzen

I. Strafbarkeit der B

II. Strafbarkeit des J

GEFÄHRLICHE BRÜDER

SACHVERHALT:

Bernd verliert bei einem Besuch im Spielcasino sein gesamtes Geld. Auf der Rückfahrt sieht er am Rande der Landstraße winkend den Bauunternehmer Ulrich stehen, der mit seinem PKW liegengeblieben ist. Bernd, der beobachtet hat, wie Ulrich im Casino große Geldbeträge gewonnen hat, sieht eine Möglichkeit, seine Verluste wettzumachen. Er hält an und schlägt dem Ulrich vor, ihn mitzunehmen, so daß er von zu Hause aus den Abschleppdienst anrufen könne. Erfreut über diese Hilfe steigt Ulrich ein. Nach kurzer Fahrtstrecke biegt Bernd in einen Feldweg ein, fährt mit der rechten Seite des Wagens so dicht an einen Baum, daß die Beifahrertür nicht geöffnet werden kann, und fordert den Ulrich unter Vorhalten einer mitgeführten schußbereiten Pistole auf, sein Bargeld herauszugeben, was dieser notgedrungen auch tut. Nunmehr im Besitz von 25.000 DM läßt Bernd den Ulrich an der Landstraße aussteigen und fährt heim.

Bernds Bruder Theo will Otto wegen vorangegangener Auseinandersetzungen zwischen diesem und seiner derzeitigen Lebensgefährtin Renate zur Rede zu stellen. Als Theo den Otto mit einem Stilett bedroht, erklärt dieser, vor dem Messer keine Angst zu haben. Wegen dieser Äußerung Ottos gerät Theo in immer stärkerem Maß in Wut und Erregung und sticht ihn mit dem Messer in den Bauch. Otto sinkt daraufhin bewußtlos zu Boden. In dem Bewußtsein, daß die vorangegangene Gewaltanwendung nachhaltigen Eindruck auf Kerstin, die Lebensgefährtin des Otto, gemacht hat, fordert Theo diese nunmehr auf, dem am Boden liegenden Otto die Uhr vom Handgelenk zu nehmen und an ihn zu übergeben. Immer noch eingeschüchtert, nimmt Kerstin, die sich zunächst schützend vor Otto gestellt hat, diesem die Uhr vom Arm und reicht sie dem Theo, der sie einsteckt.

Bearbeitervermerk:

Prüfen Sie die Strafbarkeit von Bernd und Theo.

LÖSUNG:

A. STRAFBARKEIT DES B

I. Schwere räuberische Erpressung, §§ 253 I, 255, 250 I Nr.1 StGB

obj. Tatbestand

1. B könnte sich dadurch, daß er den U unter Vorhalten der mitgeführten schußbereiten Pistole dazu gebracht hat, ihm das Geld zu geben, einer schweren räuberischen Erpressung schuldig gemacht haben.

B hat den U unter Drohungen mit gegenwärtiger Gefahr für Leib und Leben dazu genötigt, ihm das Geld herauszugeben. Dadurch hat B dem Vermögen des U einen Nachteil zugefügt, so daß dem Wortlaut nach der objektive Tatbestand des § 253 StGB erfüllt ist.

Da B die Tat unter Anwendung von Drohungen mit gegenwärtiger Gefahr für Leib und Leben des U begangen hat, könnte gleichzeitig der qualifizierte Tatbestand der räuberischen Erpressung des § 255 StGB erfüllt sein.

Abgrenzung Raub
⇒ räuberische Erpressung

Fraglich ist jedoch, ob die §§ 253, 255 StGB verlangen, daß sich das abgenötigte, vermögensschädigende Verhalten als Vermögensverfügung darstellt und ob eine solche hier vorliegt.

Rspr.: Vermögensverfügung bei
§§ 253, 255 StGB nicht erforderlich
⇒ § 249 StGB lex specialis

Nach der Rechtsprechung[101] ist für §§ 253, 255 StGB keine Vermögensverfügung erforderlich. Danach schließen sich die § 249 StGB und § 255 StGB nicht tatbestandlich gegenseitig aus, vielmehr umfaßt der Tatbestand des § 255 StGB auch den des § 249 StGB. Jedoch verdrängt § 249 StGB den § 255 StGB als lex specialis im Wege der Gesetzeskonkurrenz. Die Abgrenzung ist nach der Rechtsprechung in den Fällen, in denen der Täter sich mit Raubmitteln in Zueignungsabsicht den Gewahrsam an fremden beweglichen Sachen verschafft, allein nach dem äußeren Erscheinungsbild der Tat vorzunehmen.

Hiernach läge im Fall keine Wegnahme vor, so daß § 255 StGB gegeben wäre.

h.L.: Vermögensverfügung erforderlich
⇒ §§ 249, 255 StGB: Exklusivitätsverhältnis

Dem gegenüber vertritt die h. L.[102] für das Verhältnis der §§ 249, 255 StGB die Auffassung, daß diese Normen sich tatbestandlich ausschließen, da § 249 StGB die Wegnahme durch den Täter im Sinne einer Fremdschädigung verlange, während für § 255 StGB eine Vermögensverfügung des Genötigten im Sinne einer Selbstschädigung erforderlich sei. Insoweit stimme die Erpressung mit dem Betrug überein, so daß das Verhältnis zwischen § 249 StGB und § 255 StGB dasselbe sei wie zwischen § 242 StGB und § 263 StGB. Die Erpressung setze somit ebenso wie der Betrug eine unmittelbare Selbstschädigung voraus und stehe damit im Gegensatz zu den §§ 242, 249 StGB, wo es sich um Delikte unmittelbarer Fremdschädigung durch Wegnahme handelte.

---

101 vgl. BGHSt 7, 252
102 vgl. für viele: S/S - ESER, § 249 Rn. 2; WESSELS, BT-2, § 17 II 1

Der Schaden müsse unmittelbar durch ein vermögensminderndes Verhalten des Getäuschten bzw. des Genötigten verursacht werden. Hieraus folgt gleichzeitig, daß bei § 255 StGB als Gewalt nur vis compulsiva, nicht aber vis absoluta in Frage komme, da bei letzterer keine Vermögensverfügung des Genötigten mehr möglich sei.

bei der Abgrenzung innere Willensrichtung des Opfers entscheidend

Die Abgrenzung der Vermögensverfügung im Sinne einer Selbstschädigung des Genötigten (§ 255 StGB) von der Fremdschädigung durch Wegnahme durch den Täter (§ 249 StGB) ist nach der h. L. wie beim Verhältnis zwischen Betrug und Diebstahl nicht nach dem äußeren Erscheinungsbild, sondern von der inneren Willensrichtung des Opfers her zu treffen. Eine Vermögensverfügung ist dann anzunehmen, wenn der Genötigte den Gewahrsamsverlust als von seinem eigenen Verhalten abhängig ansehe. Eine Wegnahme soll dagegen dann vorliegen, wenn es dem Genötigten in der konkreten Zwangslage gleichgültig erscheint, wie er sich verhält, da er die Sache in jedem Fall dem Zugriff des Täters ausgeliefert sieht, so daß auch bei der Herausgabe durch den Genötigten eine Wegnahme vorliegen kann.

Stellt man auf die Sicht des U ab, wird man im vorliegenden Fall eine Vermögensverfügung verneinen und vielmehr (trotz formalen Übergabeakts) von einer Wegnahme ausgehen müssen.

> **"HEMMER-METHODE":** Problematisch an diesem Ansatz ist, daß zumindest dann, wenn das Opfer seine Beute bei sich trägt, der Anwendungsbereich der §§ 253, 255 StGB extrem eingeschränkt wird, da bei einer Bedrohung des Lebens zumeist davon ausgegangen werden kann, daß der Täter sich auch beim toten oder schwer verletzten Opfer schadlos halten würde.

Handelt es sich somit vom äußeren Erscheinungsbild um eine Herausgabe, nach der inneren Willensrichtung des Opfers aber um eine Wegnahme, so kommt es hier darauf an, welcher Ansicht zu folgen ist.

Argument für die h.L.

Die besseren Argumente sprechen für die h. L.:

Gesetzessystematik

Sie kann sich zunächst auf die Gesetzessystematik berufen. Es wäre absolut untypisch, das speziellere Delikt (§ 249 StGB) an den Anfang eines Abschnitts zu setzen und erst später das allgemeinere Delikt (§ 255 StGB) folgen zu lassen, dann vor allem aber hinsichtlich der Rechtsfolge beim allgemeineren Delikt (§ 255 StGB) wiederum auf das speziellere Delikt zu verweisen.

Vor allem führt die von der Rspr. vertretene Ansicht dazu, daß die vom Gesetzgeber gewollte Privilegierung desjenigen, der ohne Zueignungsabsicht handelt, unterlaufen wird. Entwendet der Täter gewaltsam ein Auto, um damit lediglich eine Spritztour zu unternehmen, scheidet eine Strafbarkeit nach § 249 I StGB mangels Zueignungsabsicht aus. Der Täter hat sich nur nach § 240 I und § 248b StGB strafbar gemacht.

Da aber nach der Rspr. die §§ 253, 255 StGB auch bei einer bloßen Duldung der Wegnahme gegeben sind, wäre der von vornherein rückführungswillige Täter gleichwohl einer räuberischen Erpressung schuldig, also doch gleich einem Räuber zu bestrafen. Im Ergebnis würde sich das Fehlen der Zueignungsabsicht nicht zu seinen Gunsten auswirken.

> **"HEMMER-METHODE":** Entwickeln Sie auch ein Gespür dafür, wann der klassische Streit zwischen Rspr. und h.L. in welcher Breite zu diskutieren ist.
> Wenn schon nach dem äußeren Erscheinungsbild eine Wegnahme vorliegt, können Sie sich regelmäßig kurz fassen.
> Im vorliegenden Fall (erzwungene Wegnahme, die nach Ansicht der Literatur eine Wegnahme darstellt) ist der Streit problematisch, da Rspr. und h.L. zu unterschiedlichen Tatbeständen gelangen, praktische Konsequenzen für die Bestrafung des Täters hat es allerdings nicht. Anders, wenn beim Täter die Zueignungsabsicht fehlt: das ist die Konstellation, bei der es zum Schwur kommt und Sie sich definitiv entscheiden müssen!

§§ 253 I, 255 StGB (-)

2. B ist nicht aus §§ 253 I, 255, 250 I Nr.1 StGB strafbar.

II. Schwerer Raub, §§ 249 I, 250 I Nr.1 StGB

obj. Tatbestand

1. B könnte sich aber wegen schweren Raubes strafbar gemacht haben.

B hat durch das Vorhalten der schußbereiten Pistole den U mit gegenwärtiger Gefahr für Leib und Leben bedroht.

Die Drohung wurde zum Zwecke der Wegnahme des Geldes (für den B fremde, bewegliche Sache) angewandt, da für das Vorliegen der Wegnahme nicht auf das äußere Erscheinungsbild, sondern auf die innere Willensrichtung des Genötigten abzustellen ist (s. o.).

B führte beim Raub auch eine Schußwaffe mit sich, § 250 I Nr. 1 StGB.

subj. Tatbestand

2. B handelte vorsätzlich (auch hinsichtlich des Beisichführens einer Schußwaffe) und in rechtswidriger Zueignungsabsicht.

Rwk, Schuld (+)

3. Die Tat war auch rechtswidrig und B handelte schuldhaft.

§§ 249 I, 250 I Nr. 1 StGB (+)

4. B hat sich gem. §§ 249 I, 250 I Nr.1 StGB eines schweren Raubes schuldig gemacht. Die gleichzeitig verwirklichte Nötigung gemäß § 240 StGB wird hiervon ebenso verdrängt, wie die Qualifikation nach § 250 I Nr.2 StGB.

III. Räuberischer Angriff auf Kraftfahrer, § 316a I StGB

> **"HEMMER-METHODE":** § 316a StGB ist ein Delikt, das "gerne" vergessen wird. Machen Sie diesen Fehler nicht und denken Sie immer an diese Vorschrift, wenn ein Raub oder ein raubähnliches Delikt in einem KFZ oder im Zusammenhang mit einer Fahrt darin begangen wird. Wenn Sie § 316a StGB sehen und sauber und problemorientiert durchsubsumieren, werden Sie sich schon positiv von vielen anderen Bearbeitern abheben, auch wenn Sie nicht alle vertretenen Ansichten zu den möglichen Einzelproblemen kennen.

GEFÄHRLICHE BRÜDER

obj. Tatbestand

1. B könnte sich ferner nach § 316a I StGB strafbar gemacht haben.

Anwendbarkeit des § 316a StGB bei Angriff durch den Kfz-Führer?

a) Da U zur Mitfahrt in das Fahrzeug aufgenommen worden ist, ist er Mitfahrer. B hat zur Begehung eines Raubes einen Angriff auf die Entschlußfreiheit des U als Mitfahrer im Sinne einer Nötigung unternommen. Fraglich ist, ob § 316a I StGB auch den bloßen Angriff des Kraftfahrzeugführers auf den Mitfahrer erfaßt.

Hiergegen könnte die systematische Stellung der Vorschrift sprechen, die sich anschließt an die Verkehrsstraftaten, woraus sich ergeben könnte, daß Schutzgut auch die Sicherheit des Kraftfahrzeugverkehrs ist, so daß § 316a StGB hier mangels Vorliegen einer Verkehrsgefährdung ausscheiden müßte.

h.M.: § 316a StGB qualifizierte Form des Raubes

Nach der h.M. ist § 316a StGB jedoch eine durch die besondere Begehungsweise qualifizierte Form des Raubes, des räuberischen Diebstahls und der räuberischen Erpressung. Dabei ist der Strafrechtsschutz vorverlegt für den Fall, daß der Täter seinen Angriff unter Ausnutzung der besonderen Verhältnisse des Straßenverkehrs unternimmt, so daß der Gesetzgeber hier ein eigenständiges Raubdelikt geschaffen hat.[103]

Gemeingefahr keine Voraussetzung

§ 316a StGB setzt seinem Inhalt nach gerade keine gemeine Gefahr voraus, sondern stellt Angriffe auf Individualrechtsgüter unter schärfere Strafe, wenn sie unter Ausnutzung der besonderen Verhältnisse des Straßenverkehrs begangen werden, d.h. in Situationen, in denen die Gefahr von Angriffen auf Leben, Leib und Entschlußfreiheit der Straßenverkehrsteilnehmer vergrößert bzw. die Abwehrmöglichkeiten verringert sind. Eine solche Lage kann aber auch für den Mitfahrer bestehen, der von dem Kraftfahrzeugführer angegriffen wird, so daß Täter auch der Führer eines Kraftfahrzeugs gegenüber dem Mitfahrer sein kann, wie hier B gegenüber U.

unter Ausnutzung der besonderen Verhältnisse des Straßenverkehrs

b) B müßte die Tat unter Ausnutzung der besonderen Verhältnisse des Straßenverkehrs begangen haben, wozu die Tat eine nahe Beziehung zur Benutzung des Fahrzeugs als Verkehrsmittel aufweisen und der Täter die typischen Gefahren des Kraftfahrzeugverkehrs in seinen Plan einbezogen haben muß.[104] Für den Kraftfahrzeugverkehr ist typisch die Hilflosigkeit des Mitfahrers, der mit Hilfe des Fahrzeugs an einen einsamen Ort transportiert wird und sich dort dem Zugriff des Kraftfahrzeugführers ohne reelle Abwehrchancen ausgesetzt sieht, indem durch die besondere Art und Weise des Abstellens des Wagens zudem das Öffnen der Beifahrertür und so jede Fluchtmöglichkeit verhindert werden kann.

> **"HEMMER-METHODE":** Auch wenn die Fahrt bereits beendet und das Opfer ausgestiegen ist, scheidet § 316a StGB noch nicht notwendigerweise aus.[105]
> Es ist dann aber besonders sorgfältig zu prüfen, ob der für § 316a StGB erforderliche unmittelbare räumliche und zeitliche Zusammenhang zwischen dem geplanten Raubüberfall und dem Anhalten und Aussteigen vorliegt.
> An diesem fehlt es, wenn das Fahrzeug lediglich als Transportmittel zum Tatort benutzt wird und dieser zum Verkehr keine wesensgleiche Beziehung hat.

---

103 vgl. S/S - CRAMER, § 316a Rn. 1
104 vgl. D/T, § 316a Rn. 3.
105 vgl. S/S - CRAMER, § 316a Rn. 6

B hat infolgedessen die besonderen Verhältnisse des Straßenverkehrs ausgenutzt. Erforderlich ist hierfür nur der Raubentschluß im Zeitpunkt des Unternehmens des Angriffs.

subj. Tatbestand

2. B handelte vorsätzlich und mit Zueignungsabsicht.

Rwk, Schuld (+)

3. Die Tat war rechtswidrig, und B handelte schuldhaft.

§ 316a I StGB (+)

4. B hat sich gem. § 316a I StGB eines räuberischen Angriffs auf Kraftfahrer schuldig gemacht.

IV. Erpresserischer Menschenraub, § 239a I StGB

§ 239a I StGB (-)

Die Strafbarkeit aus § 239a StGB scheitert bereits daran, daß das *Entführen oder Sich-Bemächtigen eines anderen* mit der Zielsetzung erfolgt sein müßte, *eine Erpressung zu begehen*. Daran fehlt es, da B den U nicht zu einer Vermögensverfügung veranlassen wollte, sondern lediglich dazu, die Wegnahme zu dulden.

54

V. Geiselnahme, § 239b I StGB

obj. Tatbestand

1. Möglicherweise hat sich B aber wegen Geiselnahme nach § 239b I StGB strafbar gemacht.

55

Fraglich ist, ob B dadurch, daß er den U in den Wald fuhr und ihn mit vorgehaltener Pistole zwang, sein Bargeld herauszugeben, den § 239b I StGB verwirklicht hat.

Sich-Bemächtigen an sich (+)

a) B könnte sich des U i.S.d. § 239b StGB bemächtigt haben. Darunter wird die Erlangung der physischen Herrschaft über das Opfer verstanden, wobei eine Ortsveränderung nicht erforderlich ist. Eine solche physische Herrschaft liegt durch die Beeinträchtigung der Fortbewegungsfreiheit des U und die Bedrohung mit der Pistole vor.

Rspr.: einschränkende Auslegung im Zwei-Personen-Verhältnis

Die h.M. und insbesondere die Rechtsprechung gehen davon aus, daß sowohl die Vorschrift des § 239a StGB als auch die des § 239b StGB im Zwei-Personen-Verhältnis *eingeschränkt ausgelegt* werden müssen.[106] Dies gelte insbesondere für die Fälle, in denen das bloße *Sich-Bemächtigen unmittelbares Nötigungsmittel* einer Vergewaltigung, sexuellen Nötigung oder räuberischen Erpressung sei.

Wendete man §§ 239a, 239b StGB auf Fälle an, in denen der Nötigungserfolg im unmittelbaren Gewaltzusammenhang des Sichbemächtigens eintritt, so führte dies dazu, daß jedenfalls der weit überwiegende Teil der Vergewaltigungen gleichzeitig als Geiselnahme, ein großer Teil "typischer" räuberischer Erpressungen zugleich als erpresserischer Menschenraub zu beurteilen wären. Denn in der Regel "bemächtigt" sich der Täter des Opfers, indem er es durch Bedrohung oder körperliche Kraft in seine physische Gewalt bringt.[107]

---

[106] BGHSt 39, 36 ,44; 40, 350 (=NJW 95, 471); BGH NJW 97, 1082

[107] BGH NJW 1995, 471, zu der Entscheidung des Großen Senats: MÜLLER-DIETZ, JuS 96, 110

Rspr.: §§ 239a, 239b StGB quasi zweiaktige Delikte
⇒ *Sich-Bemächtigen darf nicht unmittelbares Nötigungsmittel sein*

Dabei wurde das vorher vielfach propagierte Einschränkungskriterium der "Außenwirkung"[108] vom Großen Senat ausdrücklich aufgegeben[109], da es zum einen häufig nicht eindeutig und trennscharf ist, zum anderen keinen Anhalt im Gesetzeswortlaut findet.

Dagegen ergibt sich nach Ansicht des BGH bereits aus dem Wortlaut *"um durch die Drohung mit dem Tod .... zu nötigen"*, daß ein *Ausnutzen* der durch die Zwangsmaßnahme geschaffen Lage, die Absicht des Täters sein müsse. Es muß (in den Worten der Rechtsprechung) eine "stabile Zwischenlage" entstehen, so daß das Sich-Bemächtigen von der späteren Gewaltanwendung unterscheidbar ist. Über den Zwang hinaus, der schon im Sichbemächtigen liegt, muß ein weiterer den eigentlichen Zielen des Täters dienender Zwang gewollt sein.

So ist es auch im vorliegenden Sachverhalt: Stellt man auf die Bedrohung mit der Waffe ab, ist ein von der späteren Gewaltanwendung unterscheidbares Sich-Bemächtigen als stabile Zwischenlage nicht ersichtlich. Der BGH führt zudem weiter aus, daß dieses Erfordernis beim bloßen Sich-Bemächtigen meistens - im Gegensatz zum Tatbestandsmerkmal des Entführens, das ja zusätzlich eine Ortsveränderung voraussetzt - nicht verwirklicht sein wird. Er deutet dabei indirekt an, daß zwischen den Alternativen des objektiven Tatbestands zu unterscheiden ist, da nur das Vorliegen einer Entführung das erforderliche *Ausnutzen der Zwangslage* indiziert.

"Entführen"?

b) Möglicherweise ist aber das Merkmal des "Entführens" verwirklicht.

Entführen ist das Fortbringen des Opfers vom bisherigen Aufenthaltsort an einen anderen, zu dem Zweck, es in eine andere Lage zu bringen, die es dem ungehemmten Einfluß des Täters preisgibt.[110] Dieses zusätzlich erforderliche *Merkmal der Ortsveränderung zum Zwecke der Realisierung der deliktischen Absichten* kann im vorliegenden Fall bejaht werden, wenn man darauf abstellt, daß der B den U unter Verheimlichung seiner wahren Absichten in seinen Wagen gelockt hat.

Da eben diese Entführung gerade dazu führt, daß das Tatopfer regelmäßig in seinen Schutz- und Verteidigungsmöglichkeiten eingeschränkt ist, kann nach Ansicht des BGH auch regelmäßig von einem *Ausnutzen* dieser Lage gesprochen werden, wenn der Täter, wie im vorliegenden Fall während der Entführung beabsichtigt, das Opfer zur Duldung der Wegnahme zu nötigen.[111] Daher ist der Tatbestand des § 239b I StGB verwirklicht.

> **"HEMMER-METHODE":** Beachten Sie, daß die Vollendung des § 239b I StGB bereits mit der Entführung in der entsprechenden Absicht eintritt. Nicht erforderlich ist dann der Vollzug der Wegnahme, da es sich insoweit um ein Delikt mit überschießender Innentendenz handelt, also der Raub nur beabsichtigt sein muß.

---

108 so vor allem in BGHSt 39, 36
109 BGHSt 40, 350
110 vgl. D/T, § 237 Rn. 2
111 BGH NJW 1995, 471

Vorsatz, Rwk, Schuld (+)	**2.** B hat vorsätzlich, rechtswidrig und schuldhaft gehandelt.
§ 239b I StGB (+)	**3.** B ist der Geiselnahme schuldig.

VI. Freiheitsberaubung, § 239 I StGB

obj. Tatbestand

1. B hat dem U die Möglichkeit genommen, sich nach seinem Willen fortzubewegen, indem er es ihm durch das Heranfahren an den Baum unmöglich gemacht hat, aus dem Wagen auszusteigen. Damit hat er den U gleichzeitig eingesperrt im Sinne eines Festhaltens in einem umschlossenen Raum durch äußere Vorrichtungen, so daß der Betroffene objektiv gehindert ist, sich von der Stelle zu bewegen, wenn er das wollte.[112] Die in § 239 I StGB angesprochene Widerrechtlichkeit ist nach h.M. kein *Tatbestandsmerkmal*, sondern *allgemeines Verbrechensmerkmal*.

Vorsatz (+)

2. B handelte vorsätzlich.

Rwk, Schuld (+)

3. Die Tat war rechtswidrig, und B handelte schuldhaft.

§ 239 I StGB (+)

4. B hat sich gemäß § 239 I StGB wegen Freiheitsberaubung strafbar gemacht. Da jedoch die Freiheitsentziehung nur Mittel zur Begehung des Raubes war, tritt sie hinter § 249 StGB zurück.[113]

VII. Konkurrenzen

§ 239b ⇔ §§ 249, 250 StGB
⇒ § 52 I StGB

1. Fraglich ist, ob die Geiselnahme aufgrund der wesentlich höheren Strafandrohung den schweren Raub im Wege der Gesetzeskonkurrenz verdrängt. Dagegen spricht jedoch die Tatsache, daß aus der Verwirklichung des § 239b I StGB noch nicht hervorgeht, ob tatsächlich auch die Vollendung des beabsichtigten Deliktes eingetreten ist. Daher ist aufgrund der *Klarstellungsfunktion der Idealkonkurrenz* Tateinheit (§ 52 I StGB) anzunehmen.

§§ 249, 250 ⇔ § 316a StGB
⇒ § 52 I StGB

2. Umstritten ist weiterhin, in welchem Verhältnis der schwere Raub zum räuberischen Angriff auf Kraftfahrer steht.

Nach einer Ansicht ist danach zu entscheiden, ob § 316a StGB als Raubdelikt zu interpretieren ist oder auch als Delikt gegen die Sicherheit des Straßenverkehrs. Im ersteren Falle soll § 316a I StGB als schwerstes Delikt die anderen Raubtatbestände mit Ausnahme des § 251 StGB konsumieren, unabhängig davon, ob diese vollendet oder versucht sind. Nach dieser Ansicht besteht nur dann Idealkonkurrenz mit den Raubdelikten, wenn § 316a StGB als Delikt gegen die Sicherheit des Straßenverkehrs interpretiert wird.

---

112 vgl. D/T, § 239 Rn. 3
113 D/T, § 249 Rn. 11.

Dieser Ansicht ist jedoch nicht zu folgen. Auch dann, wenn § 316a StGB als Raubdelikt interpretiert wird, ist Tateinheit zwischen dem (schweren) Raub und dem räuberischen Angriff auf Kraftfahrer anzunehmen, weil es sich bei § 316a StGB um ein reines *Unternehmensdelikt* handelt und bei einer Verurteilung nur aus § 316a StGB im Urteilstenor nicht zum Ausdruck käme, ob der Raub versucht oder vollendet ist.[114]

Daher ist zwischen § 239b I, §§ 249 I, 250 I Nr.1 StGB und § 316a I StGB Tateinheit (§ 52 StGB) anzunehmen.

> **"HEMMER-METHODE":** Die Konkurrenzen gehören zu jeder vollständigen Klausurlösung und sind daher immer "wichtig". Von besonderer Bedeutung sind sie aber, wenn wie hier mehrere gewichtige Delikte nebeneinander verwirklicht werden, bei denen das Konkurrenzverhältnis nicht ohne weiteres klar ist. Die häufig unterschiedlichen Ansichten, die gerade hier zu Einzelproblemen vertreten werden, müssen dagegen i.d.R. in der Klausur nicht bekannt sein. Wichtig ist eine gute Begründung mit allgemeinen Argumenten der Konkurrenzlehre, z.B. der "Klarstellungsfunktion der Idealkonkurrenz".

B. STRAFBARKEIT DES T

1. TATKOMPLEX: DER STICH MIT DEM STILETT

> **"HEMMER-METHODE":** Trotz der zeitlich schnellen Abfolge war eine Aufspaltung in zwei Tatkomplexe, nämlich dem Stich (= eigene Handlung) und der Wegnahme (= fremde Handlung der K) nötig, um das Problem der Rolle der K herausarbeiten zu können.

I. Versuchter Totschlag, §§ 212 I, 22 StGB

Vorprüfung

1. Die Tat ist nicht vollendet. Der Versuch des Totschlags ist strafbar, §§ 212, 23 I, 12 I StGB.

Tatentschluß

2. Fraglich ist, ob im vorliegenden Fall der erforderliche Tatentschluß zu bejahen, dem T also zumindest dolus eventualis zu unterstellen ist. Mit der vom BGH vertretenen Einwilligungs- und Billigungstheorie ist davon auszugehen, daß sich T mit dem Erfolgseintritt dergestalt abfand, daß zumindest ein "Billigen im Rechtssinne" vorliegt.

unmittelbares Ansetzen

3. T hat unmittelbar zur Tatbestandsverwirklichung angesetzt.

§§ 212 I, 22 StGB (+)

4. Rechtswidrigkeit und Schuld liegen ebenfalls vor, so daß sich T des versuchten Totschlags schuldig gemacht hat. Für das Vorliegen von Mordmerkmalen enthält der Sachverhalt keine Anhaltspunkte.

---

114   vgl. S/S - Cramer, § 316a Rn. 15.

II. Gefährliche Körperverletzung, §§ 223, 223a I StGB

obj. Tatbestand

1. T hat den O körperlich mißhandelt und an der Gesundheit beschädigt. Außerdem ist das Stilett als gefährliches Werkzeug i.S.d. § 223a StGB anzusehen. Schließlich ist von einer das Leben gefährdenden Behandlung auszugehen.

Vorsatz, Rwk, Schuld (+)

2. Die Tat wurde vorsätzlich, rechtswidrig und schuldhaft begangen.

§§ 223, 223a StGB (+)

3. T hat sich wegen gefährlicher Körperverletzung strafbar gemacht. Das Konkurrenzverhältnis von versuchter Tötung und vollendetem Körperverletzungsdelikt ist umstritten. Während der BGH[115] auch hier Subsidiarität annimmt, wird in der Literatur zum Teil von Idealkonkurrenz aus Klarstellungsgründen ausgegangen.[116]

III. Raub, § 249 I StGB

obj. Tatbestand

1. Zwar stellt der Stich mit dem Messer unstreitig Gewalt i.S.d. § 249 I StGB dar, diese wurde jedoch nicht eingesetzt, um die Wegnahme zu ermöglichen, da es der T zu diesem Zeitpunkt noch gar nicht auf die Uhr abgesehen hatte. Es fehlt an der für § 249 StGB erforderlichen finalen Verknüpfung zwischen Gewalt und Wegnahme.

§ 249 I StGB (−)

2. T hat sich bezogen auf die Gewaltanwendung gegenüber O nicht des Raubes schuldig gemacht.

2. TATKOMPLEX: DIE DROHUNG GEGEN K

I. Schwere räuberische Erpressung, §§ 253 I, 255, 250 I Nr. 2 StGB

obj. Tatbestand

1. T könnte sich dadurch, daß er von K forderte, sie solle ihm die Uhr geben, nach §§ 253, 255, 250 I Nr.2 StGB strafbar gemacht haben.

a) Hierbei ist davon auszugehen, daß sich eine - stillschweigende - Drohung mit weiteren Gewalttätigkeiten und damit einer gegenwärtigen Gefahr für Leib oder Leben i.S.d. § 255 StGB gegen die erst nach dem Messerstich hinzukommende K richtete, um diese zur Wegnahme der Uhr des O und deren Übergabe an T zu zwingen.

b) Die Nötigung zur Wegnahme von Gegenständen, die im Eigentum eines Dritten stehen, kann - je nach den Umständen des Einzelfalls - die Tatbestände der Nötigung in Tateinheit mit Anstiftung zum Diebstahl oder mit Diebstahl in mittelbarer Täterschaft, der (räuberischen) Erpressung oder des Raubes erfüllen.

---

[115] BGHSt 21, 265

[116] D/T, § 221 Rn. 16; WESSELS, BT-1, § 5 VII 2

Dreieckserpressung?

⇒ *innere Verknüpfung zwischen Nötigung und Vermögensschaden erforderlich*

Der Tatbestand der Erpressung schützt dabei sowohl das Vermögen als auch die Willensfreiheit. Aus dem Umstand, daß die Träger dieser beiden Rechtsgüter nicht identisch sein müssen, ergibt sich die Möglichkeit der *"Dreieckserpressung"*. Obwohl vom Wortlaut der Norm gedeckt, reicht es hierfür jedoch nicht aus, daß zwischen der abgenötigten Handlung, Duldung oder Unterlassung und dem bei einem Dritten eintretenden Vermögensschaden überhaupt eine kausale Verknüpfung besteht. Vielmehr bedarf der weit gefaßte Tatbestand der Erpressung insoweit einer einschränkenden Auslegung unter Rückgriff auf den Wesensgehalt der Norm.[117]

Im Rahmen der bekannteren *Parallelproblematik* bei der Abgrenzung des Dreiecksbetrugs zum Diebstahl in mittelbarer Täterschaft geht die h.M davon aus, daß eine rechtliche Verfügungsmacht des Getäuschten über die fremden Vermögensgegenstände *nicht* erforderlich ist.[118]

Auch nach der Rechtsprechung setzt eine Dreieckserpressung weder eine rechtliche Verfügungsmacht noch eine tatsächliche Herrschaftsgewalt des Genötigten über die fremden Vermögensgegenstände im Sinne einer Gewahrsamsdienerschaft voraus.

e.A.: Näheverhältnis zwischen Genötigtem und Geschädigtem erforderlich

Dennoch kann nicht jedes einem Dritten abgenötigte vermögensschädigende Verhalten eine Strafbarkeit wegen Erpressung begründen. Vielmehr muß zwischen dem Genötigten und dem in seinem Vermögen Geschädigten ein Näheverhältnis dergestalt bestehen, daß das Nötigungsopfer spätestens im Zeitpunkt der Tatbegehung auf der Seite des Vermögensinhabers steht.

Gerade darin, daß der Täter die von einem Dritten wahrgenommene Schutzfunktion mit Nötigungsmitteln aufhebt, sieht der BGH den Unrechtsgehalt der Dreieckserpressung.[119]

kein Näheverhältnis
⇒ *nur § 240 und §§ 242, 26 bzw. § 25 I 2.Alt StGB*

Steht der Genötigte den Vermögensinteressen des Geschädigten dagegen gleichgültig gegenüber, so begeht der Täter lediglich eine Nötigung in Tateinheit mit Anstiftung zum Diebstahl oder Diebstahl in mittelbarer Täterschaft.

So liegt der Fall hier aber nicht, denn die K stand als Lebensgefährtin des O eindeutig in dessen Lager.

a.A.: Kriterium der Opfergemeinschaft entscheidend

Auch wenn man des Kriterium des Näheverhältnisses ablehnt[120], weil der Dritte ähnlich wie beim Nötigungsnotstand quasi auf die Seite des Unrechts tritt, ergibt sich nichts anderes, wenn man statt dessen auf den Gedanken der Opfergemeinschaft abstellt.

Charakteristisch für die Erpressung ist nämlich deren "Freikaufcharakter". Eine Dreieckserpressung kann daher, wenn der Dritte mit fremden Vermögen zahlt, auch nur dann vorliegen, wenn er nicht nur sich, sondern zugleich auch den Vermögensinhaber "freikauft".

---

117 BGH NStZ 95, 498.
118 vgl. D/T, § 263 Rn. 20.
119 BGHSt 41, 123 = NJW 95, 2799 = NStZ 95, 498
120 so MITSCH, NStZ 95, 499

Aber auch das ist vorliegend der Fall: indem die K dem T die Uhr des O übergibt, ist sowohl für K als auch für O die Gefahr gebannt.

hier jedenfalls Raub oder räuberische Erpressung

c) Aufgrund dieser Erwägungen steht aber bis jetzt nur fest, daß zwischen der Nötigung und dem Vermögensschaden eine innere Verknüpfung besteht und daß Nötigung in Tateinheit mit Diebstahl in mittelbarer Täterschaft bzw. mit Anstiftung zum Diebstahl deshalb ausscheidet. Noch nicht entschieden ist dagegen, ob Raub oder räuberische Erpressung vorliegt.

Abgrenzung wie im Zwei-Personen-Verhältnis

Diese Abgrenzung weist bei der Dreieckserpressung keine Besonderheiten auf.

Die Rechtsprechung verlangt für die Erpressung - anders als für den Betrug - keine Vermögensverfügung[121], so daß sich der Raub als lex specialis gegenüber den §§ 253, 255 StGB darstellt. Auf Konkurrenzebene erfolgt die Abgrenzung dann ausschließlich nach dem äußeren Erscheinungsbild.[122]

Die Literatur, die auf dem Erfordernis einer Vermögensverfügung besteht, grenzt dagegen nach der inneren Willensrichtung des Genötigten ab (zu diesem Streit vgl. die ausführliche Darstellung im ersten Tatkomplex).

§§ 253, 255, 250 I Nr. 2 StGB nach Rspr. (+), nach Lit. (-)

Nach der Rechtsprechung liegt daher im vorliegenden Fall eindeutig eine Erpressung vor, da K dem T die Uhr übergeben hat.

Anders sieht das die Literatur: Da sich der T die Uhr genauso gut hätte nehmen können, fehlt es an einer Vermögensverfügung.[123]

2. Da - wie im ersten Tatkomplex ausgeführt - die besseren Argumente für die h.L. sprechen, hat T keine schwere räuberische Erpressung begangen.

II. Schwerer Raub, §§ 249 I, 250 I Nr. 2 StGB

obj. Tatbestand

1. T könnte sich aber des Raubes schuldig gemacht haben.

Daß die K keinen Gewahrsam an der Uhr hatte, steht der Annahme eines Raubes nicht entgegen. Denn auch beim Raub ist eine Dreieckskonstellation dergestalt denkbar, daß die Gewalt oder Drohung nicht gegen den Gewahrsamsinhaber, sondern gegen einen schutzbereiten Dritten eingesetzt wird.[124]

Daß nach der Auffassung der Literatur im vorliegenden Fall eine Wegnahme vorliegt, weil es auf die Sichtweise der bedrohten K ankommt, wurde oben ausgeführt.[125]

---

121 BGH NStZ 95, 498 mit Verweis auf die ständige Rspr.

122 explizit für den Fall der Dreieckserpressung BGH NStZ-RR 97, 321

123 vgl. KRACK, JuS 96, 493, 496

124 ständige Rspr. und h.L., vgl. die Nachweise bei D/T, § 249 Rn. 3.

125 Teilweise wird der vorliegende Fall auch als mittelbare Täterschaft eingestuft, wenn man annimmt, es handele sich um eine durch K vermittelte Wegnahme, vgl. KRACK, JuS 96, 493, 496

> **"HEMMER-METHODE":** Bei der Dreieckserpressung handelt es sich um ein sehr kniffliges BT-Problem, bei dem mehrere Ansichten gut vertretbar sind. Wichtig ist hier vor allem, daß Sie zwei Fragen sauber auseinander halten. Zum einen die generelle Abgrenzung von Raub und räuberischer Erpressung, zum anderen die Problematik der Dreieckskonstellation, die Frage, ob zwischen der Nötigung und dem Vermögensschaden ein hinreichend enger Zusammenhang (Stichwort: Näheverhältnis, Opfergemeinschaft) besteht.
> Fehlt es hieran, liegt nämlich weder Raub noch räuberische Erpressung vor, sondern nur Nötigung verbunden mit Diebstahl in mittelbarer Täterschaft bzw. Anstiftung zum Diebstahl.
> Haben Sie das alles sauber herausgearbeitet, ist es für die Bewertung der Klausur gleichgültig, zu welchem Ergebnis sie kommen, ob Sie sich mit dem BGH oder gegen ihn entscheiden. Die Punkte haben Sie sich bereits aufgrund Ihrer Argumentation verdient.

§ 250 I Nr. 2 StGB (+) Da T während der Tatbegehung auch ein Stilett und damit ein Werkzeug i.S.d. § 250 I Nr.2 StGB bei sich führte, um einen eventuellen Widerstand der K durch Drohung mit Gewalt zu verhindern, liegt ein schwerer Raub vor.

subj. Tatbestand 2. T handelte vorsätzlich und mit Zueignungsabsicht.

Rwk, Schuld (+) 3. Die Tat war rechtswidrig, und T handelte schuldhaft.

§§ 249 I, 250 I Nr. 2 StGB (+) 4. T ist damit des schweren Raubes in unmittelbarer Täterschaft schuldig.

III. Geiselnahme, § 239b I StGB

obj. Tatbestand 1. In Betracht käme an sich auch der Tatbestand der Geiselnahme, da in der Drohung gegenüber K durchaus ein Sich-Bemächtigen zu sehen sein kann.

Allerdings sind die §§ 239a, 239b StGB im Zwei-Personen-Verhältnis einschränkend auszulegen.

Hierzu hat der Große Senat für Strafsachen jüngst klargestellt, daß eine Bestrafung aus beiden Tatbeständen immer dann ausscheidet, wenn - wie im vorliegenden Fall - das Sich-Bemächtigen zugleich unmittelbares Nötigungsmittel ist.[126]

§ 239b I StGB (-) 2. T hat sich daher nicht nach § 239b I StGB strafbar gemacht.

---

126 vgl. BGH NStZ 1995, 129, 131 und die Ausführungen im ersten Tatkomplex.

ZUSAMMENFASSUNG

A. Strafbarkeit des B

I. §§ 253, 255, 250 I Nr.1 StGB (-)
nach h.L. stehen § 249 und §§ 253, 255 StGB in einem strengen Exklusivitätsverhältnis, die Abgrenzung erfolgt nach der Willensrichtung des Opfers (a.A. insoweit die Rspr.)

II. §§ 249 I, 250 I Nr.1 StGB (+)

III. § 316a I StGB (+)
auch bei Angriff des Fahrzeugführers auf Mitfahrer

IV. § 239a I StGB (-)

V. § 239b I StGB (+)
zwar einschränkende Auslegung im Zwei-Personen-Verhältnis; Sich-Bemächtigen darf nicht unmittelbares Nötigungsmittel sein, hier aber Entführen zu bejahen

VI. § 239 I StGB (+)

VII. Konkurrenzen

B. Strafbarkeit des T

1. Tatkomplex: Der Stich mit dem Stilett

I. §§ 212 I, 22 StGB (+)

II. §§ 223, 223a StGB (+)

III. § 249 I StGB (-)
kein Finalzusammenhang zwischen Nötigung und Wegnahme

2. Tatkomplex: Die Drohung gegen K

I. §§ 253 I, 255, 250 I Nr.2 StGB
nach Rspr. hier Konstellation der Dreieckserpressung, a.A. insofern die Literatur, da nicht allein auf das äußere Erscheinungsbild abzustellen ist.

II. §§ 249 I, 250 I Nr.2 StGB (+)

III. § 239b StGB (-)
einschränkende Auslegung im Zwei-Personen-Verhältnis

SACHVERHALT:

Theodor hat eine Uhr gestohlen und beschließt nun, diese weiterzuveräußern. Da er eine polizeiliche Durchsuchung seiner Wohnung fürchtet, bittet er seinen Bruder, den Rechtsanwalt Anton, die Uhr in seiner Wohnung zu verstecken und ihm unentgeltlich bei der Suche nach einem Erwerber behilflich zu sein. Trotz dieser Hilfe findet sich allerdings kein Abnehmer der Uhr.

Um seine Finanznöte anderweitig zu lindern, nimmt Theodor einen gestohlenen VW-Golf, nachdem das Fahrzeug völlig ausgeschlachtet worden war, von Zenko, der es entweder durch Diebstahl oder durch Hehlerei in seinen Besitz gebracht hatte, in Kenntnis der strafbaren Herkunft gegen ein Entgelt von 200 DM zur Entsorgung entgegen.

Anton sorgt kurz darauf im Rahmen der Verteidigung seines in Untersuchungshaft einsitzenden Mandanten Benno dafür, daß eine größere Menge Heroins aus dessen Wohnung herausgeschafft wird. Hierdurch soll eine Strafverfolgung des Benno verhindert werden, die drohen würde, falls man das Rauschgift bei einer zu erwartenden Hausdurchsuchung fände. Benno hatte Anton zu dieser Handlung dadurch "überredet", daß er Anton angedroht hatte, er werde dessen "Hehleraktivitäten" der Polizei offenbaren.

Die Verurteilung des Benno wird durch diese Maßnahme erschwert, kann letztlich aber nicht verhindert werden. Um Benno auch nach der Verurteilung ruhig zu halten, zahlt A dessen Geldstrafe in Höhe von 50.000 DM.

Bearbeitervermerk:

Prüfen Sie die Strafbarkeit von Theodor und Anton.

LÖSUNG:

1. TATKOMPLEX: DIE BRUDERHILFE

A. STRAFBARKEIT DES T ALS TÄTER

Diebstahl, § 242 I StGB

§ 242 I StGB (+)

Laut Sachverhalt hat T die Uhr gestohlen. Es ist von einer rechtswidrigen und schuldhaften Tatbegehung auszugehen; T hat sich daher nach § 242 I StGB strafbar gemacht.

> **"HEMMER-METHODE":** Übersehen Sie einfache und naheliegende Delikte nicht im Übereifer der bevorstehenden komplizierten Prüfungen. Dadurch, daß man den Diebstahl hier erkennt und bejaht, kann man zwar kaum einen Pluspunkt holen, so daß man die Prüfung auch auf ein Minimum reduzieren sollte. Man kann aber mit diesen wenigen Zeilen verhindern, gleich mit einem schlechten Eindruck zu starten.

B. STRAFBARKEIT DES A

I. Begünstigung, § 257 I StGB

obj. Tatbestand

1. Die im Rahmen des § 257 I StGB erforderliche rechtswidrige *Vortat eines anderen* liegt in dem Diebstahl des T. An dieser hat der A hier in keinerlei Weise mitgewirkt, so daß eine Beihilfestrafbarkeit (§§ 242 I, 27 I StGB) ausscheidet.

Ein *Hilfeleisten* i.S.d. § 257 I StGB ist dem gegenüber gegeben, wenn eine Handlung vorgenommen wird, die objektiv geeignet ist und mit der Tendenz vorgenommen wird, die durch die Vortat erlangten Vorteile gegen Entziehung zu sichern.[127]

Dies geschah hier durch das Aufbewahren der Uhr in der Wohnung.

subj. Tatbestand

2. A handelte vorsätzlich und in der *Absicht*, dem Täter T die Vorteile der Vortat zu sichern.

Rwk, Schuld (+)

3. Die Tat war rechtswidrig, und A handelte schuldhaft.

§ 257 I StGB (+)

4. A hat sich damit nach § 257 I StGB strafbar gemacht.

---

[127] D/T, § 257 Rn. 6.

II. Strafvereitelung, § 258 I StGB

obj. Tatbestand

1. In Betracht käme weiter eine Strafbarkeit wegen *Verfolgungsvereitelung* (§ 258 I StGB).

Erforderlich hierzu wäre, daß der Täter die Durchsetzung des staatlichen Anspruchs auf Verhängung einer Strafe oder einer Maßnahme i.S.d. § 11 I Nr.8 StGB verhindert. Eine Maßnahme i.S. dieser Vorschrift ist auch der Verfall gemäß § 73 I StGB, der durch das Aufbewahren von Beutestücken zugunsten des Vortäters verhindert wird, so daß an sich § 258 I StGB in der 2.Alt. einschlägig wäre.

str., ob auch bei bloßer Verhinderung des Verfalls

Die Einbeziehung des Verfalls in diesen Maßnahmenkreis erscheint jedoch in systematischer Hinsicht problematisch. Denn eine derartige Handlungsweise stellt ein Paradebeispiel für eine unter § 257 StGB zu subsumierende persönliche Begünstigung dar, so daß es nicht sachgemäß erscheint, derartige Verhaltensweisen auch von § 258 StGB erfaßt zu sehen.

jedenfalls § 258 VI StGB

2. Dies kann jedoch letztlich dahingestellt bleiben, da zugunsten des A auf alle Fälle der *persönliche Strafausschließungsgrund* des § 258 VI StGB eingreift, da er die Tat zugunsten seines Bruders, einem Angehörigen i.S.d. § 11 I Nr.1a StGB, begangen hat.

> **"HEMMER-METHODE":** Entscheidend sind Ihr Wissen, Ihr Problembewußtsein und Ihre Klausurtechnik: An sich wäre es auch im Gutachten zweifelsohne legitim, eine Strafbarkeit des A sofort mit dem Hinweis auf § 258 VI StGB zu verneinen. Wenn sich aber ein interessantes Problem i.R.d. Strafvereitelung ergibt (hier das Verhältnis zu § 257 StGB), ist es besser, dieses zumindest kurz anzureißen und die wesentlichen Argumente wenigstens schlagwortartig zu benennen.

§ 258 I StGB (-)

3. A hat sich nicht wegen Strafvereitelung strafbar gemacht.

III. Hehlerei, § 259 I StGB

obj. Tatbestand

1. A könnte durch seine Absatzbemühungen aber eine Hehlerei begangen haben.

rechtswidrige Vortat eines anderen (+)

Eine rechtswidrige Vortat eines *anderen* liegt vor (vgl. oben), da der T die Uhr gestohlen hat.

Sich-Verschaffen (-)

a) Fraglich ist allerdings, ob in dem bloßen Aufbewahren der Sache ein Sich-Verschaffen gesehen werden kann. Hierzu ist nämlich erforderlich, daß der Täter die Sache zur eigenen Verfügungsgewalt bekommt und *nicht bloß Fremdbesitzer* ist.

Ein Sich-Verschaffen kommt nur in Betracht, wenn der Täter im eigenen oder im Interesse desjenigen handelt, der die eigentümerähnliche Verfügungsgewalt über die Sache erhalten soll.[128] Für das *Ankaufen* als Unterfall der Tatbestandsvariante Sich-Verschaffen gilt grds. dasselbe.

---

[128] "Lagertheorie"; vgl. ROTH JA 1988, 193, 202

Da A die Uhr nur für den T verwahren wollte, liegt ein Fall des Sich-Verschaffens i.S.d. § 259 I StGB nicht vor.[129]

Absetzen (-)

b) Ein Absetzen i.S.d. § 259 StGB kommt schon deswegen nicht in Betracht, weil ein *selbständiges* Handeln i.d.S.[130] *nicht* vorliegt. Im Unterschied zur "Absatzhilfe" setzt das Tatbestandsmerkmal "Absetzen" voraus, daß der Hehler die Sache *in eigener Verantwortung* weiterverschiebt.

Absatzhilfe?

c) In Betracht käme jedoch die Variante der *Absatzhilfe* als *unselbständige* Unterstützung des Vortäters zu der *von diesem selbst* vorgenommenen Veräußerung, also v.a. die Hilfe beim Weiterschieben der bemakelten Sache durch die Unterstützung bei der Abnehmersuche.

> **"HEMMER-METHODE":** Machen Sie sich den Unterschied zwischen Absetzen und Absatzhilfe noch einmal klar: Bei der Absatzhilfe handelt es sich eigentlich um eine Beihilfehandlung zum Absetzen des Vortäters.
> Da die Hehlerei des Vortäters mangels einer fremden Vortat jedoch nicht strafbar ist, wäre auch die Beihilfe dazu straflos. Deshalb hat der Gesetzgeber durch die Aufnahme des Merkmals der "Absatzhilfe" eine Beihilfehandlung als täterschaftliche Hehlerei eingestuft.

Vollendung auch dann, wenn Absatzerfolg nicht eintritt?

Fraglich ist allerdings, ob das Merkmal der Absatzhilfe auch dann vollendet ist, wenn der *Absatz nicht gelingt*.

h.L.: (-)

aa) Die wohl h.M. in der Literatur[131] lehnt dies mit der Begründung ab, daß das Absetzen die Kehrseite des Sich-Verschaffens (1.Alt) darstelle und daher deckungsgleich ausgelegt werden müsse.

Im Rahmen des Sich-Verschaffens ist es aber unbestritten, daß für eine Vollendung die *Verfügungsgewalt tatsächlich übergehen* muß.[132] Selbiges müsse daher auch für das Absetzen gelten; andernfalls entstünden unvertretbare *Wertungswidersprüche*.

Einer anderen Behandlung stehe auch schon die *Wortlautsperre der Art. 103 II GG, § 1 StGB* entgegen. Absetzen erfordere nämlich schon dem natürlichen Wortsinn nach selbst bei weitherzigster Deutung, daß der Absetzende den Besitz über den Gegenstand aufgegeben habe.

Daher läge hier nur *Versuch* vor.

BGH (+)

bb) Mit dem BGH ist jedoch davon auszugehen, daß eine Tatvollendung nicht das Gelingen des Absatzes voraussetzt.[133]

Dies ist nach der ratio legis damit zu begründen, daß die rechtswidrige Vermögenslage auch in der Hand des Absetzenden weiter aufrecht erhalten und die Wiedererlangung für den Eigentümer weiter gefährdet wird.

---

129 vgl. auch D/T, § 259 Rn. 15.
130 vgl. D/T, § 259 Rn. 18.
131 vgl. etwa ROTH JA 1988, 193, 204; SEELMANN JuS 1988, 39; LACKNER § 259 Rn. 13
132 vgl. D/T, § 259 Rn. 15
133 BGHSt 27, 50; vgl. auch D/T, § 259 Rn. 19

Auch das Wortlautargument steht dieser Behauptung nicht entgegen, da sowohl "Absetzen" als auch "Absetzenhelfen" nicht nur den Erfolg, sondern auch die Tätigkeit des Absetzens bezeichnen können.

Unter das Merkmal der *Absatzhilfe* fällt daher jede vorbereitende, ausführende oder nur unterstützende Tätigkeit zum Zwecke des Absatzes, selbst wenn dieser nicht gelingt.[134] Es reiche jede Tätigkeit, die der Aufrechterhaltung des rechtswidrigen Zustandes dient (die sog. Perpetuierung der rechtswidrigen Vermögenslage ist ein ungeschriebenes Tatbestandsmerkmal des § 259 I StGB).

Ein Versuch des § 259 I StGB komme daher nur dann in Betracht, wenn das Handeln des Täters entgegen seiner Vorstellung nicht geeignet war, den Vortäter bei seinen Absatzbemühungen zu unterstützen.

> **"HEMMER-METHODE":** Diese Streitfrage stellt sich beim Absetzen selbst natürlich genauso.[135]
> Daher ist es in der Klausur zunächst enorm wichtig, zu Beginn der Prüfung des § 259 StGB exakt abzugrenzen, ob ein Sich-Verschaffen vorliegt oder eine der beiden anderen Varianten. Denn die Frage, ob Versuch oder Vollendung, ist dann jeweils in völlig anderem Licht zu sehen.
> Erfahrungsgemäß wird in Klausuren in den genannten Fällen, in denen der BGH Vollendung annimmt, von vielen Klausurbearbeitern eine Nichtvollendung behauptet, ohne dies überhaupt zu problematisieren! Beachten Sie aber, daß auch nach Ansicht des BGH das Absetzen zumindest potentiell geeignet sein muß, die rechtswidrige Vermögenssituation aufrechtzuerhalten oder zu vertiefen. Daran fehlt es, wenn die Sache an einen verdeckten Ermittler der Polizei geliefert wird.[136]

Vorsatz

2. A hatte unproblematisch Tatbestandsvorsatz.

Bereicherungsabsicht

Des weiteren müßte er in der Absicht gehandelt haben, sich oder einem Dritten einen Vermögensvorteil zu verschaffen.

> **"HEMMER-METHODE":** Beachten Sie, daß die Bereicherungsabsicht (anders als bei §§ 263 I, 253 I StGB) nicht rechtswidrig zu sein braucht, denn die Beeinträchtigung des geschützten Rechtsguts hängt nicht davon ab, ob der Hehler sich rechtmäßig oder rechtswidrig bereichern will.[137]
> Auch Stoffgleichheit zwischen dem Hehlereigegenstand und dem Vermögensvorteil ist nicht erforderlich!

eigennütziges Handeln (-)

Ein eigennütziges Verhalten scheidet hier aus, da seine Unterstützung *unentgeltlich* erfolgte.

---

[134] vgl. BGH bei D/T, § 259 Rn. 19
[135] vgl. D/T, § 259 Rn. 18 a.E.
[136] BGH NJW 97, 2610
[137] S/S - STREE, § 259 Rn. 49

§ 259 I StGB auch bei Bereicherungsabsicht zugunsten des Vortäters?	Allerdings ist ein Bereicherungsstreben zugunsten seines Bruders anzunehmen. Problematisch dabei ist allein, ob im Rahmen des § 259 StGB auch der Vortäter selbst Dritter sein kann.
e.A.: (+)	Die Befürworter dieser Ansicht[138] berufen sich auf die insoweit fehlende Differenzierung im Gesetzeswortlaut und bejahen die Strafbarkeit.
	Die Gegenansicht geht davon aus, daß die Bereicherung des Vortäters bereits von § 257 StGB abschließend erfaßt wird.[139]
BGH: (-), Argumente	Dem BGH[140] "erscheint" diese engere Auslegung zutreffend.
Wortlaut	Er begründet dies schon mit dem Wortlaut der Norm, also damit, daß der Vortäter im Rahmen des § 259 I StGB als *"anderer"* bezeichnet werde, während die Bereicherungsabsicht zugunsten eines *Dritten* eingreifen müsse. Damit existiere schon eine begriffliche Differenzierung, die klarstelle, daß der Vortäter niemals Dritter i.S.d. Vorschrift sein könne.
Entstehungsgeschichte	Im übrigen spreche für diese Lösung auch die Entstehungsgeschichte: Der Zweck der Gesetzesänderung von 1974, bei der die Drittbereicherungsabsicht erst eingefügt wurde, sei u.a. gerade gewesen, den Tatbestand der Hehlerei von dem der Begünstigung (§ 257 I StGB) schärfer abzugrenzen. Mit dieser Zielsetzung sei die Auffassung, für § 259 I StGB genüge auch die Absicht, den Vortäter zu bereichern, schwerlich in Einklang zu bringen.
	§ 259 I StGB sei aber jedenfalls dann unanwendbar, wenn der Täter *ausschließlich* mit dem Ziel handele, dem Vortäter den rechtswidrig erlangten Vermögensvorteil *zu erhalten*.
Abgrenzung gegenüber § 257 I StGB	In solchen Fällen, in denen es ihm nicht darauf ankommt, mit seiner Hilfeleistung dem Vortäter einen über den Besitz der Sache hinausgehenden Vorteil oder Gewinn zu verschaffen, stellt sich die Tat als Begünstigung dar. Bei einem solchen Sachverhalt würde die Annahme von Hehlerei die Grenzen zwischen den Tatbeständen von § 257 I StGB und § 259 I StGB auflösen.[141]

"HEMMER-METHODE": Selbstverständlich kann eine so ausführliche Begründung und eine Wiedergabe der Entscheidung in einer Klausur nicht verlangt werden. Die hier genannten Argumente sollten Sie sich aber möglichst merken, um sie erforderlichenfalls wenigstens knapp wiedergeben zu können.

---

138 vgl. S/S - STREE, § 259 Rn. 50; BGH NJW 1979, 2621, 2622 [1.Senat]
139 D/T, § 259 Rn. 22; LACKNER § 259 Rn. 17.
140 NStZ 1995, 595 [4.Senat]
141 BGH NStZ 1995, 595

C. STRAFBARKEIT DES T ALS TEILNEHMER

> **"HEMMER-METHODE"**: Die hier vorgenommene Trennung zwischen der Strafbarkeit des T als Täter und als Teilnehmer hilft, eine Schachtelprüfung zu vermeiden. Ebenso wäre es aber möglich gewesen, gleich mit der Strafbarkeit des A zu beginnen und den Diebstahl hier "nachzuschieben": Er ist so einfach und klar, daß eine komplexe Inzidentprüfung bei der Strafbarkeit des A nicht angefallen wäre.

I. Anstiftung zur Begünstigung, §§ 257 I, 26 StGB

vorsätzlich rechtswidrige Haupttat

1. Eine vorsätzliche und rechtswidrige Haupttat des A nach § 257 I StGB liegt vor.

Tatbestand (+)

2. T hat bei A den Tatentschluß zur Begehung dieser Begünstigung hervorgerufen und handelte auch mit doppeltem Anstiftervorsatz.

Rwk, Schuld (+)

3. Die Tat war rechtswidrig, und T handelte schuldhaft.

§ 257 III 2 StGB

4. Der persönliche Strafausschließungsgrund des § 257 III StGB (Beteiligung an der Vortat) greift nicht ein, da T einen an der Vortat *Unbeteiligten* zur Tat angestiftet hat (§ 257 III 2 StGB).

II. Anstiftung zur Strafvereitelung, §§ 258 I, 26 StGB

§§ 258 I, 26 StGB jedenfalls wegen § 258 V StGB (-)

Unabhängig von der Frage, ob überhaupt eine teilnahmefähige Haupttat vorliegt (s.o.), scheidet eine Bestrafung des T wegen des persönlichen Strafausschließungsgrundes des § 258 V StGB aus, da T durch seine Handlung verhindern will, daß *er selbst* bestraft wird.

> **"HEMMER-METHODE"**: Dieses Ergebnis ließe sich auch damit begründen, daß der Vortäter weder tauglicher Täter noch tauglicher Anstifter einer selbstbegünstigenden Strafvereitelung ist, da diese keinen "anderen" i.S.d. § 258 StGB betrifft.

Insbesondere kann die kriminalpolitisch fragwürdige Ausnahmeregelung des § 257 III 2 StGB nicht auf § 258 StGB übertragen werden.[142]

III. Hehlerei, § 259 I StGB

§ 259 I StGB (-)

Eine Strafbarkeit wegen Hehlerei oder Anstiftung dazu kommt für den Haupttäter nicht in Betracht, weil es an der Tat eines anderen fehlt.[143]

---

[142] vgl. D/T, § 258 Rn. 13; WESSELS, BT-1 § 16 III 4

[143] vgl. D/T, § 259 Rn. 26

2. TATKOMPLEX: DIE ENTSORGUNG DES PKWS

STRAFBARKEIT DES T

I. Hehlerei, § 259 I StGB

obj. Tatbestand

1. Die Tatbestandsalternativen des Absetzens und der Absatz(-hilfe) scheiden hier von vornherein aus, da der PKW vernichtet wurde, also eine rechtsgeschäftliche Weitergabe weder erfolgte noch gewollt war.[144]

Sich-Verschaffen?

Daher kommt nur die Alternative des Sich-Verschaffens in Betracht, § 259 I 2.Alt. StGB.

Man könnte argumentieren, A habe sich den gestohlenen Wagen im Sinne von § 259 I StGB verschafft, weil er ihn von Z entgegengenommen habe, um ihn zu entsorgen.[145]

nach BGH (-)

Allerdings kommt nach Ansicht des BGH eine Hehlerei in der Form des Sich-Verschaffens nur in Betracht, wenn der Vorbesitzer dem Täter die Verfügungsgewalt über die fragliche Sache zu eigenen Zwecken überträgt[146] und die Absicht des Täters dahin geht, über den ihm übergebenen Gegenstand als *eigenen* zu verfügen, ihn sich also *zuzueignen*.[147]

Hieran fehlt es, wenn der Vortäter einen anderen lediglich damit beauftragt, die rechtswidrig erlangte Sache der Entsorgung und damit der Vernichtung zuzuführen, und der andere diesen Auftrag annimmt und gegen Entgelt ausführt.

§ 259 I StGB (-)

2. T hat damit keine Hehlerei begangen.

II. Strafvereitelung, § 258 I StGB

obj. Tatbestand

1. Die Beseitigung des Wagens war geeignet, die Strafverfolgung des Z zumindest für geraume Zeit zu vereiteln bzw. zu erschweren.

Vorsatz, Rwk, Schuld (+)

2. T handelte vorsätzlich, rechtswidrig und schuldhaft.

§ 258 I StGB (+)

3. T hat sich wegen Strafvereitelung strafbar gemacht.

---

144 vgl. D/T, § 259 Rn. 18
145 so die Vorinstanz bei BGH NStZ 1995, 544
146 D/T, § 259 Rn. 15
147 BGH NStZ 1995, 544

3. TATKOMPLEX: DIE UNTERSTÜTZUNG DES MANDANTEN

STRAFBARKEIT DES A

I. Strafvereitelung durch Wegschaffen des Heroins § 258 I StGB

obj. Tatbestand

1. Durch das Wegschaffen des Heroins hat A *vereitelt*, daß B wegen einer Straftat nach dem BtMG verfolgt wurde.

Die Tathandlung ist bei der hier einschlägigen Verfolgungsvereitelung dann vollendet, wenn die Verhängung der Strafe *ganz oder teilweise* vereitelt wird. Eine *endgültige* tatsächliche und rechtliche Verhinderung der Aburteilung ist nicht nötig, vielmehr genügt es, wenn dies für "geraume Zeit" verhindert wird.[148]

Dementsprechend ist der objektive Tatbestand des § 258 I StGB gegeben.

> **"HEMMER-METHODE"**: Bei einem Rechtsanwalt sind bezüglich dieses Straftatbestandes wegen seiner beruflichen Stellung Besonderheiten zu beachten.[149] Hier waren aber die Grenzen insoweit natürlich weit überschritten.

Vorsatz, Rwk, Schuld (+)

2. A handelte vorsätzlich, rechtswidrig und schuldhaft.

§ 258 V StGB?

3. Möglicherweise ist A aber dennoch nicht gemäß § 258 I StGB strafbar, wenn der persönliche Strafausschließungsgrund des § 258 V StGB hier anwendbar ist.

Durch die der Strafvereitelung dienende Wegschaffung des Heroins aus der Wohnung des B wollte der A zugleich die *eigene Strafverfolgung* vermeiden. Allerdings hatten die strafbare Tätigkeit des A und die Tat, wegen derer der B aktuell verfolgt wurde, nichts miteinander zu tun.

(+), auch bei verschiedenen Vortaten

Doch ist anerkannt, daß § 258 V StGB auch dann anwendbar sein kann, wenn es sich um verschiedene Vortaten handelt. Straffrei kann deshalb auch sein, wer einem anderen hilft, weil dieser ihn sonst anzeigen will.[150]

§ 258 I StGB (-)

4. A hat sich nicht wegen Strafvereitelung gemäß § 258 StGB strafbar gemacht.

---

148 D/T, § 258 Rn. 5
149 vgl. D/T, § 258 Rn. 7
150 BGH NJW 1995, 3264 m.w.N.; vgl. auch D/T, § 258 Rn. 13

II. Strafvereitelung durch Bezahlen der Geldstrafe, § 258 II StGB

obj. Tatbestand

1. In Betracht kommt die Vollstreckungsvereitelung nach § 258 II StGB. Die wohl h.L. ging bisher von dessen Verwirklichung aus, da die Geldstrafe den Verurteilten persönlich treffen soll, was insbesondere auch in der Einführung der Tagessatzsystematik (§§ 40 ff. StGB) zum Ausdruck kommt. Dieser Zweck würde nicht erreicht, wenn ein anderer diese Zahlung unmittelbar aus seinem Vermögen vornehmen dürfte.[151]

Der BGH hat dieser Rechtsauffassung jedoch eine Absage erteilt. Er stellt dabei insbesondere auf den Wortlaut der §§ 459 ff. StPO i.V.m. der Justizbeitreibungsordnung ab. Das hierin geäußerte Vollstreckungsziel sei einzig die Durchsetzung der Zahlung. Die persönliche Betroffenheit könne dagegen nicht mit Vollstreckungsmaßnahmen durchgesetzt werden. Folglich könne aufgrund des eindeutig formulierten Vollstreckungszieles auch nicht von einer Vollstreckungsvereitelung gesprochen werden.[152]

§ 258 II StGB (-)

2. A hat sich im 3. Tatkomplex nicht nach § 258 StGB strafbar gemacht.

---

151 vgl. S/S - STREE, § 258 Rn. 28
152 vgl. BGHSt 37, 222

ZUSAMMENFASSUNG:

1. **Tatkomplex: Die Bruderhilfe**

   A. **Strafbarkeit des T als Täter, § 242 I StGB (+)**

   B. **Strafbarkeit des A**

   I. § 257 I StGB (+)

   II. § 258 I StGB (-)
   jedenfalls Angehörigenprivileg

   III. § 259 I StGB
   bei Absatzhilfe Eintritt des Erfolgs nicht erforderlich; Bereicherungsabsicht einzig zugunsten des Vortäters aber nicht ausreichend

   C. **Strafbarkeit des T als Teilnehmer**

   I. §§ 257 I, 26 StGB (+)

   II. §§ 258 I, 26 StGB (-)

   III. § 259 I StGB (-)

2. **Tatkomplex: Die Entsorgung des Pkws**

   Strafbarkeit des T

   I. § 259 I StGB (-)
   kein Sich-Verschaffen bei Entgegennahme zur Entsorgung

   II. § 258 I StGB (+)

3. **Tatkomplex: Die Unterstützung des Mandanten**

   Strafbarkeit des A

   I. § 258 I StGB (-)
   Strafausschließungsgrund des § 258 V StGB

   II. § 258 II StGB (-)
   keine Vollstreckungsvereitelung bei Bezahlung einer fremden Geldstrafe

Seite 70

GEFÄHRLICHE STRAßEN

SACHVERHALT:

Anton und Gustav führen absichtlich einen Auffahrunfall auf einer einsamen Landstraße herbei, indem Anton, der den vorderen Wagen fährt, plötzlich stark abbremst. Mit Hilfe dieses fingierten Unfalls wollen die beiden die Versicherungssumme kassieren. Das Vorhaben der beiden gelingt, woraufhin die beiden froh gelaunt von dannen fahren. Eine Versicherungsprämie haben die beiden allerdings noch nicht beantragt.

Am selben Abend entschließen sie sich, den ihnen bekannten Rudi Voll zu überfallen und zu berauben. Sie verstecken sich in der Nähe der Gaststätte, in der sich Rudi aufhält, hinter einem Bus. Als Rudi sich mit seinem Mofa nähert, springen beide hinter dem Bus hervor. Anton bringt Rudi verabredungsgemäß zu Fall, indem er mit dem Fuß gegen das fahrende Mofa tritt. Während Anton den leicht verletzt am Boden liegenden Rudi festhält, durchsucht ihn Gustav und nimmt ihm die Brieftasche weg, in der sich 2.000 DM befinden. Dann flüchten Anton und Gustav. Das Geld wird zwischen ihnen aufgeteilt.

Um die erfolgreichen Projekte zu feiern, gehen die beiden anschließend auf Kneipentour. Als Anton nach Verlassen der Kneipe gerade den Zündschlüssel ins Schloß seines Pkws gesteckt und Gustav auf dem Beifahrersitz Platz genommen hat, werden die beiden von einem Polizisten an der Aufnahme der Fahrt gehindert. Anton hatte einen BAK von 1,5 Promille.

Bearbeitervermerk:

Wie haben sich Anton und Gustav nach dem StGB strafbar gemacht?

LÖSUNG:

1. TATKOMPLEX: DER INSZENIERTE VERKEHRSUNFALL

STRAFBARKEIT VON A UND G

> **"HEMMER-METHODE"**: Die Straßenverkehrsdelikte haben große praktische Bedeutung und auch nicht unerhebliche Klausurrelevanz, zumal sie einige interessante dogmatische Probleme beinhalten, die teilweise auch in dieser Lösung angesprochen werden. Nehmen Sie die Klausur auch zum Anlaß, sich die wichtigsten Probleme dieser Delikte in einem Lehrbuch oder Skript zu erarbeiten bzw. zu wiederholen.

I. Gefährlicher Eingriff in den Straßenverkehr, §§ 315b I, 25 II StGB

obj. Tatbestand

1. A und G könnten sich wegen eines mittäterschaftlich begangenen gefährlichen Eingriffes in den Straßenverkehr strafbar gemacht haben. Als Tathandlung kommt das Zerstören bzw. Beschädigen von Fahrzeugen gemäß § 315b I Nr.1 StGB oder eine Handlung nach Nr.2 bzw. Nr.3 in Frage, und zwar durch die Herbeiführung des Auffahrunfalls.

§ 315b I Nr. 1 StGB (-)

Die Variante des § 315b I Nr.1 StGB kommt aber nur in Betracht, wenn *erst die Beschädigung* die Beeinträchtigung der Sicherheit des Straßenverkehrs und die Gefahr des § 315b I StGB *begründet*. Wenn aber die Beschädigung des Fahrzeuges schon die *Realisierung* einer durch eine Tathandlung nach § 315b I Nr.2 oder Nr.3 StGB verursachten Gefahr darstellt, sind allein diese Tatbestandsalternativen anzuwenden.[153]

Insoweit fehlt es hier also schon an der relevanten Tathandlung.

§ 315b I Nr. 2, 3 StGB?

Als nächstes käme der Tatbestand des Hindernisbereitens durch Abbremsen gemäß § 315b I Nr.2 StGB[154] bzw. der des ebenso gefährlichen Eingriffs gemäß § 315b I Nr.3 StGB in Betracht.

§ 315b I StGB bei Verkehrsteilnehmern nur, wenn ein verkehrsfremder Eingriff vorliegt

Ein Eingriff i.d.S. liegt als auch vor: Zu beachten ist allerdings, daß der Tatbestand der Vorschrift bei bloß vorschriftswidrigem Verkehrsverhalten grundsätzlich unanwendbar ist, da andernfalls die abschließende Regelung des § 315c StGB umgangen würde.

hier aber (+)

Nur ausnahmsweise kann § 315b StGB in solchen Fällen gegeben sein. Es muß sich um einen *verkehrsfremden* (verkehrsfeindlichen) Vorgang handeln, bei dem ein Verkehrsteilnehmer einen Verkehrsvorgang praktisch zu einem *Eingriff in den Straßenverkehr* pervertiert.[155]

---

153 BGH NJW 1991, 1120 m.w.N.; § 315b Rn. 4 a.E.
154 vgl. D/T, § 315b Rn. 4a m.w.N.
155 D/T, § 315b Rn. 5 m.w.N.

GEFÄHRLICHE STRAßEN

Bei einem absichtlichen Unfall kann man derartiges grds. annehmen.[156] Da A und G dies im bewußten und gewollten Zusammenwirken vollzogen haben, liegt eine mittäterschaftliche Begehung vor.

Beeinträchtigung des Straßenverkehrs (+)

Dieser Eingriff hat auch zu einer Beeinträchtigung der Sicherheit des Straßenverkehrs geführt.[157] Bei absichtlichen Unfällen ist dies unproblematisch.

Verwirklichung einer konkreten Gefahr

Erforderlich wäre die Verwirklichung einer konkreten Gefahr für die Verkehrsteilnehmer[158] als Folge der Tathandlung und der Beeinträchtigung der Verkehrssicherheit.

(-), wenn bei einem simulierten Unfall keine Gefahr für andere Verkehrsteilnehmer

Da der betroffene Wagen sogar beschädigt (oder zerstört) werden sollte, kann auch dies bei vorsätzlichen Zusammenstößen grds. angenommen werden. Allerdings muß dann etwas anderes gelten, wenn es - wie hier - nicht um die absichtliche Beschädigung eines *dritten* Fahrzeuges geht, sondern lediglich die beiden Tatbeteiligten sowie deren Fahrzeuge gefährdet werden. Für diesen Fall lehnt der BGH[159] zu Recht die Anwendung des § 315b StGB ab, wenn nicht weitere Fahrzeuge konkret gefährdet werden.[160]

Daher müssen § 315b I Nr.2 und Nr.3 StGB bei einem einverständlich herbeigeführten "Unfall" ausscheiden. Eine *abstrakte* Gefahr für andere Verkehrsteilnehmer oder Sachen, wie sie hier möglicherweise naheliegt, reicht aber wiederum für die Bejahung des konkreten Gefährdungsdelikts nicht aus.[161]

> **"HEMMER-METHODE":** Beachten Sie das Parallelproblem in der Rechtsprechung des BGH zu § 315c StGB.[162] Dort lehnt er es ab, durch eine Einwilligung des Mitfahrers die Rechtswidrigkeit entfallen zu lassen. Er kommt aus Schutzzweckgesichtspunkten aber (nur) dann zu anderen Ergebnissen, wenn der Beifahrer selbst Teilnehmer i.S.d. §§ 26 ff. StGB ist.
> Dann sieht der BGH schon den Tatbestand (!) des § 315c StGB als nicht erfüllt an.

§ 315b I StGB (-)

2. A und G haben sich daher nicht nach § 315b StGB strafbar gemacht.

II. Gefährdung des Straßenverkehrs, §§ 315c I, 25 II StGB

§§ 315c I, 25 II StGB (-)

Die Gefährdung des Straßenverkehrs scheitert bereits daran, daß keine der in § 315c I Nr. 2 StGB aufgeführten besonders gefährlichen Verkehrsverstöße verwirklicht wurden.

---

156 vgl. D/T, § 315b Rn. 5b mit Beispielen.
157 D/T, § 315b Rn. 6.
158 D/T, § 315b Rn. 7.
159 etwa NJW 1991, 1120.
160 vgl. auch D/T, § 315 Rn. 15; JAGUSCH-HENTSCHEL § 315b Rn. 4.
161 BGH a.a.O.
162 vgl. BGHSt 23, 261; ebenso D/T, § 315c Rn. 17.

III. Unerlaubtes Entfernen vom Unfallort, § 142 I, 25 II StGB

§ 142 I StGB (-)

Zwar waren sowohl G als auch A eindeutig *Unfallbeteiligte*, der hier vorliegende Verzicht aller Unfallbeteiligten auf die notwendigen Feststellungen läßt allerdings schon den Tatbestand, zumindest aber die Rechtswidrigkeit[163] entfallen.

77

IV. Sachbeschädigung, § 303 I, 25 II StGB

§ 303 I StGB (-)

Eine Sachbeschädigung des bzw. der beschädigten Wägen entfällt schon wegen der Einwilligung, die zwangsläufig in der Verabredung des Unfalls liegt.

78

> **"HEMMER-METHODE"**: Gerade Strafrechtsklausuren sind auch oft "Sammelklausuren", in denen möglichst viele Tatbestände "abgeklappert" werden müssen. Dies kann Ihnen (gerade in den zeitlichen Grenzen einer Klausur) nur optimal gelingen, wenn Sie einerseits ein gewisses Fingerspitzengefühl dafür entwickeln, welche Tatbestände "noch angeprüft" werden sollten (was freilich z.T. auch Geschmackssache ist), andererseits in der Klausur einen Weg finden, die nicht einschlägigen Tatbestände mit dem jeweils schlagenden Argument kurz abzulehnen.

V. Versuchter Betrug, §§ 263 I, 22, 25 II StGB

§§ 263 I, 22, StGB (-)

Auch ein versuchter Betrug lag bei diesen Tathandlungen noch *nicht* vor. Denn zumindest fehlt es am unmittelbaren Ansetzen, da das Vermögen der Versicherung durch diese Tat noch in keinster Weise gefährdet ist. Es bedarf dazu noch weiterer Handlungen des Beschuldigten, so daß es sich um eine bloße Vorbereitungshandlung handelt.

79

Eine Strafbarkeit im Vorfeld ist hier aber nicht gegeben. § 265 I StGB, der dogmatisch Vorbereitungshandlungen zum eigentlichen Betrug nach § 263 StGB pönalisiert, ist schon tatbestandlich nicht einschlägig.

> **"HEMMER-METHODE"**: Für bestimmte Fälle wird also die Strafbarkeitslücke im Vorfeld des Betruges an einer Versicherung durch die Vorschrift des § 265 StGB (Versicherungsbetrug) geschlossen: Dieser betrifft Fälle, bei denen nicht nur die Leistungsfähigkeit der Versicherungswirtschaft, sondern aufgrund der besonderen gemeingefährlichen Begehungsweise auch andere Rechtsgüter (insbesondere Leib und Leben) gefährdet sind.

Auch über § 30 II StGB läßt sich eine Strafbarkeit von A und G nicht begründen, da der anvisierte Betrug kein Verbrechen ist, vgl. §§ 263 I, 12 II StGB.

---

163 str., vgl. D/T, § 142 Rn. 15.

VI. Ergebnis

A und G haben sich im 1. Tatkomplex nicht strafbar gemacht.

2. TATKOMPLEX: DER ÜBERFALL AUF RUDI - STRAFBARKEIT VON A UND G

I. Gefährlicher Eingriff in den Straßenverkehr in Mittäterschaft, §§ 315b I Nr.2, III i. V. m. 315 III Nr.2, 25 II StGB

obj. Tatbestand

1. Beim Überfall auf R könnten sich A und G eines mittäterschaftlichen gefährlichen Eingriffs in den Straßenverkehr schuldig gemacht haben. Durch das Zufallbringen des R durch den Tritt mit dem Fuß gegen das fahrende Mofa wurde ein Hindernis bereitet i.S.v. § 315b I Nr.2 StGB, nämlich ein Vorgang herbeigeführt, der geeignet ist, durch körperliche Einwirkung den regelmäßigen Verkehr zu hemmen oder zu verzögern.[164]

Der Eingriff führte zu einer abstrakten Gefährdung des Straßenverkehrs und zu einer konkreten Gefährdung des R.

Mittäterschaft

Die Tathandlung, nämlich der Tritt mit dem Fuß gegen das Mofa, wurde zwar von A allein begangen, doch wäre sie dem G zurechenbar, wenn sie unter den Voraussetzungen der Mittäterschaft erfolgte.

nach der subjektiven Theorie (+)

Folgt man der extrem subjektiven Theorie ergibt sich die Mittäterschaft aus dem gemeinschaftlichen Tatentschluß, wonach auch G die Tat unter Mitwirkung des A als eigene gewollt hat und im weiteren Tatverlauf eigene Tatbeiträge leistete.

ebenso nach der Tatherrschaftslehre

Folgt man der h. M. in der Literatur, die auf das Kriterium der gemeinsamen Tatherrschaft abstellt, so ergibt sich hieraus nichts anderes.

A und G handelten aufgrund eines gemeinsam gefaßten Tatplanes, und es leistete jeder von ihnen im Ausführungsstadium eigene Tatbeiträge, wobei man nicht nur die Tat des § 315b StGB isoliert betrachten kann, so daß hier nach allen Meinungen A und G mittäterschaftlich handelten. Die Tatbeiträge des einen können daher dem anderen jeweils zugerechnet werden, soweit sie sich im Rahmen des gemeinsamen Tatplanes bewegen.

Hier bezog sich der Tatplan darauf, den R zu berauben, wobei man, um dies zu ermöglichen, arbeitsteilig vorgehen wollte.

Damit ist das Handeln des A dem G zurechenbar.

subj. Tatbestand

2. A und G handelten vorsätzlich und aufgrund des gemeinsam gefaßten Tatentschlusses.

---

164   vgl. D/T, § 315b Rn. 4 und § 315 Rn. 9.

Ihr Vorsatz bezog sich auch auf die Herbeiführung der Gefahr für R, so daß ein vorsätzlicher gefährlicher Eingriff in den Straßenverkehr vorliegt.

Die Tat würde sich sogar als Verbrechen darstellen, wenn A und G unter den Voraussetzungen der §§ 315b III, 315 III Nr.2 1.Alt StGB gehandelt hätten. Dies ist der Fall, weil A und G beabsichtigten, den R zu berauben. Damit sollte eine andere Straftat ermöglicht werden.

Rwk, Schuld (+)

3. Die Tat war auch rechtswidrig und schuldhaft

§§ 315b I Nr.2, III, 315 III Nr.2, 25 II StGB (+)

4. A und G haben sich eines Verbrechens des gemeinschaftlichen vorsätzlichen gefährlichen Eingriffs in den Straßenverkehr gem. §§ 315b I Nr.2, III i.V.m. 315 III Nr.2 , 25 II StGB schuldig gemacht.

II. Raub in Mittäterschaft, §§ 249 I, 25 II StGB

obj. Tatbestand

1. A und G könnten ferner mittäterschaftlich einen Raub begangen haben. Bei der Brieftasche mit den darin befindlichen 2.000 DM handelt es sich um fremde bewegliche Sachen.

Indem G dem R die Brieftasche weggenommen hat, hat er den Gewahrsam des R gebrochen und eigenen Gewahrsam daran begründet. Diese Wegnahme wurde zwar von G allein begangen, doch ist sie dem A zurechenbar, da G und A arbeitsteilig vorgegangen sind. A hat den R festgehalten und es hierdurch dem G ermöglicht, das Geld wegzunehmen.

Die Gewaltanwendung durch Festhalten des R, die seitens des A erfolgte, ist dem G ebenso zuzurechnen. Da sie zum Zwecke der Wegnahme erfolgte, besteht auch die für § 249 I StGB erforderliche finale Verknüpfung von Nötigung und Wegnahme.

> **"HEMMER-METHODE":** Hier handelt es sich um einen typischen Fall der Mittäterschaft, in dem der objektive Tatbestand erst durch das Handeln beider Mittäter gemeinsam erfüllt wird. Deshalb ist es hier nicht nur klausurökonomischer, sondern nahezu unumgänglich, beide Mittäter gemeinsam zu prüfen.

subj. Tatbestand

2. A und G handelten vorsätzlich und in rechtswidriger Zueignungsabsicht. Sie handelten weiterhin aufgrund des gemeinsam gefaßten Tatentschlusses.

§§ 249 I, 25 II StGB (+)

3. Die Tat war auch rechtswidrig und schuldhaft, so daß sich A und G nach §§ 249 I, 25 II StGB strafbar gemacht haben.

III. Räuberische Erpressung in Mittäterschaft, §§ 253 I, 255, 25 II StGB

§§ 253 I, 255, 25 II StGB nach BGH (+), aber von §§ 249 I, 25 II StGB verdrängt

Folgt man dem BGH, der für das Vorliegen einer Erpressung keine Vermögensverfügung des Opfers verlangt, so liegt in dem Handeln von A und G auch eine ~~schwere~~ räuberische Erpressung, weil R zur Duldung der Wegnahme seiner Brieftasche mit Inhalt, also einer Vermögensbeschädigung, mit Raubmitteln genötigt wurde. Da sich der Vorgang jedoch eher als "Nehmen" denn als "Geben" darstellt, trete die räuberische Erpressung auch nach Ansicht des BGH hinter dem spezielleren Raub zurück.

IV. Gefährliche Körperverletzung in Mittäterschaft, §§ 223, 223a I, 25 II StGB

obj. Tatbestand

1. R wurde durch das Zu-Fall-Bringen verletzt, so daß er eine Gesundheitsschädigung erlitten hat.

hinterlistiger Überfall (-)

Diese Körperverletzung könnte mittels eines hinterlistigen Überfalls begangen worden sein.

Überfall ist ein Angriff auf den Verletzten, dessen er sich nicht versieht und auf den er sich nicht vorbereiten kann. Hinterlistig ist der Überfall, wenn sich die Absicht des Täters, dem anderen die Verteidigungsmöglichkeit zu erschweren, äußerlich manifestiert.[165]

Da jedoch die bloße Ausnutzung der Überraschung allein noch nicht genügt, liegt allein im unerwarteten Angriff auf das Opfer, auch wenn dieser von hinten erfolgt, noch kein hinterlistiger Überfall.[166]

gemeinschaftliche Begehung (+)

Da A und G als Mittäter handelten, ist die Körperverletzung jedoch von mehreren *gemeinschaftlich* begangen worden. Hierfür ist nicht erforderlich, daß jeder Mittäter sich eigenhändig an der Mißhandlung beteiligt.[167]

Vorsatz (+)

2. A und G handelten vorsätzlich und aufgrund gemeinsamen Tatentschlusses.

Rwk, Schuld (+)

3. Die Tat war rechtswidrig und schuldhaft

§§ 223a I, 25 II StGB (+)

4. A und G haben sich einer gemeinschaftlich begangenen gefährlichen Körperverletzung gemäß §§ 223, 223a I, 25 II StGB schuldig gemacht.

---

[165] vgl. D/T, § 223a Rn. 3
[166] vgl. S/S - Stree, § 223a Rn. 10
[167] vgl. D/T, § 223a Rn. 4

V. Räuberischer Angriff auf Kraftfahrer in Mittäterschaft, §§ 316a I, 25 II StGB

obj. Tatbestand

1. Fraglich ist zunächst, ob R als Fahrer eines Mofas, also eines von Maschinenkraft angetriebenen Fahrrades mit Hilfsmotor mit einer bauartbedingten Höchstgeschwindigkeit von nicht mehr als 25 km/h, überhaupt als Führer eines Kraftfahrzeuges i.S.d. § 316a I StGB anzusehen ist und damit unter den Schutz des § 316a I StGB fällt.

Dies ist jedoch mit der Rechtsprechung zu bejahen, da Kraftfahrzeuge gemäß §§ 248b IV StGB, 1 II StVG, 4 I 1 StVZO alle durch Maschinenkraft angetriebenen, nicht an Gleise gebundenen Landfahrzeuge sind. Hierzu gehört auch das Mofa.

Darüber hinaus ist auch nach Sinn und Zweck der Vorschrift keine Beschränkung des Schutzbereichs der Norm auf die Fahrer oder Beifahrer bestimmter Kraftfahrzeuge geboten.

Gerade die Gefahrenlage, deren Zunutzemachen zu bestimmten Zwecken in § 316a I StGB bestraft wird, besteht bei Angriffen gegen die Führer motorisierter Zweiräder in gleicher Weise. Ein Zweiradfahrer erscheint insoweit sogar noch schutzbedürftiger als der Führer eines anderen Kraftfahrzeuges.

Auch die Tatsache, daß heutzutage moderne Fahrräder leicht eine höhere Geschwindigkeit entwickeln, führt nicht zur Einschränkung des Schutzbereichs.

Mofa = Kraftfahrzeug i.S.d. § 316a I StGB

Damit ist R als Führer eines Kraftfahrzeuges i. S. v. § 316a I StGB anzusehen.

A und G haben in bewußtem und gewolltem Zusammenwirken durch das Hindernisbereiten den R genötigt, also einen Angriff auf dessen Entschlußfreiheit geführt.

Dies geschah auch unter Ausnutzung der besonderen Verhältnisse des Straßenverkehrs zur Begehung eines Raubes. Hierzu gehören auch die Fälle, in denen durch das Bereiten von Hindernissen das Anhalten erzwungen wird, um sodann einen Raub zu begehen.[168]

Vorsatz (+)

2. A und G handelten vorsätzlich und aufgrund gemeinsam gefaßten Tatentschlusses.

§§ 316a I, 25 II StGB (+)

3. Die Tat war rechtswidrig und auch schuldhaft, so daß A und G nach §§ 316a I, 25 II StGB zu bestrafen sind.

> **"HEMMER-METHODE":** Da R nur leicht verletzt wurde und sich anscheinend auch selbst helfen konnte, scheidet die Verwirklichung des § 221 StGB von vornherein aus.

---

[168] BGH NJW 93, 2630 m.w.N.

VI. Konkurrenzen

Der in Mittäterschaft begangene Raub konkurriert mit der Körperverletzung idealiter, denn die Gewaltanwendung bei § 249 StGB muß nicht notwendigerweise in einer Körperverletzung bestehen.[169] Auch im Verhältnis zu § 315b StGB und § 316a StGB besteht Idealkonkurrenz, da diese als Delikte mit überschießender Innentendenz die Vollendung des Raubes nicht voraussetzen, so daß die tatsächliche Verletzung des Rechtsguts im Urteilstenor klargestellt werden muß.[170]

Auch § 315b I Nr.2 StGB und § 316a StGB stehen ihrerseits in Idealkonkurrenz, § 52 I StGB.[171]

3. TATKOMPLEX: DIE VERSUCHTE TRUNKENHEITSFAHRT

STRAFBARKEIT DES A

I. Trunkenheit im Straßenverkehr, § 316 I StGB

obj. Tatbestand

1. Unproblematisch befand sich A im Zustand der *absoluten Fahruntüchtigkeit*, da er mehr als 1,1 Promille BAK hatte.[172]

Führen eines Fahrzeugs?

Problematisch ist aber das Tatbestandsmerkmal des *Führens eines Fahrzeugs*. Dieser Begriff ist enger als die Teilnahme am Verkehr. Erforderlich ist, daß jemand ein Fahrzeug in Bewegung setzt oder es unter Handhabung seiner technischen Vorrichtungen während der Fahrbewegung lenkt.[173]

Man könnte vertreten, daß für die Vollendung der Tat schon genüge, wenn der Täter beim Einstecken der Zündschlüssel erwischt werde.[174] Für diese Auffassung sprechen jedoch allenfalls präventiv-polizeiliche Gesichtspunkte, da die Polizei, will sie nicht nur eine Gefährdung für die öffentliche Sicherheit und Ordnung verhindern, den Täter so nicht erst losfahren lassen muß, um den Straftatbestand mit allen seinen Konsequenzen eintreten zu lassen.

Rspr.: Anrollen der Räder erforderlich

Dogmatisch ist diese Ansicht aber nicht haltbar. Vielmehr ist der neueren Rechtsprechung zuzustimmen, die zumindest ein *Anrollen der Räder* für erforderlich hält.[175]

---

169 S/S - ESER, § 249 Rn. 13
170 S/S - CRAMER, § 316a Rn. 15
171 S/S - CRAMER, § 316a Rn. 16
172 vgl. D/T, § 316 Rn. 6.
173 D/T, § 315c Rn. 3.
174 so noch D/T, 44. Aufl. § 315a Rn. 6.
175 BGHSt 35, 392; NJW 1989, 723; BayObLG NZV 1989, 242.

Die Begründung kann überzeugen: § 316 I StGB ist ein abstraktes Gefährdungsdelikt, erfordert also zur Tatbestandsverwirklichung lediglich eine abstrakte Gefahr. Eine solche besteht aber nicht, solange das Auto nicht wenigstens rollt. Der Versuch des § 316 I StGB wurde vom Gesetzgeber bewußt straflos gelassen (Vergehen, vgl. §§ 23 I, 12 II StGB). Die Vorverlagerung der Strafbarkeit, die die Gegenmeinung hier durchführt, ist damit eine Umgehung dieser gesetzgeberischen Entscheidung.[176]

§ 316 I StGB (-)

2. A hat sich daher nicht nach § 316 I StGB strafbar gemacht.

II. Versuchte Straßenverkehrsgefährdung, §§ 315c I Nr.1a, 22 StGB

Vollendung (-)

1. Ein vollendetes Delikt muß aus den eben genannten Argumenten abgelehnt werden. Im übrigen wäre hier keinesfalls die notwendige *konkrete* Gefahr für eine Person oder eine Sache von bedeutendem Wert gegeben.

Versuchsstrafbarkeit (+)

2. Gemäß § 315c II StGB ist der Versuch in den Fällen des § 315c I Nr.1 StGB strafbar. Hier kommt § 315c I Nr. 1a in Betracht.

Tatentschluß

3. Fraglich ist aber der *Tatentschluß* des A. Er müßte zumindest bedingten Vorsatz hinsichtlich sämtlicher Umstände des objektiven Tatbestandes des § 315c I Nr.1a StGB gehabt haben.

Dabei wäre schon der Vorsatz bezüglich der Fahruntüchtigkeit sehr fraglich, wenn er sich etwa auf die übliche Behauptung einläßt, er habe beim Biertrinken nicht so auf die Menge geachtet und sich noch unterhalb der Grenze absoluter Fahruntüchtigkeit geglaubt.

Vorsatz bzgl. einer konkreten Gefahr?

Problematisch ist jedoch, ob man dem A Vorsatz bezüglich einer konkreten Gefährdung nachweisen kann.

(+), wenn Verletzung nur noch vom Zufall abhängt

Eine konkrete Gefährdung liegt dann vor, wenn die Person oder Sache so stark beeinträchtigt ist, daß es nur noch *vom Zufall abhängt*, ob eine Verletzung eintritt. Ein solcher Zufall ist anzunehmen bei Unbeherrschbarkeit des Gefährdungsverlaufs.

BGH früher: Anwesenheit eines Beifahrers
⇒ konkrete Gefahr (+)

Der BGH hatte in seiner früheren Rechtsprechung[177] bei bloßer Anwesenheit eines Beifahrers (der allerdings nicht Teilnehmer i.S.d. §§ 26, 27 StGB sein darf) eine konkrete Gefährdung angenommen. Der Beifahrer sei in einer akuten Gefahrenlage, weil er sich im Zentrum des Geschehens befinde. Daher sei er wesentlich gefährdeter als Außenstehende.

heute: zusätzlich kritische Verkehrssituation erforderlich

Diese Meinung ist mit Teilen der Lit. und dem BayObLG[178] abzulehnen und wurde mittlerweile auch vom BGH aufgegeben.[179]

---

176   ebenso jetzt D/T, § 315c Rn. 3; § 316 Rn. 4.
177   BGH NJW 1989, 1227
178   BayObLG NJW 1990, 133; 848; ebenso OLG Köln NJW 1991, 3291
179   BGH NJW 95, 3131

Sie verwechselt offenbar qualitative mit quantitativer Gefährdung. Für die Sicherheit des beeinträchtigten Rechtsguts kommt es nicht nur auf den *einen* Zufall an, ob sich eine Gefahr in einer bestimmten Verkehrslage realisiert. Vielmehr ist sie von dem weiteren Zufall abhängig, ob es überhaupt zu einer kritischen Verkehrssituation kommt. Auch wenn die Fahrt eines Alkoholisierten eine Gefahr darstellt, führt dies noch nicht zwangsläufig zu konkret gefährlichen Verkehrssituationen.

Ein (u.U. angeschnallter) Mitfahrer in einem (u.U. großen) PKW ist nicht *mehr* gefährdet, als ein Fußgänger am Straßenrand, sondern nur *länger*. Bei letzterem aber ist klar, daß eine konkrete Gefährdung nur bei Eintreten einer kritischen Verkehrssituation vorliegen kann. Letztlich würde also von der Dauer der Gefährdung auf deren Qualität geschlossen. Aber auch eine lange abstrakte Gefahr ist noch keine konkrete. Daher kann man allein aus dem Wissen um das Vorhandensein eines Beifahrers noch keinen konkreten Gefährdungsvorsatz des A annehmen. Denn ein bewußtes Inkaufnehmen von kritischen Verkehrssituationen kann ihm gewiß nicht unterstellt werden.

§§ 315b I Nr. 1a, 22 StGB (-)

4. Mangels Tatentschlusses hat sich A auch nicht der versuchten Straßenverkehrsgefährdung schuldig gemacht.

III. Ergebnis:

A ist damit in diesem Tatkomplex straflos.

> **"HEMMER-METHODE"**: Als Ergänzung zum Fall, in dem längst nicht alle examensrelevanten Probleme der §§ 315b, 315c StGB dargestellt werden konnten, sei auf die lesenswerten Aufsätze von Geppert[180] hingewiesen.

---

180 zur Mitfahrerproblematik bei § 315c StGB: Jura 96, 47 ff.; zu § 315b StGB: Jura 96, 639 ff.

ZUSAMMENFASSUNG:

1. Tatkomplex: Der inszenierte Verkehrsunfall

Strafbarkeit von A und G

I. §§ 315b I, 25 II StGB (-)
keine konkrete Gefährdung

II. §§ 315c I, 25 II StGB (-)

III. §§ 142 I, 25 II StGB (-)

IV. §§ 303 I, 25 II StGB (-)

V. §§ 263 I, 22, 25 II StGB (-)

2. Tatkomplex: Der Überfall auf Rudi

Strafbarkeit von A und G

I. §§ 315b I Nr.2, III i.V.m. § 315 III Nr.2, 25 II StGB (+)

II. §§ 249 I, 25 II StGB (+)

III. §§ 253 I, 255, 25 II StGB (-)
nach Lit. (-), nach BGH zwar (+), aber von §§ 249 I, 25 II StGB verdrängt

IV. §§ 223, 223a I, 25 II StGB (+)

V. §§ 316a I, 25 II StGB (+)

VI. Konkurrenzen

3. Tatkomplex: Die versuchte Trunkenheitsfahrt

Strafbarkeit des A

I. § 316 I StGB (-)
Anrollen der Räder erforderlich; Versuch nicht strafbar

II. §§ 315c I Nr.1a, 22 StGB (-)
kein Vorsatz bzgl. konkreter Gefahr allein aufgrund des Vorhandenseins eines Beifahrers

MÜLLERS FLAMMENDE MÜHLE

SACHVERHALT

Anton Müller wohnt mit seiner Ehefrau Thea in einer alten ehemaligen Mühle. Das allein gelegene Anwesen ist in beklagenswertem Zustand. Als Mieter für das Obergeschoß konnte daher nur das Ehepaar Grün gewonnen werden, das des Stadtlebens schon langen überdrüssig war. Im Untergeschoß wohnt das Ehepaar Müller notgedrungen selbst. Da die Mühle unter Denkmalschutz steht, ist ein Verkauf bisher auch an den notwendigen hohen Renovierungskosten gescheitert. Doch die Müllers möchten endlich in einer komfortablen Wohnung leben. Daher planen sie, die Mühle in Brand zu setzen, um mit der hohen Versicherungssumme aus der Feuerversicherung eine Eigentumswohnung in der Stadt zu kaufen. Dies soll geschehen, sobald die Eheleute Grün für längere Zeit verreist sind.

Als das Ehepaar Grün kurz darauf an einem Wochenende bei Bekannten weilt, vergewissern sich Anton und Thea, daß sich außer ihnen niemand im Haus aufhält und schütten dann beide jeweils einen Kanister Benzin auf die bereits morsche Treppe des Hauses. Als Anton ein Streichholz entzündet, um das Benzin in Brand zu setzen, entwickelt sich nicht, wie erwartet, ein Feuer; vielmehr ereignet sich, für beide überraschend, eine gewaltige Explosion, weil sich die inzwischen entstandenen Benzindämpfe entzündet haben. Das Haus stürzt in sich zusammen. Herabstürzende Gebäudeteile erschlagen Thea und begraben sie unter den Trümmern. Jetzt kommt es Anton, der sich unverletzt hat retten können, nicht mehr auf die Versicherungssumme an. Er will nur noch verhindern, daß man ihn wegen des Todes der Thea zur Verantwortung ziehen kann. Um die Spuren der Explosion zu verwischen, zündet er eine Benzinlache an. Das rasch um sich greifende Feuer vernichtet die Reste des Hauses, und die Leiche der Thea verbrennt bis zur Unkenntlichkeit.

Der Feuerwehrmann Schlauch der inzwischen eingetroffenen Feuerwehr wird durch einen herabstürzenden Balken am Fuß verletzt. Nachbar Neu, der von seinem Haus aus den Feuerschein gesehen hat, eilt herbei und läßt sich von der Feuerwehr nicht davon abhalten, mitzuhelfen. Dabei wird er von einem herabfallenden Ziegel getroffen und verletzt. Anton erstattet am nächsten Tag bei der Polizei Anzeige gegen Unbekannt wegen Brandstiftung. Seiner Versicherung meldet er den "Schadensfall" und bittet um Auszahlung der Versicherungssumme. Die Versicherung wartet jedoch die polizeiliche Untersuchung des Brandes ab.

Bearbeitervermerk:

Prüfen Sie die Strafbarkeit von Anton.

LÖSUNG:

STRAFBARKEIT DES A

1. TATKOMPLEX: DAS ANZÜNDEN DES STREICHHOLZES

> **"HEMMER-METHODE":** Die Brandstiftungsdelikte werden als Straftaten gegen überindividuelle Rechtsgüter in den ersten Semestern häufig vernachlässigt. Wegen ihrer leichten Kombinierbarkeit mit anderen Delikten (z.B. §§ 211, 222, 230, 265 StGB) und einiger interessanter dogmatischer Probleme bieten sie sich aber gut für Klausuren in der Fortgeschrittenen-Übung bzw. im Examen an. Nehmen Sie diesen Fall daher auch zum Anlaß, sich die §§ 306 ff. StGB anhand eines Skripts oder Lehrbuchs zu erarbeiten bzw. zu wiederholen. Empfehlenswert ist es, hierzu auch die neueren Entscheidungen des BGH zu § 307 StGB[181] einmal durchzuarbeiten.

I. Schwere Brandstiftung, § 306 Nr.2 StGB

obj. Tatbestand

1. A könnte sich durch das Anzünden des Streichholzes wegen schwerer Brandstiftung nach § 306 Nr.2 StGB strafbar gemacht haben.

Tatobjekt: Gebäude zu Wohnzwecken

Tatobjekt ist ein Gebäude, welches zur Wohnung von Menschen dient. Auch ein bewohntes Mühlengebäude erfüllt grundsätzlich diese Voraussetzung. Entscheidend ist, daß das Gebäude tatsächlich als Wohnung benutzt wird. Das ist hier der Fall. Unerheblich ist, ob sich die Bewohner zur Tatzeit gerade in dem Gebäude aufhalten oder nicht.

Entwidmung?

Der Wohnzweck kann dem Gebäude aber dadurch genommen werden, daß der oder die Bewohner aufhören, das Gebäude als Wohnung zu benutzen. Diese "Entwidmung" kann auch dadurch vorgenommen werden, daß der Bewohner das Haus in Brand setzt.[182] Das gilt jedoch dann nicht, wenn das Gebäude noch von anderen Personen bewohnt wird, die mit der Entwidmung nicht einverstanden sind. Wären hier die Eheleute M die einzigen Bewohner des Hauses gewesen, so hätten sie ihren Willen, das Haus als Wohnung aufzugeben, durch das Inbrandsetzen wirksam kundgetan. Das Haus wäre dann im Zeitpunkt der Tat kein Gebäude mehr gewesen, das zur Wohnung von Menschen dient. Es wäre also kein taugliches Tatobjekt i.S.d. § 306 Nr.2 StGB gewesen.

Da das Haus aber auch noch von dem Ehepaar G bewohnt wurde, die nicht die Absicht hatten, das Haus als Wohnung aufzugeben, liegt keine wirksame Entwidmung vor.[183] Das Haus ist also taugliches Tatobjekt i.S.v. § 306 Nr.2 StGB.

---

181 BGHSt 38,309; 40,106; 40,251; zum ganzen JuS 1995, 686 ff.
182 S/S - CRAMER, § 306 Rn. 6
183 vgl. auch BGH NStZ 85, 409

Tathandlung: Inbrandsetzen

Tathandlung ist das "Inbrandsetzen" des Tatobjektes.

In Brand gesetzt ist eine Sache dann, wenn sie derart vom Feuer ergriffen ist, daß dieses auch nach Entfernung des Zündstoffes selbständig weiterbrennen kann. Das Anzünden des Zündstoffes allein genügt nicht. Notwendig ist, daß das Gebäude tatsächlich gebrannt hat.[184]

Hier hatte A noch nicht einmal den Zündstoff - das Benzin - angezündet, sondern nur ein Streichholz. Das Haus war jedenfalls vom Feuer noch nicht ergriffen worden. Wenn das Haus durch eine Explosion zerstört wird, dann ist zwar letztlich der gleiche Erfolg eingetreten wie es mit dem Inbrandsetzen beabsichtigt war, dennoch beruht der Erfolg eben nicht auf einer nach § 306 Nr.2 StGB tatbestandsmäßigen Handlung.

Der objektive Tatbestand des § 306 Nr.2 StGB ist also nicht erfüllt.[185]

§ 306 Nr. 2 StGB (-)

2. A ist nicht aus § 306 Nr.2 StGB strafbar.

II. Versuchte schwere Brandstiftung, §§ 306 Nr.2, 22 StGB

Vollendung (-)

1. Da eine vollendete Tat nicht vorliegt, kommt versuchte schwere Brandstiftung in Betracht.

> **"HEMMER-METHODE":** Aufbaumäßig wäre es auch möglich gewesen, gleich mit der Versuchsprüfung zu beginnen und das Nichtvorliegen eines "Inbrandsetzens" in der Vorprüfung festzustellen. Die Ausführungen zum Tatobjekt sollten dann aber erst im Tatentschluß erfolgen, um eine "aufgeblähte" Vorprüfung zu vermeiden.

Versuchsstrafbarkeit (+)

2. Schwere Brandstiftung ist ein Verbrechen i.S.d. § 12 I StGB, der Versuch daher strafbar, § 23 I StGB.

Tatentschluß

3. A müßte Tatentschluß gehabt haben, d.h. Vorsatz bzgl. aller Merkmale des objektiven Tatbestandes.

A hatte den direkten Vorsatz, ein Gebäude, das zur Wohnung von Menschen dient, in Brand zu setzen.

teleologische Reduktion, wenn Täter sich vergewissert, daß Gefahr für Menschen nicht besteht?

Fraglich ist, wie es sich auswirkt, daß der A sich vorher vergewisserte, daß sich niemand mehr in der Mühle aufhielt. Da der hohe Strafrahmen des § 306 StGB nur durch die Gefährdung von Menschenleben gerechtfertigt werden kann, könnte man an eine teleologische Reduktion des Tatbestandes in den Fällen denken, in denen diese Gefährdung vom Täter ausgeschlossen wird. Allerdings ist zu berücksichtigen, daß es sich bei § 306 Nr.2 StGB um ein abstraktes Gefährdungsdelikt handelt, das die konkrete Gefährdung eines Menschen nicht voraussetzt.

---

184   S/S - Cramer, § 306 Rn. 9; D/T, § 306 Rn. 6
185   vgl. S/S - Cramer, § 306 Rn. 9; BGHSt 20,231

Eine abstrakte Gefährdung ist aber jedenfalls dann ausgeschlossen, wenn der Täter mit letzter Sicherheit weiß, daß sich niemand in dem Gebäude aufhält. Dies kann jedoch mit der Rechtsprechung nur angenommen werden, wenn es sich um kleine, mit einem Blick überschaubare (i.d.R. nur einräumige) Gebäude handelt. Somit scheidet eine teleologische Reduktion hier aus.

> **"HEMMER-METHODE":** Machen Sie sich noch einmal den Unterschied zwischen den beiden Möglichkeiten klar, die zur Straflosigkeit nach § 306 Nr.2 StGB führen können: Die Frage der "Entwidmung" vom Wohnzweck läßt sich unmittelbar am gesetzlichen Merkmal des " zu Wohnzwecken Dienens" festmachen, während die (regelmäßig unerhebliche) vorherige Durchsuchung des Gebäudes allenfalls über eine teleologische Reduktion berücksichtigt werden kann. Eine solche ist (ebenso wie die Analogie) zugunsten des Täters möglich.

unmittelbares Ansetzen

4. Indem A ein Streichholz angezündet hat, hat er zur Verwirklichung einer schweren Brandstiftung nach seiner Vorstellung unmittelbar angesetzt, § 22 StGB.

Rwk, Schuld (+)

5. Die Tat war auch rechtswidrig und schuldhaft.

§§ 306 Nr. 2, 22 StGB (+)

6. Da für einen Rücktritt nichts ersichtlich ist, ist A wegen versuchter schwerer Brandstiftung nach §§ 306 Nr.2, 22, 23 I StGB strafbar.

III. Versuchte besonders schwere Brandstiftung, §§ 307 Nr.1, 22 StGB

Da die T zu Tode kam, könnte eine besonderes schwere Brandstiftung vorliegen.

Vollendung (-)

1. Die Tat ist allerdings nicht vollendet, da es zu einem Inbrandsetzen des Hauses nicht gekommen ist.

Versuchsstrafbarkeit

2. § 307 Nr.1 StGB ist ein Verbrechen i.S.d. § 12 I StGB, also ist der Versuch strafbar. Ob es bei § 307 Nr.1 StGB als erfolgsqualifiziertem Delikt überhaupt einen Versuch geben kann, ist allerdings umstritten.

> **"HEMMER-METHODE":** Bei einem erfolgsqualifizierten Delikt sind bzgl. des Versuchs zwei Konstellationen zu unterscheiden.
> Bei dem Versuch der Erfolgsqualifikation ist der Grundtatbestand versucht oder vollendet, die schwere Folge war auch gewollt (d.h. vom Vorsatz umfaßt), ist aber schließlich nicht eingetreten. Da jedoch die schwere Folge zumeist im Tod oder einer schweren Körperverletzung des Opfers besteht und der Versuch hier nach §§ 212, 224, 22, 23 I StGB ohnehin strafbar ist, hat der Versuch der Erfolgsqualifikation nur geringe Bedeutung.
> Anders der sog. erfolgsqualifizierte Versuch: bei diesem ist das Grunddelikt im Versuch steckengeblieben, die schwere Folge aber bereits eingetreten. Daß hier auch bei bloßer Fahrlässigkeit bzgl. der schweren Folge eine Versuchsstrafbarkeit grundsätzlich denkbar ist, ergibt sich aus § 11 II StGB.
> Der erfolgsqualifizierte Versuch ist ein Schwerpunkt des vorliegenden Falls.

hier: erfolgsqualifizierter Versuch

Mit der h.L. ist hinsichtlich der Strafbarkeit wegen erfolgsqualifizierten Versuchs darauf abzustellen, ob das Gesetz den Eintritt der schweren Folge bereits an die tatbestandliche Handlung oder erst an den Erfolg des Grunddelikts anknüpft.

⇒ *h.L.: Strafbarkeit nur, wenn schwere Folge bereits an die Tathandlung anknüpft*

Im letzteren Fall muß eine Strafbarkeit wegen erfolgsqualifizierten Versuchs ausscheiden, da bei einem bloß versuchten Grunddelikt allenfalls an die Tathandlung angeknüpft werden kann.

Qualifizierender Umstand bei § 307 Nr.1 StGB dürfte nach Sinn und Zweck des Gesetzes allein die Verknüpfung der vollendeten Brandstiftung mit dem Todeserfolg sein. Ist demnach der Erfolg des Grunddelikts Voraussetzung für die Strafbarkeit wegen versuchter besonders schwerer Brandstiftung, so ist A nach h.M.[186] nicht aus § 307 Nr.1, 22 StGB strafbar.

Doch selbst wenn man den Tod in § 307 Nr.2 StGB als spezifisches Risiko auch der Tathandlung, also des Inbrandsetzens, sehen wollte, wird man als vom Schutzbereich erfaßt, allenfalls solche Todesfälle betrachten können, die unmittelbar mit dem brennenden Brennstoff zu tun haben. Der Tod durch eine Explosion wird dagegen nicht erfaßt.

> **"HEMMER-METHODE":** Der "erfolgsqualifizierte Versuch" ist eines der wichtigsten Probleme bei der Strafbarkeit des Versuchs. Eine weitere Frage in diesem Zusammenhang ist, ob der "erfolgsqualifizierte Versuch" strafbar sein kann, wenn der Versuch des Grunddelikts nicht mit Strafe bedroht ist (z.B. bei § 221 I, III StGB). Dies wird teilweise mit der Begründung abgelehnt, die Erfolgsqualifikation könne nur strafschärfend, nicht strafbegründend wirken.

Selbst wenn man insoweit eine a.A. vertreten wollte, käme man - obwohl die Voraussetzungen des § 18 StGB vorlägen - im Ergebnis gleichwohl zu keiner Strafbarkeit nach § 307 Nr.1 StGB:

Erforderlich ist nämlich, daß die getötete Person überhaupt in den Schutzbereich des § 307 Nr.1 StGB fällt. Keinen Schutz genießen aber Tatbeteiligte.[187] T hat die Tat gemeinschaftlich mit A begangen. Sie war demnach Mittäterin. Der Schutz des § 307 Nr.1 StGB erstreckt sich also nicht auf sie.

§§ 307 Nr. 1, 22 StGB (-)

3. A ist nicht aus §§ 307 Nr.1, 22 StGB strafbar.

IV. Sachbeschädigung, § 303 I StGB

obj. Tatbestand

1. Es ist davon auszugehen, daß sich in der von dem Ehepaar G bewohnten Einliegerwohnung zur Tatzeit Sachen befanden, die dem Ehepaar G gehörten. Diese Sachen waren für A fremd. Dadurch, daß er die Explosion verursachte, hat er diese Sachen zerstört.

---

186 vgl. D/T, § 307 Rn. 3; KREY, BT, Bd. 1, Rn. 750 - 753.

187 S/S - CRAMER, § 307 Rn. 6

Vorsatz

2. A hat vorsätzlich gehandelt, § 15 StGB. Die Tatsache, daß die Sachen der G nicht durch einen Brand, sondern durch eine Explosion zerstört bzw. beschädigt worden sind, ist eine unerhebliche Abweichung des Kausalverlaufs, die vorhersehbar war und keine andere Bewertung der Tat rechtfertigt.

Rwk, Schuld (+)

3. Die Tat war rechtswidrig.

§ 303 I StGB (+)

4. Wenn die Eheleute G Strafantrag stellen (§§ 303c, 77 I StGB), ist A aus § 303 I StGB strafbar.

V. Fahrlässiges Herbeiführen einer Sprengstoffexplosion, § 311 I, V StGB

obj. Tatbestand

1. A könnte sich ferner nach § 311 I, V StGB strafbar gemacht haben.

Herbeiführung einer Explosion

a) Tathandlung ist die Herbeiführung einer Explosion. Explosion ist ein chemischer oder physikalischer Vorgang, bei dem durch eine plötzliche Volumenvergrößerung Kräfte frei werden, die eine zerstörende Wirkung ausüben können.[188] Durch welche Mittel die Explosion herbeigeführt wird, ist gleichgültig, es kommen alle Stoffe in Betracht, die dazu geeignet sind.[189] A hat hier eine Explosion verursacht.

konkrete Gefahr

Erforderlich ist eine konkrete Gefährdung von Leib und Leben eines anderen oder fremder Sachen von bedeutendem Wert.

A hat hier Leib und Leben der T gefährdet. Nach h.M. genügt aber die Gefährdung eines Tatbeteiligten nicht.[190] Es handelt sich hier um die gleiche Problematik wie bei § 315c StGB. Auch hier bezieht die h.M. den Tatbeteiligten nicht in den Schutzbereich der Norm ein.[191]

> **"HEMMER-METHODE":** Genau wie bei § 315c StGB läßt sich auch hier bei § 311 StGB die Gegenmeinung vertreten. Man kann das damit begründen, daß jemand durch die Beteiligung an einer strafbaren Handlung noch nicht seinen strafrechtlichen Schutz gegenüber strafrechtlichen Handlungen der anderen Tatbeteiligten verliert.

Ob die Sachen des Ehepaares G, die durch die Explosion zerstört wurden, von bedeutendem Wert waren, läßt sich dem Sachverhalt nicht genau entnehmen. Die untere Wertgrenze wird jetzt bei ca. 1.200 DM gezogen.[192] Vom Überschreiten der Wertgrenze kann jedoch nach der allgemeinen Lebenserfahrung ausgegangen werden.

---

188 S/S - CRAMER, § 311 Rn. 3
189 S/S - CRAMER, § 311 Rn. 5
190 vgl. D/T, § 311 Rn. 4 und § 310b Rn. 3
191 D/T, § 315c Rn. 17.
192 D/T, § 315 Rn. 16.

MÜLLERS FLAMMENDE MÜHLE SEITE 89

Fahrlässigkeit   **b)** A hat die Explosion und die dadurch verursachte Gefährdung nicht vorsätzlich herbeigeführt. Er hat aber objektiv sorgfaltswidrig gehandelt, denn es war vorhersehbar, daß sich aufgrund der Benzindämpfe eine Explosion ergeben und dadurch die T und die Sachen des Ehepaares gefährdet werden könnten. Das war auch vermeidbar.

Rwk (+)   **2.** Die Tat war rechtswidrig.

Schuld (+)   **3.** A handelte schuldhaft, denn er handelte auch subjektiv sorgfaltswidrig.

§ 311 I, V StGB (+)   **4.** A ist nach § 311 I, V StGB strafbar. Da A wohl nicht leichtfertig den Tod der T verursacht hat, liegt kein besonders schwerer Fall i.S.d. § 311 III StGB vor, so daß die Strafe dem § 311 V StGB zu entnehmen ist.

> **"HEMMER-METHODE":** § 311 StGB gehört sicher nicht zu den gängigsten Delikten des Besonderen Teils. Von Fortgeschrittenen kann aber verlangt werden, daß sie diese Vorschrift finden. Es lohnt sich durchaus, einmal das Inhaltsverzeichnis des StGB in einer stillen Stunde durchzulesen (Warum auch nicht??), um einen Überblick auch über ausgefallenere Delikte zu bekommen. Haben Sie in der Klausur den "Verdacht, es könne da noch was geben", kann auch das Stichwortverzeichnis weiterhelfen. Auch wenn Sie § 311 StGB nicht näher kennen, können Sie mit der Vorschrift arbeiten, wenn Sie sauber subsumieren und die strukturellen Parallelen zur bekannteren Norm des § 315c StGB erkennen.

VI. Gemeinschädliche Sachbeschädigung, § 304 I StGB

obj. Tatbestand   **1.** In Betracht kommt nur die Zerstörung eines öffentlichen Denkmals.

Denkmäler sind Erinnerungszeichen, die dem Andenken an Personen, Ereignisse oder Zustände zu dienen bestimmt sind.[193] Hierunter fallen nicht Baudenkmäler, die allein wegen ihrer architektonischen Besonderheiten unter Denkmalschutz gestellt sind. Im übrigen fehlt es an einem öffentlichen Denkmal, da die Mühle nicht der Öffentlichkeit gewidmet war und nicht dem öffentlichen Nutzen diente, sondern allein Privatvermögen war und ausschließlich privat genutzt wurde.

§ 304 I StGB (-)   **2.** A ist nicht aus § 304 I StGB strafbar.

VII. Zerstörung von Bauwerken, § 305 StGB

obj. Tatbestand   **1.** § 305 StGB setzt voraus, daß es sich um ein Gebäude handelt, das in fremdem Eigentum steht. Da dies hier nicht der Fall war, ist der objektive Tatbestand nicht erfüllt.

§ 305 I StGB (-)   **2.** A ist nicht aus § 305 StGB strafbar.

---

[193] S/S - STREE Rn. 4, 4 zu § 304.

> **"HEMMER-METHODE":** Bei den §§ 304, 305 StGB gilt wieder: Der Vollständigkeit halber anprüfen, aber möglichst schnell mit dem schlagenden Argument abhaken.

VIII. Fahrlässige Tötung, § 222 StGB

Erfolg (+)

1. A hat den Tod der T verursacht, der Erfolg des § 222 StGB ist mithin eingetreten.

Fahrlässigkeit

A müßte den Tod der T durch "Fahrlässigkeit" verursacht haben. Auch das ist zu bejahen, denn die Handlungen, die für den Tod der T ursächlich waren (das Ausschütten des Benzins und das Anzünden eines Streichholzes), waren objektiv sorgfaltswidrig.

Tod der T vom Schutzzweck des § 222 StGB umfaßt?

Dennoch könnte eine Bestrafung des A insoweit entfallen, wenn der vorliegende Sachverhalt nicht vom Schutzzweck des § 222 StGB erfaßt wird.[194] Die Tatsache, daß T hier Mittäterin einer von A begangenen Handlung ist und bei dieser Gelegenheit zu Tode kam, schließt die Anwendung des § 222 StGB allein allerdings noch nicht aus.

Problem: freiwillige Selbstgefährdung der T?

Es erscheint aber vom Tatplan der Eheleute M her gesehen als purer Zufall, daß gerade A das Streichholz entzündete, das zu der Explosion führte, durch die T getötet wurde. Es hätte ebenso die T selbst ein Streichholz entzünden können oder alle beide. Dann läge eine fahrlässige Selbsttötung vor, die nicht strafbar wäre. Schließlich haben ja auch beide je einen Kanister Benzin ausgegossen. Als ein für den Tod der T viel wesentlicherer Umstand erscheint hier die Tatsache, daß T sich überhaupt in dem Haus befand, als bereits das Benzin ausgeschüttet war und A das Streichholz entzündete. Man könnte daher hier davon sprechen, T habe sich selbst einer Gefahr ausgesetzt, in der sie zu Tode gekommen ist. Der Tatbeitrag des A sei dazu eine bloße Förderungs-, also Beihilfehandlung, die ebensowenig strafbar sei wie die Beihilfe zum Selbstmord.[195]

abzulehnen, da beide fahrlässig gehandelt haben

Eine Parallele zur Beteiligung am Selbstmord zu ziehen, ist aber deswegen nicht möglich, weil dort das Opfer den Tod - also den Todeserfolg - bewußt und gewollt in Kauf nimmt. Dort will also das Opfer, daß der andere ihm hilft, den eigenen Tod herbeizuführen. Der Fall liegt aber anders, wenn sich das Opfer zwar bewußt in eine Lebensgefahr begibt, dabei aber hofft, die Gefahr werde sich nicht realisieren. Das Opfer ist nämlich in diesem Fall mit den Handlungen, die seinen Tod verursachen, gerade nicht einverstanden, weil es deren Gefährlichkeit gar nicht erkannt hat.

Gerade die Tatsache, daß die T selbst fahrlässig handelte, ist der entscheidende Grund dafür, dem A den strafbaren Erfolg des § 222 StGB zuzurechnen. Hätte die T sich in Selbsttötungsabsicht in das Haus begeben, ohne daß A hiervon etwas gewußt hätte, dann läge die fahrlässige Förderung eines Suizids vor, der genauso wenig strafbar wäre wie die vorsätzliche "Beihilfe" zur vorsätzlichen Selbsttötung.

---

194 vgl. ROXIN, FS GALLAS, S. 245.

195 BGHSt 24, 342.

Schließlich könnte man zu dem gleichen Ergebnis auch noch mit dem Argument kommen, der A habe als Ehemann gegenüber T eine Garantenstellung gehabt, § 1353 BGB, aufgrund der er verpflichtet war, Gefahren von der T fernzuhalten. Er wäre daher bereits deswegen strafbar, weil er es fahrlässig unterließ, die T davon abzuhalten, das Haus zu betreten und sich der Lebensgefahr auszusetzen. Dann muß er erst recht strafbar sein, wenn er selbst der Urheber dieser Gefahr ist.

Tatbestand des § 222 StGB (+)

Die Tötung der T ist also vom Schutzzweck des § 222 StGB gedeckt. A hat den Tatbestand des § 222 StGB erfüllt.

> **"HEMMER-METHODE":** Eine so ausführliche Diskussion wäre in der Klausur kaum möglich und keinesfalls erforderlich. Das Problem sollte aber zumindest gesehen werden.

Rwk (+)

2. Die Tat war rechtswidrig. Eine rechtfertigende Einwilligung in ihre Tötung wurde von F nicht geäußert. In der Beteiligung an der Tat liegt auch keine Einwilligung in eine Lebensgefährdung.

Schuld (+)

3. A hat schuldhaft gehandelt, denn die Pflichtwidrigkeit seines Handelns war ihm subjektiv erkennbar.

§ 222 StGB (+)

4. A ist wegen fahrlässiger Tötung aus § 222 StGB strafbar.

IX. Versuchter Versicherungsbetrug, §§ 265 I, 22 StGB

Vollendung (-)

1. Die Tat ist nicht vollendet, da es nicht zum Inbrandsetzen des Hauses kam. Zwar wurde hier letztlich der Erfolg erzielt, der durch einen Brand herbeigeführt werden sollte. Die Zerstörung des Hauses durch Explosion wird aber nicht vom Tatbestand des § 265 StGB erfaßt.[196]

Versuchsstrafbarkeit (+)

2. Versicherungsbetrug ist ein Verbrechen i.S.d. § 12 I StGB, daher ist der Versuch strafbar, § 23 I StGB.

Tatentschluß

3. A hatte den direkten Vorsatz, sein Haus, also eine gegen Feuergefahr versicherte Sache in Brand zu setzen. Er handelte in betrügerischer Absicht, nämlich zu dem Zwecke, sich eine Versicherungssumme zu verschaffen, auf die er wegen § 61 VVG keinen Anspruch hatte.[197]

unmittelbares Ansetzen

4. Indem A das Streichholz anzündete, setzte er i.S.d. § 22 StGB zum Inbrandsetzen unmittelbar an.

Rwk, Schuld

5. Rechtswidrigkeit und Schuld sind gegeben.

§§ 265a, 22 StGB (+)

6. A ist wegen versuchten Versicherungsbetruges aus §§ 265 I, 22 StGB strafbar. Ein strafbefreiender Rücktritt liegt nicht vor, da der Versuch fehlgeschlagen ist und A dies erkannte.

---

196 S/S - LENCKNER, § 265 Rn. 8

197 vgl. D/T, § 265 Rn. 3

2. TATKOMPLEX: DAS ANZÜNDEN DER BENZINLACHE

I. Schwere Brandstiftung, § 306 Nr.2 StGB

obj. Tatbestand

1. Als A die Benzinlache anzündete, waren von dem Haus nur noch Reste vorhanden. Es handelte sich also nicht mehr um ein Gebäude, das zur Wohnung von Menschen dient. Mangels tauglichen Tatobjekts hat A den objektiven Tatbestand des § 306 Nr.2 StGB nicht verwirklicht.

§ 306 Nr. 2 StGB (-)

2. A hat sich nicht aus § 306 Nr.2 StGB strafbar gemacht.

II. Versicherungsbetrug, § 265 I StGB

obj. Tatbestand

1. Da im Zeitpunkt des zweiten Inbrandsetzens das Haus bereits vernichtet war, existierte keine gegen Feuergefahr versicherte Sache mehr. A hat also auch den Tatbestand des § 265 StGB nicht erfüllt.

§ 265 I StGB (-)

2. A ist nicht aus § 265 I StGB strafbar.

III. Fahrlässige Körperverletzung gegenüber S, § 230 StGB

Fahrlässigkeitstatbestand (+)

1. S hat eine Körperverletzung erlitten. Hätte A nicht den Brand gelegt, wäre S nicht zu Löscharbeiten gekommen und auch nicht verletzt worden. A hat also die Körperverletzung des S verursacht. Die Handlung des A war auch objektiv pflichtwidrig. Die Verletzung des S war vorhersehbar und vermeidbar.

Schutzzweck des § 230 StGB?

Fraglich ist aber, ob der Schutzzweck des § 230 StGB die Verletzung des S erfaßt.

Dies wird zum Teil[198] verneint. Der Feuerwehrmann sei nämlich verpflichtet, beim Löschen des Brandes mitzuwirken. Deswegen hätte auch A ihn nicht davon abhalten dürfen, auch wenn er erkannt hätte, daß sich für S die Gefahr einer Körperverletzung eröffnete. Wenn man aber den A daran hindere, die Gefahr abzuwenden, dann dürfe man es ihm auch nicht anlasten, daß später die Gefahr sich in einer Körperverletzung realisiert.

Die h.M. differenziert dagegen danach, ob der Verletzte rechtlich verpflichtet war, sich der Gefährdung auszusetzen oder nicht. Im ersteren Fall sei dem Täter der Verletzungserfolg zuzurechnen. Wenn der Verletzte rechtlich verpflichtet sei zu helfen, habe er nicht die freie Entscheidung, ob er sich in Gefahr begeben wolle oder nicht. Es liege also keine freiwillige Selbstgefährdung, sondern eine durch das pflichtwidrige Vorverhalten erzwungene vor. Daher habe der Täter es auch allein zu verantworten, daß er später die Selbstgefährdung des Retters nicht mehr hindern dürfe.

---

198 vgl. ROXIN, FS GALLAS, S. 247.

Hier war S kraft seiner beruflichen Stellung als Feuerwehrmann verpflichtet, an den Löscharbeiten teilzunehmen und sich so der Gefahr einer Körperverletzung auszusetzen. Der Schutzzweck des § 230 StGB erfaßt also die Verletzung des S. Diese ist dem A zurechenbar.

Für eine Einbeziehung des Rettungshelfers in den Schutzbereich des § 230 StGB spricht schließlich auch der Gedanke, daß dieser zugleich im Interesse des Täters aktiv wird: wird durch sein Einschreiten tatsächlich eine Person gerettet, so kommt eine Strafbarkeit des Täters wegen vollendeten Totschlags jedenfalls nicht mehr in Betracht. Bei dolus eventualis muß dieser allenfalls noch die Bestrafung wegen Versuchs befürchten.

Unter diesem Aspekt erscheint es umgekehrt nicht unbillig, den Rettungshelfer in den Schutzbereich der §§ 222, 230 StGB mit einzubeziehen.[199]

Rwk (+)

2. Die Tat war rechtswidrig.

Schuld (+)

3. A handelte auch schuldhaft, nämlich subjektiv pflichtwidrig.

§ 230 StGB (+)

4. Da S Strafantrag gestellt hat vgl. §§ 232 I, 77 I StGB, ist A wegen fahrlässiger Körperverletzung des S aus § 230 StGB strafbar.

IV. Fahrlässige Körperverletzung gegenüber N, § 230 StGB

Zurechnung des Verletzungserfolgs?

1. Im Gegensatz zu S war N nicht verpflichtet, beim Löschen des Brandes mitzuhelfen. Für A war es auch nicht ohne weiteres vorhersehbar, daß N sich einmischen würde.

Anders wäre der Fall möglicherweise dann zu beurteilen, wenn der N Rettungsmaßnahmen zugunsten ihm nahestehender Personen ergriffen hätte. In dieser Konstellation sind gefährliche Rettungsmaßnahmen dem Täter zumindest solange zurechenbar, als sie nicht von vornherein sinnlos oder mit offensichtlich unverhältnismäßigen Wagnissen verbunden sind.[200] Mit dem Eingreifen des Opfers zugunsten nahestehender Personen muß der Täter grundsätzlich rechnen.

So liegt der Fall hier aber nicht. N hat sich völlig freiwillig in die Gefahr begeben. Die Verletzung ist dem A nicht zurechenbar. A hat den Tatbestand des § 230 StGB nicht erfüllt.

§ 230 StGB (-)

2. A ist wegen der Verletzung des N nicht aus § 230 StGB strafbar.

---

199 so auch BGH NJW 94, 205.

200 BGH NJW 94, 205.

3. TATKOMPLEX: DIE AKTIVITÄTEN NACH DEM BRAND

I. Falsche Verdächtigung, § 164 I StGB

obj. Tatbestand

1. Durch die Anzeige gegen Unbekannt könnte sich A nach § 164 I StGB strafbar gemacht haben.

(-) bei Anzeige gegen Unbekannt

Die Tathandlung des § 164 I StGB besteht darin, daß der Täter den Verdacht auf einen "anderen", also eine bestimmte Person lenkt. Namensnennung ist zwar nicht unbedingt erforderlich, die Person des Verdächtigten muß sich aber mit Hilfe der Angaben des Täters ermitteln lassen.[201] Da hier A mit seiner Anzeige "gegen unbekannt" keine bestimmte Person in Verdacht gebracht hat, hat er den objektiven Tatbestand des § 164 StGB nicht erfüllt.

§ 164 I StGB (-)

2. A ist nicht aus § 164 I StGB strafbar.

II. Vortäuschen einer Straftat, § 145d II Nr.1 StGB

obj. Tatbestand

1. Allerdings könnte sich A nach § 145d II Nr.1 StGB strafbar gemacht haben.

A müßte eine der in § 145d I StGB bezeichneten Stellen über den Beteiligten an einer rechtswidrigen Tat zu täuschen gesucht haben.

auch bei Anzeige gegen Unbekannt?

Voraussetzung ist zunächst, daß die Tat tatsächlich begangen worden ist, denn andernfalls würde § 145d I StGB eingreifen.[202] Dies ist hier der Fall. Ob der Tatbestand auch durch eine "Anzeige gegen Unbekannt" erfüllt werden kann, ist umstritten.

wohl h.M. (+)

Die wohl überwiegende Meinung[203] bejaht diese Frage. Zweck der Vorschrift ist, die zur Verfolgung strafbarer Handlungen berufenen Dienststellen davor zu schützen, daß sie unberechtigt in Anspruch genommen werden oder unnütze Maßnahmen ergreifen. Nach Meinung des BGH trifft jedenfalls der letztgenannte Grund auch im vorliegenden Fall zu.

a.A. (-)

Nach der Gegenmeinung genügt eine Anzeige gegen Unbekannt nicht, da sie keine konkreten Hinweise enthält, die in eine bestimmte Richtung zeigen.[204]

Der Gegenmeinung ist zuzustimmen. Wenn die Staatsanwaltschaft aufgrund der Anzeige gegen einen unbekannten Täter ermittelt, dann wird sie immer auch in Betracht ziehen, daß der Anzeigeerstatter selbst der Täter sein könnte. Der Tatverdacht ist also nicht völlig vom Anzeigeerstatter abgelenkt. Die Staatsanwaltschaft wird auf keine falsche Fährte gelockt, sondern die Lage stellt sich für sie genauso dar, als wäre überhaupt keine Anzeige gemacht worden.

---

201 vgl. D/T, § 164 Rn. 7.
202 vgl. D/T, § 145d Rn. 7
203 vgl. BGHSt 6, 251, 255; D/T, § 145d Rn. 7 m.w.N.; GEERDS, Jura 1985, 621
204 vgl. S/S - STREE, § 145d Rn. 14 m.w.N.

§ 145d II Nr.1 StGB (-)

2. Folgt man dieser Ansicht, so ist A nicht aus § 145d II Nr.1 StGB strafbar (a.A. vertretbar).

> **"HEMMER-METHODE":** Nach der Ansicht des BGH wäre A aus § 145d II Nr.1 StGB zu bestrafen, da A auch vorsätzlich, rechtswidrig und schuldhaft handelte. Die Absicht, sich selbst zu begünstigen, kann den A bei § 145d StGB nicht entlasten. Diesen "Streit" muß man natürlich nicht kennen. Daß eine Anzeige gegen Unbekannt i.R.d. § 145d II StGB ein Problem darstellt, kann ein problemorientierter Bearbeiter aber erkennen. Seine Lösung ist dann eine Argumentationsfrage, bei der man in der Klausur eigentlich nur gewinnen kann. Dabei macht sich eine am Gesetzeszweck orientierte Auslegung meistens gut und führt fast nie zu unvertretbaren Ergebnissen.

III. Versuchter Betrug, §§ 263 I, 22 StGB

Vollendung (-)

1. Die Tat ist nicht vollendet, da die Versicherung die Versicherungssumme nicht ausbezahlt hat.

Versuchsstrafbarkeit

2. Der Versuch des Betruges ist strafbar, § 263 II StGB.

Tatentschluß

3. A wollte die Versicherung darüber täuschen, daß sein Haus durch ein Ereignis vernichtet wurde, das einen Versicherungsanspruch auslösen würde. Er wollte die Versicherung dadurch in einen Irrtum versetzen, durch den die Versicherung zur Auszahlung der Versicherungssumme, also zu einer Vermögensverfügung, veranlaßt werden sollte, die dann bei der Versicherung einen Vermögensschaden verursacht hätte. A wollte sich an der Versicherungssumme rechtswidrig bereichern. Der Vermögensnachteil bei der Versicherung und die Bereicherung wären stoffgleich gewesen.

unmittelbares Ansetzen

4. Durch die falsche Schadensmeldung hat A bereits eine Täuschung begangen und damit schon mit der Verwirklichung des Tatbestandes begonnen.

Rwk, Schuld (+)

5. Die Tat war auch rechtswidrig und schuldhaft.

§§ 263 I, 22 StGB (+)

6. A ist wegen versuchten Betruges aus §§ 263 I, 22 StGB strafbar.

IV. Konkurrenzen

Die §§ 306 Nr.2, 22; 265, 22; 303 I, 311 I, V, 222 StGB stehen zueinander in Idealkonkurrenz gemäß § 52 I StGB, realkonkurrierend gemäß § 53 I StGB mit § 230 StGB. Das Verhältnis der §§ 263, 22 StGB zu §§ 265, 22 StGB ist strittig. Von der h.M. wird Realkonkurrenz gemäß § 53 I StGB angenommen.[205] Nach a.A.[206] tritt § 263 StGB hinter § 265 StGB zurück, wohingegen von a.A. Idealkonkurrenz gemäß § 52 I StGB angenommen wird.[207]

---

205 vgl. BGHSt 11, 398; D/T, § 265 Rn. 8
206 vgl. Blei, S. 244
207 vgl. S/S - Lenckner, § 265 Rn. 16

ZUSAMMENFASSUNG:

Strafbarkeit des A

1. **Tatkomplex: Das Anzünden des Streichholzes**

   I. § 306 Nr.2 StGB (-)
   kein Inbrandsetzen, da es zur Explosion gekommen ist

   II. §§ 306 Nr.2, 22 StGB (+)

   III. §§ 307 Nr.1, 22 StGB (-)
   Konstellation des erfolgsqualifizierten Versuchs, Strafbarkeit nach h.M. hier aber (-), da bei § 307 Nr.1 StGB bzgl. der schweren Folge an den Taterfolg angeknüpft wird

   IV. § 303 I StGB (+)

   V. § 311 I, V StGB (+)

   VI. § 304 I StGB (-)

   VII. § 305 I StGB (-)

   VIII. § 222 StGB (+)
   Problem, ob T als Mittäterin in den Schutzbereich des § 222 StGB fällt, hier aber nur fahrlässige Selbstgefährdung von T

   IX. §§ 265 I, 22 StGB (-)

2. **Tatkomplex: Das Anzünden der Benzinlache**

   I. § 306 Nr.2 StGB (-)

   II. § 265 I StGB (-)

   III. § 230 StGB gegenüber S (+)

   IV. § 230 StGB gegenüber N (-)

3. **Tatkomplex: Die Aktivitäten nach dem Brand**

   I. § 164 I StGB (-)
   hier Anzeige gegen Unbekannt

   II. § 145d II Nr.1 StGB (-)

   III. §§ 263 I, 22 StGB (+)

   IV. Konkurrenzen

DIE BETROGENEN AUTOKNACKER

SACHVERHALT:

Die professionellen Autoknacker Oskar Rotlicht, Theo Pleitegeier und Rita Jet-Set wollen in einer erneuten gemeinsamen Aktion den neuen PKW des Rudolf Schlafmütz entwenden. Auf dem Weg zur Tat treffen sie Guido Großmaul und überreden ihn, bei der Tat Schmiere zu stehen. Guido soll für seine Beteiligung eine Entlohnung von 500 DM erhalten. Daraufhin schließen sie die Zündung des nicht abgeschlossenen Wagens des Rudolf Schlafmütz kurz.

Nach der Tat bietet Guido den Autodieben an, für einen Abnehmer zu sorgen. Er verlange hierfür nur eine Provision in Höhe von 2.000 DM. Daraufhin überlassen die drei dem Guido den PKW. Guido findet auch in Norbert Rücktritt einen Interessenten. Wenig später kauft Norbert, der nichts von der Herkunft des Wagens weiß, diesen zu einem Kaufpreis von 20.000 DM. Guido behält diesen Verkaufserlös (wie von Anfang an geplant) für sich.

Tags darauf meldet sich bei Guido ein alter Bekannter. Benno Gierig hatte dem Guido vor Jahren 20.000 DM zinslos geliehen, nach Fälligkeit aber vergebens Rückzahlung des Darlehens verlangt. Nachdem alle Vollstreckungsversuche erfolglos geblieben sind, will Benno die Sache nun selbst in die Hand nehmen. Dazu sieht er eine gute Gelegenheit, als er von den erbosten Autoknackern durch Zufall von dem Diebstahl des PKW und der eigenmächtigen Weiterveräußerung des Guido an den gutgläubigen Norbert Rücktritt erfährt. Also sucht er den Guido in dessen Wohnung auf und verlangt unter der Drohung „ansonsten alles auffliegen lassen zu wollen" die Herausgabe der „ergaunerten" 20.000 DM. Guido, der das Geld nach erfolgtem Coup sofort unter seinem Kopfkissen deponiert hatte, gibt der Drohung zähneknirschend nach, da er mit der Polizei nichts zu tun haben will. Benno zieht mit den 20.000 DM zufrieden von dannen und zahlt diese bei seiner Hausbank auf sein laufendes Konto ein.

Bearbeitervermerk:

Prüfen sie die Strafbarkeit von (O)skar Rotlicht, (T)heo Pleitegeier, (R)ita Jet-Set, (G)uido Großmaul und (B)enno Gierig. Von dem Bestehen des Darlehensrückzahlungsanspruchs ist auszugehen.

LÖSUNG:

1. TATKOMPLEX: DIE ENTWENDUNG DES PKW

A. STRAFBARKEIT VON O, T UND R

I. Diebstahl in einem besonders schweren Fall in Mittäterschaft, §§ 242 I, 243 I, 25 II StGB

obj. Tatbestand

1. O, R und T könnten mittäterschaftlich einen Diebstahl in einem besonders schweren Fall begangen haben. Erforderlich hierzu wäre in objektiver Hinsicht, daß die aufgeführten Personen einen Beitrag von nicht bloß untergeordneter Bedeutung zur Tatausführung geleistet haben.[208] Diese Voraussetzung ist hier gegeben, da die drei im arbeitsteiligen Zusammenwirken den Gewahrsam des Rudolf (S)chlafmütz an seinem PKW gebrochen und auch neuen Gewahrsam an diesem PKW begründet haben, so daß die Wegnahme einer fremden beweglichen Sache gegeben ist.

subj. Tatbestand

2. O, R und T handelten vorsätzlich bzgl. der Merkmale des objektiven Tatbestandes und aufgrund eines gemeinsamen Tatentschlusses. Auch das Vorliegen der Zueignungsabsicht ist bei allen drei Personen zu bejahen, da eine zumindest vorübergehende Aneignung sowie die endgültige Enteignung des S beabsichtigt war.

Rwk, Schuld (+)

3. Rechtfertigungs- und Schuldausschließungsgründe sind nicht ersichtlich.

besonders schwerer Fall i.S.d. § 243 StGB?

4. Die drei Täter könnten einen Diebstahl in einem besonders schweren Fall begangen haben, wenn sie eines der in § 243 StGB aufgeführten Regelbeispiele verwirklicht hätten. Bei diesen Regelbeispielen handelt es sich nicht um abschließende Qualifikationen, sondern um bloße Strafzumessungsregeln.

§ 243 I 2 Nr.1 StGB (-)

Ein Einbruchsdiebstahl i.S.d. § 243 I 2 Nr.1 StGB scheidet bereits deswegen aus, weil der PKW des S unverschlossen war.

§ 243 I 2 Nr.2 StGB (-)

Ferner könnte der PKW des S durch eine Schutzvorrichtung gegen Wegnahme besonders gesichert gewesen sein (§ 243 I 2 Nr.2 StGB). Als eine solche Schutzvorrichtung kommt das Zündschloß des Wagens in Betracht. Doch ist zu beachten, daß die für einen Fall des besonders schweren Diebstahls erforderliche größere deliktische Energie des Täters nur dann vorliegt, wenn gerade die Sicherung, die den Gewahrsam schützen soll, durchbrochen wird. Beim Kurzschließen jedoch bleibt das Zündschloß unberührt, es werden vielmehr Kabel aus dem Wageninneren herausgerissen und miteinander verbunden. Folglich kann von einem Durchbrechen der Sicherung nicht gesprochen werden, so daß auch die Verwirklichung des § 243 I 2 Nr.2 StGB ausscheidet.

---

208 S/S - CRAMER, § 25 Rn. 64.

DIE BETROGENEN AUTOKNACKER

§ 243 I 2 Nr.3 StGB

Schließlich käme noch die Verwirklichung der Nr.3, also der gewerbsmäßig begangene Diebstahl in Betracht. Ein gewerbsmäßiger Diebstahl liegt dann vor, wenn sich der Täter aus wiederholten Diebstählen eine nicht nur vorübergehende Einnahmequelle verschaffen möchte. Nach dem Sachverhalt ist von einer regelmäßigen Begehung derartiger Aufbrüche auszugehen, so daß auch dieses Merkmal verwirklicht ist.

§§ 242 I, 243 I 2 Nr.3, 25 II StGB (+)

5. O, T und R haben daher einen Diebstahl in einem besonders schweren Fall (§§ 242 I, 243 I 2 Nr.3, 25 II StGB) begangen.

II. Bandendiebstahl in Mittäterschaft, §§ 244 I Nr.3, 25 II StGB

Tatbestand des Bandendiebstahls

1. O, R und T könnten ebenfalls den qualifizierten Tatbestand des Bandendiebstahls (§ 244 I Nr.3 StGB) verwirklicht haben. Erforderlich für das Vorliegen einer Bande ist nach h.M., daß sich mindestens zwei Personen zur fortgesetzten Begehung von Raub und Diebstahl verbunden haben.[209] Da es sich im vorliegenden Fall sogar um ein Autoknacker-Trio handelt, bedarf es keiner Klärung des Streits, ob für das Merkmal einer Bande gerade *mehr* als zwei Personen erforderlich sind, wie dies von der Gegenansicht gefordert wird.[210]

106

Weiterhin erforderlich ist, daß bei einem Diebstahl auch mehrere Bandenmitglieder mitgewirkt haben, da der Diebstahl eine Tat der Bande sein muß. Insofern ist ein zeitliches und örtliches Zusammenwirken von mindestens zwei Bandenmitgliedern bei Ausführung der Tat erforderlich.

> **"HEMMER-METHODE":** Strittig ist, wie eine Person, die sich nach allgemeinen Grundsätzen als Mittäter strafbar gemacht hat, Mitglied der Bande ist, aber nicht am Tatort anwesend war (z.B. der im Hintergrund agierende Kopf der Bande), im Rahmen des Bandendiebstahls zu behandeln ist. Teilweise wird in diesen Fällen wegen der Formulierung "unter Mitwirkung eines Bandenmitgliedes" davon ausgegangen, daß nur diejenigen als Mittäter zu bestrafen sind, die selbst am Tatort anwesend sind.[211] Die Gegenansicht will dagegen Täterschaft und Teilnahme einzig und allein nach den Grundsätzen des Allgemeinen Teils bestimmen.[212]

Vorsatz

2. O, R und T handelten auch vorsätzlich.

§§ 244 I Nr.3, 25 II StGB (+)

3. Rechtfertigungs- und Schuldausschließungsgründe sind nicht ersichtlich, so daß ein mittäterschaftlich begangener Bandendiebstahl vorliegt.

---

209 S/S - Eser, § 244 Rn. 23
210 D/T, § 244 Rn. 9
211 D/T, § 244 Rn. 12
212 S/S - Eser, § 244 Rn. 27

III. Schwerer Bandendiebstahl, § 244a I, 25 II StGB

Tatbestand des schweren Bandendiebstahls

1. Die drei Bandenmitglieder haben den Diebstahl gewerbsmäßig begangen, d.h. unter den in § 243 I 2 Nr.3 StGB genannten Voraussetzungen, so daß sogar ein schwerer Bandendiebstahl vorliegt.

> **"HEMMER-METHODE"**: Beachten Sie auch folgendes: Im Rahmen des § 244a StGB handelt es sich bei den Regelbeispielen des § 243 I 2 StGB um Tatbestandsmerkmale, so daß in dieser Konstellation anders als im Rahmen des § 243 I StGB eine Versuchsstrafbarkeit in Betracht kommt, wenn z.B. die Tür, die von den Tätern aufgebrochen werden soll, unverschlossen ist.

§§ 244a I, 25 II StGB (+)

2. O, R und T handelten auch vorsätzlich, rechtswidrig und schuldhaft, so daß sie aus §§ 244a I, 25 II StGB zu bestrafen sind.

IV. Sachbeschädigung in Mittäterschaft, §§ 303 I, 25 II StGB

§§ 303 I, 25 II StGB (+)

Beim Kurzschließen werden üblicherweise Kabel aus dem Wageninneren herausgerissen. Dadurch werden Substanz und Funktionstüchtigkeit des Wagens beeinträchtigt. Demgemäß liegt auch eine Sachbeschädigung vor.

V. Konkurrenzen

Die Sachbeschädigung (§ 303 I StGB) konkurriert mit §§ 242, 243 I 2 Nr.3 StGB idealiter, da sie nur vom Einbruchsdiebstahl (§ 243 I 2 Nr.1 StGB) konsumiert wird. Allerdings werden § 243 I und § 244 I Nr.3 StGB von der Qualifikation des § 244a I StGB verdrängt. Daher besteht im Ergebnis Tateinheit (§ 52 StGB) zwischen der Sachbeschädigung (§ 303 I StGB) und dem schweren Bandendiebstahl (§ 244a I StGB).

B. STRAFBARKEIT DES G

I. Beihilfe zum schweren Bandendiebstahl, §§ 244a I, 27 I StGB

Beihilfe zu § 244a I StGB (+)

1. G hat dem Autoknacker-Trio zunächst bei einem schweren Bandendiebstahl Hilfe geleistet. Bei dem Schmierestehen handelt es sich um eine typische Teilnahmehandlung. Eine Bestrafung wegen Mittäterschaft scheidet außerdem bereits deswegen aus, da G nur eine feste Entlohnung bekommen sollte und ihm daher die Zueignungsabsicht fehlte.

DIE BETROGENEN AUTOKNACKER

Vorsatz, Rwk, Schuld (+)

2. Er handelte auch vorsätzlich, rechtswidrig und schuldhaft.

3. Fraglich ist, wie es sich auswirkt, daß A weder gewerbsmäßig handelt noch Mitglied der Bande ist.

Bandenmitgliedschaft: besonderes persönliches Merkmal i.S.d. § 28 II StGB

Nach h.M.[213] ist die Bandenmitgliedschaft als besonderes persönliches Merkmal anzusehen, weswegen G aufgrund des § 28 II StGB nicht aus dem Qualifikationstatbestand, sondern allenfalls aus den §§ 242, 243 I 2 Nr.3 StGB belangt werden kann.

Gewerbsmäßigkeit ⇒ § 28 II StGB (analog)

Bzgl. der Gewerbsmäßigkeit nach § 243 I 2 Nr.3 StGB ist § 28 II StGB an sich nicht unmittelbar anwendbar, da es sich um ein Regelbeispiel im Rahmen der Strafzumessung handelt. Die h.M. wendet den § 28 II StGB aber analog an und differenziert auch hier zwischen tat- und täterbezogenen Regelbeispielen. Die Gewerbsmäßigkeit i.S.d. § 243 I 2 Nr.3 StGB gehört dabei eindeutig zu letzteren.

Im vorliegenden Fall ist die Anwendbarkeit des § 28 II StGB jedenfalls im Ergebnis unproblematisch, da die Gewerbsmäßigkeit im Rahmen des § 244a StGB ja sogar Tatbestandsmerkmal ist. Man kann die Vorschrift daher entweder zweimal direkt anwenden (Tatbestandsverschiebung von § 244a I StGB auf § 242 I StGB direkt) oder einmal direkt und einmal analog (§ 244a I StGB ⇨ §§ 242 I, 243 I 2 Nr.3 StGB ⇨ § 242 I StGB).

§§ 242 I, 27 I StGB (+)

4. G ist daher nur der Beihilfe zum einfachen Diebstahl schuldig, §§ 242 I, 27 I StGB.

II. Beihilfe zur Sachbeschädigung, §§ 303 I, 27 I StGB

§§ 303 I, 27 I StGB (+)

1. G hat dem Trio bei der Begehung der Sachbeschädigung Hilfe geleistet. Bezüglich des Vorsatzes ist davon auszugehen, daß er die Sachbeschädigung zumindest billigend in Kauf nahm (dolus eventualis).

2. Die Beihilfe zur Sachbeschädigung (§§ 303 I, 27 I StGB) steht in Tateinheit (§ 52 I StGB) zur Beihilfe zum Diebstahl (§§ 242 I, 27 I StGB).

---

213 vgl. BGHSt 12, 220; D/T, § 244 Rn. 12

2. TATKOMPLEX: DER GEISTESBLITZ DES GUIDO

A. STRAFBARKEIT DES G

I. Betrug zu Lasten der Autodiebe, § 263 I StGB

obj. Tatbestand

1. G hat die drei Autoknacker darüber getäuscht, den PKW für ihre Rechnung weiterzuveräußern. Dadurch hat er bei ihnen auch einen entsprechenden Irrtum erregt.

Fraglich ist jedoch, ob in der Herausgabe des PKW an G auch eine Vermögensverfügung zu sehen ist. Immerhin hatten O, T und R den Besitz deliktisch erlangt.

Vermögen i.S.d. § 263 I StGB

Was unter Vermögen i.S.d. § 263 StGB zu verstehen ist, ist umstritten.

juristischer Vermögensbegriff

Nach dem juristischen Vermögensbegriff ist vom Schutz des § 263 I StGB die Summe der von der Rechtsordnung anerkannten und mit ihr durchsetzbaren Vermögensrechte und -pflichten einer Person erfaßt. Auf den wirtschaftlichen Wert dieser Positionen kommt es dabei nicht an.

Gegen diese Auffassung, die in ihrer Reinform heute kaum noch vertreten wird, läßt sich schon einwenden, daß sie noch nicht einmal die von einer Person erbrachte Arbeitsleistung zu erfassen vermag, so daß unbefriedigende Ergebnisse die Konsequenz sind.

wirtschaftlicher Vermögensbegriff (Rspr.)

Die extreme Gegenposition nimmt der wirtschaftliche Vermögensbegriff ein, bei dem alle wirtschaftlichen (geldwerten) Güter einer Person ohne Rücksicht auf ihre rechtliche Konkretisierung oder Anerkennung den Schutz des § 263 StGB genießen.

juristisch-ökonomischer Vermögensbegriff (h.L.)

Eine vermittelnde Position vertritt schließlich der juristisch-ökonomische Vermögensbegriff, der nur solche wirtschaftlichen Güter schützen will, die dem Betroffenen mit Billigung bzw. ohne Mißbilligung der Rechtsordnung zustehen.[214] Hierzu zählt der durch einen Diebstahl erlangte Besitz mit Sicherheit nicht.

Als Argument für den juristisch-ökonomischen Vermögensbegriff läßt sich in erster Linie die Einheit der Rechtsordnung anführen. Es kann als widersprüchlich bezeichnet werden, wenn eine Vermögensposition wie der deliktisch erlangte Besitz, dem das Zivilrecht in weitem Maße die Anerkennung versagt, im Strafrecht den Schutz des § 263 I StGB genießen würde.

Argument für Rspr.: kein rechtsfreier Raum im kriminellen Milieu

Zu bedenken ist aber auch folgendes: Die Auffassung hätte nämlich auch zur Konsequenz, daß der sog. Komplizenbetrug als straffrei anzusehen wäre und damit im kriminellen Milieu ein rechtsfreier Raum entstehen würde.

---

214 Nachweise bei S/S - CRAMER, § 263 Rn. 94

DIE BETROGENEN AUTOKNACKER SEITE 103

Auch stellt die Tatsache, daß einer eine Vermögensposition rechtswidrig erlangt hat, für einen Dritten keinen Freibrief dar, sich diese nun seinerseits zuzueignen. Daher erscheint es im Ergebnis vorzugswürdig, mit der Rechtsprechung, die dem wirtschaftlichen Vermögensbegriff folgt, auch dem deliktisch erlangten Besitz einen wirtschaftlichen Wert zuzumessen und die Anwendung des § 263 I StGB für diesen Fall zu bejahen.[215]

> **"HEMMER-METHODE":** Der Streit um den Vermögensbegriff im Strafrecht muß ihnen geläufig sein. Es handelt sich hierbei um einen Klassiker, der vor allem auch in den sog. Dirnenlohnfällen relevant wird, wenn wegen § 138 I BGB ein Anspruch nicht besteht. Der BGH folgt hier ausnahmsweise der juristisch - ökonomischen Vermittlungslehre und verneint den Betrug, wenn der "Kunde" von vornherein nicht zahlungswillig ist. Bei dem deliktisch erlangten Besitz handelt es sich ebenfalls um einen Grenzfall. Entscheidend ist hier letztlich nicht das Ergebnis, sondern daß Sie sich mit einem vernünftigen Argument für die eine oder andere Seite entscheiden. Die Ablehnung des Betrugstatbestandes wäre an dieser Stelle genauso gut vertretbar gewesen.

Die Vermögensverfügung hat auch kausal zu einem Vermögensschaden der Autodiebe geführt, da diese kein kompensationsfähiges Äquivalent erlangt haben.

subj. Tatbestand

2. G handelte vorsätzlich und mit Bereicherungsabsicht.

Rwk, Schuld (+)

3. Die Tat war rechtswidrig, und G handelte schuldhaft.

§ 263 I StGB (+)

4. G ist des Betruges zu Lasten der Autodiebe schuldig.

II. Betrug zu Lasten des N, § 263 I StGB

obj. Tatbestand

1. Es müßte zunächst eine Täuschungshandlung des G vorliegen.

Der Verkäufer einer Sache erklärt regelmäßig konkludent, daß er den Käufer zum Eigentümer derselben machen könne, denn hierzu ist er aus § 433 I 1 BGB verpflichtet. Dies war hier wegen § 935 I BGB aber nicht möglich.

Diese Täuschung hat bei N auch kausal zu einem entsprechenden Irrtum geführt.

Durch diesen Irrtum wurde N veranlaßt, an G 20.000 DM zu zahlen, also eine Verfügung über sein Vermögen vorzunehmen.

Durch diese Vermögensverfügung wurde das Vermögen des N um 20.000 DM vermindert. Dem steht kein gleichwertiger Gegenwert gegenüber, da N kein Eigentum an dem PKW erwerben konnte und damit dem Herausgabeanspruch des Schlafmütz aus § 985 BGB ausgesetzt ist. Also hat N einen Vermögensschaden erlitten.

---

215 vgl. auch WESSELS, BT-2, § 13 II 4

> **"HEMMER-METHODE": Beachten Sie:**
> Daß dem N gegen den G ein Schadensersatzanspruch aus §§ 440 I, 434, 325 I BGB zusteht, ändert an dem Vorliegen eines Vermögensschadens nichts, denn gesetzliche Ansprüche, die dem Geschädigten gerade infolge der Täuschung erwachsen, bleiben unberücksichtigt.[216]

subj. Tatbestand

2. G handelte vorsätzlich und auch in der Absicht, sich unrechtmäßig um die 20.000 DM zu bereichern. Der Kaufvertrag zwischen G und N kann kein Rechtsgrund sein, da dieser Vertrag gerade auf der arglistigen Täuschung beruht.

Der angestrebte Vermögensvorteil ist auch stoffgleich zum Schaden des N.

§ 263 I StGB (+)

3. Die Tat ist rechtswidrig und schuldhaft, so daß sich G des Betruges zu Lasten des N schuldig gemacht hat.

III. Hehlerei, § 259 I StGB

obj. Tatbestand

1. In Betracht kommt im vorliegenden Fall die Hehlerei in Form des "Sich-Verschaffens".

Sich-Verschaffen (-)

Erforderlich ist hierfür zunächst die Herstellung einer vom Vortäter abgeleiteten eigenen Verfügungsgewalt. Daran fehlt es jedoch, wenn der Besitzer zwar eigene Verfügungsgewalt erlangt, der Veräußerer lediglich Fremdbesitz übertragen will.[217] Das ist aber gerade die Konstellation des vorliegenden Falls, da der G im Auftrag der Autodiebe tätig werden sollte. Der Auftrag ist auch ein Besitzmittlungsverhältnis i.S.d. § 868 BGB.

Absetzen (-)

Auch eine Strafbarkeit in Form des "Absetzens" kommt nicht in Betracht, da G nicht, wie für die § 259 I 3.Alt StGB erforderlich, im fremden Interesse handelt.

§ 259 I StGB (-)

2. G hat sich nicht aus § 259 I StGB strafbar gemacht.

> **"HEMMER-METHODE":** Unterscheiden Sie genau die vier verschiedenen Alternativen des § 259 I StGB.
> Das Sich-Verschaffen setzt die Erlangung der eigentümerähnlichen Verfügungsgewalt voraus, d.h. der Täter muß Eigenbesitz erwerben. Das Ankaufen ist lediglich ein Unterfall des Sich-Verschaffens.
> Absetzen und Absatzhilfe setzen dagegen beide ein Handeln für fremde Rechnung voraus, beim Absetzen liegt eine selbständige Tätigkeit, bei der Absatzhilfe ein unselbständiges, weisungsgebundenes Handeln zugunsten des Vortäters vor.

---

216 vgl. im einzelnen S/S - CRAMER, § 263 Rn. 120
217 S/S - STREE, § 259 Rn. 26 m.w.N.

DIE BETROGENEN AUTOKNACKER

> Schließlich ist auch Beihilfe zum Absetzen denkbar, wenn der selbständig Absetzende nicht der Vortäter selbst ist. Eine Strafbarkeit nach §§ 259 I, 27 I StGB scheitert dann ja nicht an Akzessorietätsgründen. Des Rückgriffs auf die Absatzhilfe bedarf es in diesem Fall nicht.

IV. Unterschlagung, § 246 I StGB

obj. Tatbestand

1. Bei dem PKW handelt es sich um eine fremde bewegliche Sache.

In der Weiterveräußerung der Sache ist grundsätzlich die Anmaßung einer eigentümerähnlichen Verfügungsgewalt zu sehen.

Problem: wiederholte Zueignung möglich?

Fraglich ist aber, ob eine Zueignung noch möglich ist, nachdem sich G die Sache bereits durch den Betrug zugeeignet hat.

wohl h.L. (+), sog. Konkurrenzlösung

Nach einer Ansicht soll dies weitere Zueignungshandlungen nicht ausschließen. Bei der wiederholten Betätigung des Herrschaftswillens über eine bereits deliktisch erlangte Sache handele es sich tatbestandsmäßig um eine wiederholende Zueignung. Diese trete lediglich als straflose Nachtat hinter den ersten Zueignungsakt zurück (sog. Konkurrenzlösung, die von der überwiegenden Ansicht im Schrifttum vertreten wird).

Rspr. (-), sog. Tatbestandslösung

Die Konkurrenzlösung ist jedoch abzulehnen. Zueignung bedeutet die Entziehung der Sache aus dem Vermögen des Berechtigten und die Einordnung der Sache in das Vermögen des Täters. Nach dem BGH fällt hierunter nur die Herstellung der Herrschaft über die Sache bzw. die erstmalige Verfügung über sie, nicht die bloße Ausnutzung dieser Herrschaftsstellung. Zueignung ist mit anderen Worten schuldhafte und strafbare Begründung des Eigenbesitzes unter Ausschluß des Berechtigten. So verstanden, treten auch die meistens von den Anhängern der Konkurrenzlösung befürchteten Strafbarkeitslücken nicht auf.

Als weiteres Argument gegen die Konkurrenzlösung läßt sich anführen, daß durch die im Hintergrund "lauernde" Unterschlagung die Ersttat unverjährbar würde.

§ 246 I StGB (-)

2. G hat keine Unterschlagung begangen.

V. Konkurrenzen

Zwischen den beiden Betrugstatbeständen (§ 263 I StGB) besteht Tatmehrheit (§ 53 I StGB), da zwei selbständige Handlungen vorliegen und unterschiedliche Vermögen verletzt wurden.

B. STRAFBARKEIT VON O, T UND R NACH § 246 I STGB

§ 246 I StGB (-)

In der Weitergabe der Sache an G mit der Bitte, nach einem Erwerber Ausschau zu halten, ist grundsätzlich die Anmaßung einer eigentümerähnlichen Verfügungsgewalt zu sehen. Die Strafbarkeit aus § 246 I StGB scheitert jedoch an der *fehlenden Möglichkeit einer wiederholten Zueignung*.

3. TATKOMPLEX: DER BESUCH DES BENNO GIERIG

STRAFBARKEIT DES B

I. Erpressung, § 253 I StGB

obj. Tatbestand

1. Indem B die 20.000 DM unter Androhung der Einschaltung der Polizei herausverlangte, könnte er eine Erpressung i.S.d. § 253 I StGB begangen haben.

Drohung mit einem empfindlichen Übel

Vorliegend kommt als Tathandlung die Drohung mit einem *empfindlichen Übel* in Betracht.

Der von B in Aussicht gestellte Nachteil war von einer solchen Erheblichkeit, daß seine Ankündigung geeignet war, den N zur Herausgabe der 20.000 DM zu motivieren. Auch hatte B Einfluß auf den künftigen Eintritt des Übels.[218]

> **"HEMMER-METHODE":** In diesem Rahmen ist auch ausreichend, daß der Drohende lediglich - wahrheitswidrig - vorgibt, auf den Eintritt des Übels Einfluß nehmen zu können, sofern der Täter erreicht, daß der Genötigte diese Aussage ernst nimmt.
> Ob in solchen Fällen parallel zu § 253 I StGB ein vollendeter Betrug vorliegt, ist umstritten. Sofern man nicht bereits die Tatbestandsmäßigkeiten ablehnt, tritt der Betrug jedenfalls auf Konkurrenzebene zurück, da dieser als Mittel zur Verwirklichung der Erpressung keine eigenständige (Unrechts-)Bedeutung hat.

Vermögensverfügung hier jedenfalls (+)

Von der h.M. in der Literatur wird im Rahmen des § 253 I StGB eine *Vermögensverfügung* des Genötigten verlangt, während die Rechtsprechung *jedes abgenötigte Verhalten*, auch die bloße Duldung der Wegnahme, ausreichen läßt.[219]

---

[218] D/T, § 240 Rn. 16 f.
[219] D/T, § 253 Rn. 11.

DIE BETROGENEN AUTOKNACKER SEITE 107

Eine Vermögensverfügung ist vorliegend aber unproblematisch gegeben, da G dem B das Geld *willentlich* übergab. Darauf, ob er diesen Willen auch "freiwillig" gebildet hat, kommt es nicht an.[220]

Vermögensschaden

An einem Vermögensschaden des G bestehen auch hier keine Bedenken, wenn man sich aus oben genannten Gründen dem wirtschaftlichen Vermögensbegriff anschließt. Daß G die 20.000 DM durch Betrug zu Lasten des N erlangt hat, ist dann unproblematisch.

Vorsatz (+)

2. B hat auch vorsätzlich gehandelt.

Rwk der Bereicherungsabsicht?

Fraglich kann daher nur das Vorliegen einer rechtswidrigen Bereicherungsabsicht sein. Dem B stand gegen G nämlich ein Rückzahlungsanspruch aus § 607 I BGB zu, der seit langer Zeit fällig und damit einredefrei war.

Von einer rechtswidrigen Bereicherungsabsicht kann insofern nicht die Rede sein. Daß B diesen Anspruch mit Nötigungsmitteln durchsetzen will, wird von der Rechtsordnung zwar nicht gebilligt, ändert aber nichts an der Rechtmäßigkeit der Bereicherungsabsicht im Rahmen des § 253 I StGB.

> **"HEMMER-METHODE":** Die hier vorliegende Konstellation ist unstreitig. Problematisch -vor allem unter Irrtumsgesichtspunkten - wäre sie nur, wenn der B dem G die 20.000 DM weggenommen hätte. Im Rahmen des § 242 I StGB würde sich dann die Frage der Rechtswidrigkeit der Zueignungsabsicht stellen. Lehnt man mit der ganz h.M. die Wertsummentheorie ab, muß man diese bejahen: Bei einer Geldschuld handelt es sich um eine Gattungsschuld bzw. um eine Schuld eigener Art[221] ein Anspruch des Täters auf die konkret weggenommenen Scheine jedenfalls nicht besteht. Im Rahmen des Vorsatzes ist die Rechtsprechung dann aber weitgehend großzügig und gestattet dem Täter insofern die Berufung auf einen Tatbestandsirrtum, wenn dieser geglaubt hat, das entwendete Geld stünde ihm zu. Umstritten ist dies freilich nicht. Im Rahmen des Irrtums über normative Tatbestandsmerkmale ist fast alles umstritten. Daher wird bereits eine nachvollziehbare Argumentation vom Korrektor honoriert!

§ 253 I StGB (-)

3. B hat sich nicht nach § 253 I StGB strafbar gemacht.

II. Nötigung, § 240 I StGB

obj. Tatbestand

1. B könnte aber eine vollendete Nötigung begangen haben.

Eine Nötigungshandlung in diesem Sinne, nämlich die Drohung mit der Polizei, wurde oben bereits bejaht. Sie führte auch kausal zu einem Tun, nämlich der Vermögensverfügung.

119

---

220 vgl. D/T, § 263 Rn. 24.
221 zum Begriff der Geldschuld vgl. im einzelnen PALANDT-HEINRICHS, §§ 244, 245 Rn. 6 ff.

Rwk der Nötigung
⇒ *§ 240 II StGB*

2. Die Nötigung müßte auch *rechtswidrig* gewesen sein. Da keine - zusätzlich zu prüfenden - Rechtfertigungsgründe ersichtlich sind, kommt es auf die sog. *"Verwerflichkeitsprüfung"* gemäß § 240 II StGB an.

> **"HEMMER-METHODE":** Bei § 240 II StGB handelt es sich um einen sog. offenen Tatbestand, bei dem die Rechtswidrigkeit ausnahmsweise nicht indiziert ist.
> Aber auch bei § 240 StGB sind im Rahmen der Rechtswidrigkeit zunächst die allgemeinen Rechtfertigungsgründe zu prüfen, da man sich die umfassende Abwägung bei der Frage der Verwerflichkeit dann gff. sparen kann.

Nach einer Ansicht handelt es sich dabei um ein *tatbestandsregulierendes Korrektiv*. Der zu weit gefaßte Nötigungstatbestand, der insbesondere auch durch den sog. modernen Gewaltbegriff eine noch weitere Ausdehnung erfahren hat, müsse eingeengt werden.[222] Mit der Rechtsprechung ist jedoch davon auszugehen, daß § 240 II StGB ein *allgemeines Rechtswidrigkeitsmerkmal* enthält, wofür auch der eindeutige Wortlaut spricht.[223]

Verwerflich ist eine Nötigung, wenn das angewandte Mittel, der angestrebte Zweck oder die *Zweck-Mittel-Relation* sozialwidrig ist. Dabei bedeutet Verwerflichkeit nach der gängigen Formel der Rechtsprechung einen "erhöhten Grad sittlicher Mißbilligung".[224]

§ 240 II StGB bei Drohung mit der Polizei?

Die Drohung mit der Polizei *kann* aber dann rechtmäßig sein, wenn der Täter einen Anspruch auf die erzwungene Handlung hat.

Das muß man im vorliegenden Fall an sich bejahen, da die Nötigung der Durchsetzung des Darlehensanspruchs dienen sollte.

Bzgl. der Verwerflichkeit der Zweck-Mittel-Relation ist insofern aber entscheidend, ob die Drohung mit der Polizei mit dem geltend gemachten Anspruch in einem inneren Zusammenhang steht.[225]

Fehlt es hieran, so ist die Nötigung verwerflich und damit rechtswidrig, da die Verknüpfung beider Aspekte durch den Täter willkürlich ist und lediglich der privaten Zwangsvollstreckung dient, die die Rechtsordnung grundsätzlich nicht toleriert.

Nach alledem muß die Nötigung des B als rechtswidrig bezeichnet werden, da der Darlehensanspruch mit der Drohung in keinerlei Zusammenhang steht.

§ 240 I StGB (+)

3. Schuld ist ebenfalls gegeben, so daß B aus § 240 I StGB zu bestrafen ist.

---

222   so z.B. WESSELS, BT-1, § 8 III 6
223   BGHSt 2, 196; D/T, § 240 Rn. 20
224   D/T, § 240 Rn. 23
225   BGH NJW 96, 2877, 2878

III. Hehlerei, § 259 I StGB

obj. Tatbestand

1. B könnte des weiteren wegen Hehlerei zu bestrafen sein.

Die 20.000 DM waren taugliches Hehlereiobjekt, da sie aus dem Betrug zu Lasten des N stammten, mithin durch eine gegen fremdes Vermögen gerichtete Tat erlangt waren. Da das Geld auch noch nicht eingewechselt worden ist, liegt auch kein Fall der straflosen Ersatzhehlerei vor.[226]

Sich-Verschaffen?

Fraglich ist es jedoch, ob von seiten des B ein Sich-Verschaffen i.S.d. § 259 I StGB vorliegt.

Erforderlich ist hierfür die Herstellung einer vom Vortäter abgeleiteten *eigenen Verfügungsgewalt*. Diese war hier unproblematisch durch die Erlangung unmittelbaren Besitzes gegeben.

Rspr.: einvernehmliches Handeln mit dem Vortäter erforderlich

Ein tatbestandsmäßiges "Sich-Verschaffen" ist jedoch nach Ansicht des BGH nur dann gegeben, wenn der Täter die eigene Verfügungsgewalt an der Sache *im Einvernehmen mit dem Vortäter* herstellt.[227]

"HEMMER-METHODE": Noch weiter geht das OLG Hamburg,[228] das sogar kollusives Zusammenwirken verlangt, d.h. die Absicht, Dritte zu schädigen.

Diese Voraussetzung ergibt sich nicht aus dem Wortlaut der Vorschrift.

In anderen Tatbeständen (etwa in den §§ 96 I, 146, 152a StGB) ist das Merkmal des "Sich-Verschaffens" dementsprechend auch weiter zu verstehen.

In jenen Bestimmungen schließt es auch ein Handeln gegen oder ohne Willen des früheren Inhabers der Verfügungsgewalt ein.[229]

Argumente:

Die *Auslegung* ergibt jedoch das Erfordernis einverständlichen Zusammenwirkens aus mehreren Gründen:

systematische Auslegung

Zunächst wird der Ankauf als *typischer Fall* des hehlerischen Sich-Verschaffens einer Sache unter Strafandrohung gestellt. Diese erstreckt sich dann auf vergleichbare Fälle ("oder sonst") abgeleiteten Erwerbs.

---

226 zu diesem Betriff vgl. S/S - STREE, § 259 Rn. 14
227 NJW 1996, 2877
228 NJW 1966, 226
229 vgl. z.B. D/T, § 146 Rn. 7

Dem "Ankaufen" vergleichbar ist das sonstige Verschaffen aber nur dann, wenn es *nicht gegen den Willen des Vortäters* erfolgt. Auch das weitere Tatbestandsmerkmal der Absatzhilfe legt eine enge Auslegung des "Sich-Verschaffens" nahe.

Stellung des § 259 I StGB

Auch die *systematische Stellung des § 259 I StGB* neben Begünstigung und Strafvereitelung spricht hierfür. Die Hehlerei ist (stark vereinfacht) *Hilfeleistung zugunsten des Täters* nach der Tat. Allein diese Betrachtung entspricht im übrigen auch dem historisch gewachsenen Bild der Hehlerei.[230]

Nur diese enge Auslegung wird schließlich dem Sinn und Zweck des § 259 I StGB gerecht.

Hehlerei ist die Aufrechterhaltung des durch die Vortat geschaffenen rechtswidrigen Vermögenszustandes.

Gerade in dem Zusammenwirken von Vortäter und Hehler aber besteht der *innere Zusammenhang* mit der Vortat, der nach Rechtsprechung und herrschender Meinung für die Hehlerei in allen ihren Begehungsformen erforderlich ist.[231]

Unstreitig fehlt es an dem erforderlichen einverständlichen Zusammenwirken, wenn der Täter dem Vortäter die Sache wegnimmt oder *gegen seinen Willen* weiter über sie verfügt.[232]

Ein Einverständnis ist aber auch dann nicht gegeben, wenn der *Täter*, wie hier A, *den Vortäter* durch Drohungen zur Übertragung der Verfügungsmacht *veranlaßt*.[233]

Die Gegenansicht[234] geht davon aus, daß das Einverständnis über sein tatsächliches Bestehen hinaus nicht auch noch frei von Willensmängeln sein müsse.

Diese Auffassung verkennt aber, daß gerade aus diesem Zusammenwirken den von § 259 StGB geschützten Rechtsgütern Gefahren erwachsen:

Strafgrund der Hehlerei

Gefährlich wird der Hehler nicht erst mit der einzelnen hehlerischen Verletzung fremden Vermögens, sondern bereits durch seine - Vermögensdelikte generell fördernde - Bereitschaft, bei der Abnahme der Beute mit*zu*helfen. Der Hehler enthebt den Dieb der Sorge um die gefahrlose Verwertung seiner Beute und schafft so durch sein Vorhandensein einen *ständigen Anreiz* für die Begehung von Diebstählen und anderen Vermögensstraftaten.[235]

---

230 BGH a.a.O. m.w.N.
231 vgl. nur BGH NJW 1985, 502; D/T, § 259 Rn. 16 m.w.N.
232 D/T, § 259 Rn. 16
233 BGH NJW 1996, 2277 [2278] m.w.N.
234 vgl. D/T, a.a.O.; RGSt 35, 279
235 so schon BGH NJW 1958, 390

Diese Gefährlichkeit geht dagegen nicht von demjenigen aus, der die Überlassung der Beute erzwingt. Die Aussicht, die erhoffte Beute durch Erpressung oder Nötigung zu verlieren, schafft keinen Anreiz zu Vermögensstraftaten; eine Gefährdung allgemeiner Sicherheitsinteressen geht von dem Nötigenden daher gerade nicht aus.

> **"HEMMER-METHODE":** Auch Wertungsgesichtspunkte sprechen gegen die zwischen eigenmächtiger Wegnahme und Drohung differenzierende Auffassung:
> Konsequenz wäre, daß die räuberische Erpressung einer deliktisch erworbenen Sache gleichzeitig eine Hehlerei darstellte, der Raub derselben Sache (der nach der Rechtsprechung einen Spezialfall der räuberischen Erpressung darstellt) dagegen nicht (Otto, Jura 1988, 606).

Nach alledem setzt ein Sich-Verschaffen i.S.d. § 259 I StGB voraus, daß *die Überlassung der Sache dem freien - von nötigendem Zwang nicht beeinflußten - Willen des Vortäters entspricht.*

§ 259 I StGB (-)

2. Eine Strafbarkeit des B gemäß § 259 I StGB ist somit nicht gegeben.

IV. Geldwäsche, § 261 II Nr.1 StGB

§ 261 II Nr. 1 StGB (-)

Ebenso kommt Geldwäsche gemäß § 261 II Nr.1 StGB nicht in Betracht, weil mangels bandenmäßiger bzw. gewerbsmäßiger Begehung der Betrug nicht als Vortat ausreicht (vgl. § 261 I 2 Nr.3 StGB).

V. Betrug zu Lasten der Bank, § 263 I StGB

obj. Tatbestand

1. Zu prüfen ist schließlich, ob B durch Einzahlen des Geldes einen Betrug zu Lasten der Bank begangen hat. Das wäre dann der Fall, wenn die Bank an dem eingezahlten Geld kein Eigentum erworben hätte.

Im Falle der Herausgabe einer Sache als Folge einer Drohung ist umstritten, ob ein Abhandenkommen i.S.d. § 935 I BGB vorliegt. Der BGH stellt hier strenge Anforderungen und bejaht dies nur bei unwiderstehlicher Gewalt gleichstehendem seelischen Zwang.

Da es sich vorliegend aber um Geld handelt, greift ohnehin § 935 II BGB, so daß die Bank jedenfalls nach §§ 929 S. 1, 932 BGB Eigentum erwerben konnte.

Somit kann man bereits eine Täuschung des B, jedenfalls aber einen Vermögensschaden der Bank verneinen.

§ 263 I StGB (-)

2. B hat keinen Betrug zu Lasten der Bank begangen.

> **"HEMMER-METHODE":** Die Vorschrift des § 935 BGB spielt bei § 259 I StGB immer dann eine Rolle, wenn es um die Frage geht, ob nicht eventuell eine straflose Ersatzhehlerei vorliegt.
>
> Veräußert der Dieb die gestohlene Sache und schenkt den Erlös, ohne das Geld vorher einzutauschen, seiner bösgläubigen Freundin, so ist diese aus § 259 I StGB strafbar, da die Weiterveräußerung an einen gutgläubigen Dritten wegen § 935 I BGB den Tatbestand des § 263 I StGB erfüllt. Das Geld stammt aus einer gegen fremdes Vermögen gerichteten rechtswidrigen Tat.
>
> Kauft der Täter im umgekehrten Fall mit gestohlenem Geld eine Sache, die er dann seiner bösgläubigen Freundin zuwendet, so scheidet § 259 I StGB für sie aus, denn wegen § 935 II BGB hat sich der Dieb diesmal nicht nach § 263 I StGB schuldig gemacht und bezogen auf den Diebstahl liegt eine von § 259 I StGB nicht erfaßte und damit straflose Ersatzhehlerei vor.
>
> Sie sehen: ohne ein Minimum an Zivilrechtskenntnissen lassen sich auch die Vermögensdelikte des StGB nicht bewältigen!

DIE BETROGENEN AUTOKNACKER

ZUSAMMENFASSUNG:

1. Tatkomplex: Die Entwendung des Pkws

A. Strafbarkeit von O, T und R

I. §§ 242 I, 243 I, 25 II StGB (+)
hier Gewerbsmäßigkeit i.S.d. § 243 I 2 Nr.3 StGB

II. §§ 244 I Nr.3, 25 II StGB (+)

III. §§ 244a I, 25 II StGB (+)

IV. §§ 303 I, 25 II StGB (+)

V. Konkurrenzen

B. Strafbarkeit des G

I. §§ 244a I, 27 I StGB
aufgrund von § 28 II StGB zweimalige Tatbestandsverschiebung, daher nur §§ 242 I, 27 I StGB

II. §§ 303 I, 27 I StGB (+)

2. Tatkomplex: Der Geistesblitz des Guido

A. Strafbarkeit des G

I. § 263 I StGB zu Lasten der Autodiebe (+)
Rspr.: wirtschaftlicher Vermögensbegriff, daher auch der sog. Komplizenbetrug strafbar

II. § 263 I StGB zu Lasten des N (+)

III. § 259 I StGB (-)
kein Sich-Verschaffen

IV. § 246 I StGB (-)
wiederholte Zueignung nach Tatbestandslösung nicht möglich

V. Konkurrenzen

B. Strafbarkeit von O, T und B nach § 246 I StGB (-)

3. Tatkomplex: Der Besuch des Benno Gierig

Strafbarkeit des B

I. § 253 I StGB (-)
Rechtswidrigkeit der Bereicherungsabsicht (-)

II. § 240 I StGB (+)

III. § 259 I StGB (-)
kein Sich-Verschaffen bei Nötigung des Vortäters

IV. § 261 II Nr.1 StGB (-)

V. § 263 I StGB zu Lasten der Bank (-)

Seite 114

DIE MACHENSCHAFTEN VON TICK, TRICK UND TRACK

SACHVERHALT:

Die mittlerweile 21-jährigen Drillinge Tick, Trick und Track haben alle ihren Weg gefunden, ihren Lebensstandard durch mehr oder minder dubiose Aktionen aufzubessern.

Der Computerfreak Tick ist als Verkäufer bei der Firma CompuSurf angestellt. Er erhält für jeden zustande gekommenen Vertrag von seinem Arbeitgeber eine Provision. Im Oktober 1996 sucht er im Auftrag von CompuSurf seinen Onkel Dagobert zu einem Beratungs- und Verkaufsgespräch auf, da dieser eine neue Computeranlage zur Verwaltung seines stetig wachsenden Vermögens benötigt. Tick stellt eine Anlage inklusive der Software "Moneywatch" zusammen und gibt vor, seinem Onkel einen Freundschaftspreis zu machen. Dagobert weist Tick darauf hin, daß die Anlage angesichts des Wachstums seines Vermögens unbedingt erweiterbar sein müsse, um dessen Verwaltung auch später noch bewerkstelligen zu können. Tick sichert dies, ohne zu zögern, wahrheitswidrig zu. Dagobert kauft daraufhin die Anlage mitsamt der Software. Die Anlage wird alsbald geliefert, der Kaufpreis überwiesen. Schon nach wenigen Wochen, noch bevor es jedoch zur Auszahlung der von Tick beantragten Provision gekommen ist, stellt Dagobert fest, daß die Anlage der Verwaltung seines Vermögens nicht mehr gewachsen ist und sich auch nicht erweitern läßt. Er ficht den Kaufvertrag an und erhält von CompuSurf anstandslos seinen Kaufpreis zurück. Dabei stellt er auch fest, daß er den Computer zum Listenpreis erworben hatte.

Trick hat vor wenigen Monaten endlich seine Führerscheinprüfung bestanden. Da er nicht einsieht, die hohen Parkgebühren zu bezahlen, häufen sich auf seinem Schreibtisch schon die Strafzettel der kommunalen Parküberwachung wegen Parkens ohne Parkschein. Angesichts dessen beschließt er, den Schwerbehindertenausweis seines Onkels Donald zu fälschen, da dieser sogar zum kostenlosen Parken in der Fußgängerzone berechtigt. Dazu überdeckt er Namen und Geburtsdatum des Donald mit einem Papierschnipsel, auf den er seine eigenen Daten täuschend echt gedruckt hat. Diesen befestigt er mit Tesa auf dem Ausweis, den er sodann kopiert. Die als solche erkennbare Kopie legt er einen Tag lang hinter die Windschutzscheibe. Der Trick funktioniert. Beim zweiten Mal fliegt er jedoch auf.

Drillingsbruder Track hat seinerseits eine Methode entdeckt, wie er auch ohne Geld modisch immer "up to date" sein kann. Obwohl er absolut pleite ist, sein Taschengeld mit dem 21. Geburtstag gestrichen wurde und auch von Onkel Dagobert keine finanzielle Unterstützung zu erwarten ist, bestellt er dreimal hintereinander beim Versandhaus Qualle Modeartikel des "In-Designers" Nino Giotto, die dieser exklusiv für Qualle entworfen hat. Track weiß, daß seine persönlichen Daten computermäßig hinsichtlich des Rufnamens, des Familiennamens und der Anschrift erfaßt und beim Überschreiten der von der Lieferfirma festgesetzten Bonitätsgrenze Bestellungen nicht mehr ausgeführt werden. Daher benutzt er bei der zweiten Bestellung seinen zweiten Vornamen neben seinem Rufnamen und gibt bei der dritten Bestellung eine falsche Hausnummer an. Er rechnet damit, daß der Postbote den abweichenden Namen und die abweichende Zustellungsanschrift als unerheblich erachten und ihm die Modeartikel trotzdem zustellen wird. Tatsächlich veranlaßt der zuständige Sachbearbeiter erwartungsgemäß auch bei der zweiten und dritten Bestellung die Zusendung der Modeartikel.

Bearbeitervermerk:

Beurteilen Sie die Strafbarkeit von Tick, Trick und Track.

LÖSUNG:

A. STRAFBARKEIT DES TICK

I. Betrug zum Nachteil des Dagobert durch den Verkauf, § 263 I StGB

obj. Tatbestand

1. Tick hat den Computer als angeblich weit unter dem normalen Preis angeboten, und er hat zugesichert, die Anlage könne erweitert werden, während es sich tatsächlich um den Listenpreis handelte und keine Erweiterungsmöglichkeit bestand.

Täuschungshandlung

Eine Täuschung kann sich aber nur auf Tatsachen beziehen. Dies sind alle konkreten vergangenen oder gegenwärtigen Geschehnisse oder Zustände der Außenwelt und des menschlichen Innenlebens.[236] Soweit Tick dem Dagobert vorgespiegelt hat, es handle sich um einen "Freundschaftspreis", d.h. der Preis für den Computer liege weit unter dem normalen, handelt es sich um eine Behauptung von Tatsachen. Ebenso stellte die Erklärung über die Erweiterbarkeit der Anlage eine Tatsachenbehauptung dar. In beiden Fällen handelte es sich also um die Vorspiegelung falscher Tatsachen.

Irrtumserregung

Diese Täuschungen haben bei Dagobert auch zu einem entsprechenden Irrtum geführt.

Vermögensverfügung

Durch den Irrtum muß der Getäuschte zu einer Vermögensverfügung veranlaßt werden. Darunter versteht man jedes Handeln, Dulden oder Unterlassen, das eine Vermögensminderung unmittelbar herbeiführt.[237] Bereits der Abschluß des Kaufvertrages stellt hier eine Vermögensverfügung dar, da hierdurch das Vermögen des Dagobert mit einer Verbindlichkeit belastet wird (Eingehungsbetrug). Die Vermögensverfügung beruhte auf dem Irrtum des Dagobert, die Anlage werde zu einem billigeren Preis verkauft und sei erweiterbar. Im Übrigen reicht Mitursächlichkeit des Irrtums für die Vermögensverfügung aus.[238]

Vermögensschaden

Die Verfügung muß zu einem Vermögensschaden geführt haben.[239] Ein solcher könnte fraglich sein, da die Computeranlage zum Listenpreis verkauft wurde.

Eine Vermögensschädigung erfordert eine Wertminderung des Vermögens. Die h.M. verfährt dabei nach dem Prinzip der Gesamtsaldierung: es wird die Vermögenslage des Opfers vor und nach der Verfügung ohne Beachtung einzelner Vermögenspositionen miteinander verglichen.

---

236 S/S - CRAMER, § 263 Rn. 8
237 S/S - CRAMER, § 263 Rn. 55
238 WESSELS, BT-2, § 13 II 3
239 S/S - CRAMER, § 263 Rn. 78

Grundsätzlich liegt dabei nur bei einer Differenz zuungunsten des Verfügenden ein Vermögensschaden vor. Eine Gegenleistung findet Berücksichtigung.

Hier hat Dagobert zunächst einen Übereignungsanspruch auf die Computeranlage erworben. Da der Kaufvertrag dann beiderseitig erfüllt wurde, ist hierauf abzustellen.

Der Computer entsprach nach seinem Marktwert dem Kaufpreis. Nach objektiver Betrachtungslage hat Dagobert daher keinen Schaden erlitten.

bzgl. Freundschaftspreis (-), Gewinnerwartungen von § 263 I StGB nicht geschützt

Ob sich Dagobert geschädigt fühlt, spielt keine Rolle, da seine *subjektive Einschätzung nicht maßgeblich* ist. Das Vertrauen darauf, im Vergleich zum normalen Preis einen Gewinn zu erzielen, bleibt außer Betracht, da § 263 I StGB seiner Schutzrichtung nach nur die Verhinderung von Vermögensschäden bezweckt, nicht aber Gewinnerwartungen schützt. Es darf auch nicht darauf abgestellt werden, daß Dagobert die Anlage bei Kenntnis des wahren Listenpreises nicht gekauft hätte, denn wenn man hieraus den Schaden begründen würde, müßte § 263 I StGB die Dispositionsfreiheit schützen. Diese ist als solche jedoch nur in §§ 240 I, 253 I StGB, nicht aber gegen Täuschung und List geschützt.[240]

aber ggf. individueller Schadenseinschlag

Nach der h.M. findet jedoch auch bei wirtschaftlicher Ausgeglichenheit des Geschäfts ein individueller Schadenseinschlag Berücksichtigung. Der Vermögensschaden läßt sich nämlich nicht gänzlich unabhängig von der Bedürfnissituation des Geschädigten bestimmen.[241] Für diese Frage kommt es nach h.M. auf das vernünftige Urteil eines unbeteiligten Dritten an. Im grundlegenden "Melkmaschinenfall"[242] hat der BGH diesen Gesichtspunkt dahingehend zusammengefaßt, daß ein Schaden aufgrund *"individuellen Einschlags"* insbesondere anzunehmen sei,

"wenn der Erwerber

Konkretisierung durch BGH im sog. Melkmaschinenfall

- die angebotene Leistung nicht oder nicht in vollem Umfang zu dem vertraglich vorausgesetzten Zweck oder in anderer zumutbarer Weise verwenden kann oder

- durch die eingegangene Verpflichtung zu vermögensschädigenden Maßnahmen genötigt wird oder

- infolge der Verpflichtung nicht mehr über die Mittel verfügen kann, die zur ordnungsgemäßen Erfüllung seiner Verbindlichkeiten oder sonst für eine seinen persönlichen Verhältnissen angemessene Wirtschafts- oder Lebensführung unerläßlich sind."

---

240 WESSELS, BT-2, § 13 II 4.
241 BGHSt 16, 321, 325.
242 BGHSt 16, 321 ff.

Die beiden letzten Punkte sind allerdings umstritten, da es zumindest fraglich ist, in wieweit die Unmittelbarkeit zwischen Vermögensschaden und erstrebter Bereicherung (Stoffgleichheit) zu bejahen ist.

hier: Unbrauchbarkeit der Leistung zum vertraglich vorausgesetzten Zweck

Im vorliegenden Fall kommt es aber hierauf nicht an, da es sich um den typischen Fall handelt, daß der Erwerber die Gegenleistung zu dem vertraglich vorausgesetzten Zweck nicht verwenden kann, denn es wurde ausdrücklich eine Anlage bestellt, die nach dem Zweck des Vertrages die Erweiterungsmöglichkeit bietet. Tatsächlich fehlte ihr diese Eigenschaft, so daß die Leistung, die Dagobert erhielt, im Hinblick auf seine speziellen Bedürfnisse und Zwecke kein ausreichendes Äquivalent für die von ihm erbrachte Gegenleistung darstellte.

gesetzliche Ausgleichsansprüche aufgrund der Täuschung unbeachtlich

Ein Vermögensschaden liegt also vor. Hieran ändert sich auch nichts durch etwaige Ausgleichsansprüche. Nach ganz einhelliger Auffassung sind gesetzliche Ansprüche, die dem Betroffenen gerade aufgrund der Täuschung erwachsen, wie Schadensersatz- oder Bereicherungsansprüche, bei der Bestimmung des Schadens außer Betracht zu lassen. § 263 I StGB würde sonst gänzlich leerlaufen. Demnach bleibt es bei dem Vermögensschaden des Dagobert. Selbst dann, wenn der ungünstige, aufgrund der Täuschung zustande gekommene Vertrag zivilrechtlich rückabgewickelt wird.

⇒ Vermögensschaden (+)

Dieser beruhte auch unmittelbar auf der Vermögensverfügung, nämlich dem Abschluß des Kaufvertrages bzw. der Zahlung des Kaufpreises.

Vorsatz

2. Tick handelte mit dem Vorsatz, bei Dagobert durch Täuschung einen Irrtum zu erregen und ihn so zu einer schädigenden Vermögensverfügung zu veranlassen.

Bereicherungsabsicht
⇒ eigennütziger und fremdnütziger Betrug möglich

Daneben müßte er Bereicherungsabsicht gehabt haben. Der Vermögensvorteil ist das Gegenstück zum Vermögensschaden des Geschädigten. Daher stellt jede günstigere Gestaltung der Vermögenslage, jede Erhöhung des Vermögenswertes einen Vermögensvorteil dar. Hier kommt sowohl die Alternative "sich einen Vermögensvorteil zu verschaffen" als auch die Alternative "einem Dritten einen Vermögensvorteil zu verschaffen" in Betracht. Ersteres im Hinblick auf die von Tick angestrebte Provision, durch die sein eigenes Vermögen vermehrt werden sollte (*eigennütziger Betrug*), und letztere im Hinblick auf den von Dagobert zu zahlenden und gezahlten Kaufpreis, der CompuSurf zufließen sollte (*fremdnütziger Betrug*).

> **"HEMMER-METHODE":** Bei der Prüfung des Betrugstatbestands dürfen Sie sich keine Ungenauigkeiten leisten. Personenidentität ist nur zwischen dem Getäuschten und dem Verfügenden erforderlich. Geschädigter kann dagegen ein Dritter sein. Das ist die Konstellation des Dreiecksbetrugs, die weitere Fragen im Hinblick auf ein irgendwie geartetes Näheverhältnis oder eine rechtliche Verfügungsbefugnis aufwirft.

> Ebenso muß - wie sich aus dem Wortlaut der Norm bereits eindeutig ergibt - der Täter nicht der Bereicherte sein. Hieraus ergibt sich, daß der Betrug ein fremdnütziger oder ein eigennütziger sein kann. In dieser Konstellation sind sogar vier Personen denkbar: Täter, Getäuschter = Verfügender, Geschädigter, Bereicherter.
> **Nur wenn Sie diese Punkte klar herausarbeiten, schöpfen Sie den Rahmen der Klausur vollständig aus. Eine oberflächliche Prüfung des § 263 I StGB bringt keine Punkte!**

zwischen Vermögensschaden und Vermögensvorteil Stoffgleichheit erforderlich

Nach allgemeiner Ansicht muß zwischen Vermögensschaden und Vermögensvorteil *"Stoffgleichheit"* bestehen, da der Betrug (anders als die Untreue) ein Vermögensverschiebungsdelikt ist. Dies fordert zwar keine Identität der Gegenstände, da der Betrug kein Eigentums-, sondern ein Vermögensdelikt ist, aber es ist erforderlich, daß der Vorteil die Kehrseite des Schadens ist. Der Schaden und der Vorteil müssen durch ein und dieselbe Vermögensverfügung herbeigeführt werden. Dies könnte hier eventuell noch bejaht werden, da dieselbe Vermögensverfügung, der Vertragsschluß mit Dagobert, dessen Schaden und die konkrete Aussicht auf Provision bei Tick entstehen läßt.

Weiterhin ist aber für das Vorliegen der Stoffgleichheit zusätzlich erforderlich, *daß der Vorteil ohne Umweg über eine andere Vermögensmasse unmittelbar aus dem Vermögen des Geschädigten dem Bereicherten zuwächst.*[243]

bzgl. der Provision: Stoffgleichheit (-)

Daran fehlt es, wenn der Täter, wie hier Tick, in der Absicht handelt, für die Vermögensschädigung des Opfers eine Belohnung durch einen Dritten zu erhalten. Der von Tick erstrebte Vorteil, die Provision, stammt nicht unmittelbar aus dem Vermögen des Dagobert, sondern von CompuSurf. Stoffgleichheit liegt bei der Provision daher nicht vor.

bzgl. Kaufpreisanspruch vom CompuSurf (+)

Anders ist dies beim Kaufpreisanspruch von CompuSurf. Dieser stellt *die Kehrseite des Vermögensschadens von Dagobert* dar. Stoffgleichheit zwischen dem Vorteil, der CompuSurf zufließt, und dem Schaden des Dagobert ist daher zu bejahen.

Rwk des erstrebten Vorteils

Der erstrebte Vorteil muß rechtswidrig sein. Die Rechtswidrigkeit der Vermögensverschiebung ist zu bejahen, wenn die vom Täter erstrebte Verschiebung des fremden Vermögenswertes in sein eigenes Vermögen oder in das eines Dritten durch die Rechtsordnung nicht gebilligt wird, er also materiell keinen Anspruch darauf hat. Die hier von Tick durch Täuschung erstrebte Vermehrung des Vermögens der Firma CompuSurf ist ein rechtswidriger Vermögensvorteil.

Fraglich ist jedoch, ob Tick wirklich die Absicht hatte, CompuSurf zu bereichern. Dabei muß allerdings berücksichtigt werden, daß Tick die Provision schließlich nur dadurch erlangt, daß CompuSurf ein aus dem Vermögen des Dagobert stammender Vorteil zufließt.

---

[243] S/S - CRAMER, § 263 Rn. 168

Eine Betrugsabsicht im Sinne zielgerichteten Handelns ist im Hinblick auf diesen Vorteil auch dann gegeben, wenn dieser nur notwendiges Mittel zur Erlangung der vom Täter erstrebten Provision ist.[244] Somit liegt auch die Absicht der Bereicherung von CompuSurf vor.

> **"HEMMER-METHODE":** Leisten Sie sich im Grundsätzlichen keine Fehler. Die Rechtswidrigkeit und Stoffgleichheit sind objektive Tatbestandsmerkmale, bezüglich derer dolus eventualis ausreicht. Nur bezüglich der Bereicherung muß Absicht vorliegen.

Tick handelte somit mit der Absicht rechtswidriger und stoffgleicher Bereicherung.

Rwk, Schuld (+)

3. Tick handelte auch rechtswidrig und schuldhaft.

§ 263 I StGB (+)

4. Tick ist des fremdnützigen Betrugs schuldig.

II. Versuchter Betrug zum Nachteil von CompuSurf durch Beantragung der Provision, §§ 263 I, II, 22 StGB

Vollendung (-)

1. Vollendung ist nicht eingetreten, denn hierfür ist erforderlich, daß der Vermögensschaden eingetreten ist.[245]

Versuchsstrafbarkeit (+)

2. Der Versuch ist strafbar gemäß § 263 II StGB.

Tatentschluß

3. Tick müßte Vorsatz bezüglich aller objektiven Tatbestandsmerkmale des § 263 I StGB und weiterhin die Absicht gehabt haben, sich oder einem anderen einen rechtswidrigen und stoffgleichen Vermögensvorteil zu verschaffen.

Vorsatz bzgl. aller Merkmale des obj. Tatbestandes

Tick wollte CompuSurf durch schlüssiges Verhalten vorspiegeln, es sei mit dem Dagobert ein gültiger, unanfechtbarer Kaufvertrag zustande gekommen.

Hierdurch sollte bei CompuSurf ein Irrtum, nämlich der über die Unanfechtbarkeit des Geschäfts, erregt oder aufrechterhalten werden, so daß Tick Vorsatz bezüglich der Irrtumserregung hatte.

CompuSurf sollte dem Tick die beantragte Provision auszahlen, also eine Vermögensverfügung vornehmen.

Hierdurch sollte das Vermögen von CompuSurf verringert werden. Da der Kaufvertrag mit Dagobert anfechtbar war, stünde diesem Verlust auch keine gleichwertige Gegenleistung gegenüber.

---

244 S/S - CRAMER, § 263 Rn. 169
245 S/S - CRAMER, § 263 Rn. 178

DIE MACHENSCHAFTEN VON TICK, TRICK UND TRACK

Somit hatte Tick Vorsatz bezüglich aller Tatbestandsmerkmale des § 263 I StGB.

Bereicherungsabsicht

Tick wollte sich die Provision, also einen Vermögensvorteil, verschaffen. Zwischen diesem Vermögensvorteil und dem Schaden von CompuSurf durch Auszahlung der Provision hätte Stoffgleichheit bestanden. Der erstrebte Vermögensvorteil war auch rechtswidrig, da Tick keinen Provisionsanspruch hatte, denn das Geschäft konnte von Dagobert noch angefochten werden, so daß CompuSurf berechtigt gewesen wäre, die Zahlung der Provision zurückzuhalten.[246]

Damit hatte Tick auch die erforderliche Bereicherungsabsicht.

unmittelbares Ansetzen

4. Mit der Vornahme der auf Täuschung abzielenden Handlung (Stellung des Provisionsantrags) hat Tick zur Verwirklichung des Tatbestands nach seiner Vorstellung unmittelbar angesetzt.[247]

Rwk, Schuld (+)

5. Die Tat war rechtswidrig und schuldhaft.

§§ 263 I, 22 StGB (+)

6. Tick ist des versuchten Betruges zum Nachteil von CompuSurf gem. §§ 263 I, II, 22 StGB schuldig.

III. Konkurrenzen

§ 53 I StGB

Der BGH hat mittlerweile die Figur der fortgesetzten Handlung aufgegeben. Daher ist ein Fall der Handlungsmehrheit anzunehmen. Auch läßt sich schwerlich vertreten, daß der Betrug gegenüber Dagobert eine mitbestrafte Vortat darstellt, denn dann würde sich aus dem Urteil nicht ergeben, daß es auch zu einer vollendeten Vermögensschädigung gekommen ist. Beide Betrugshandlungen stehen daher miteinander im Verhältnis der Tatmehrheit (§ 53 I StGB).

B. STRAFBARKEIT DES TRICK

I. Urkundenfälschung, § 267 I StGB

§ 267 I 2.Alt StGB durch Überkleben des Ausweises?

1. Trick könnte beim Überkleben des Schwerbehindertenausweises seines Onkels mit seinen eigenen Daten eine echte Urkunde verfälscht haben, § 267 I 2.Alt. StGB.

> **"HEMMER-METHODE":** In solchen Fällen geht die h.M. von einem einheitlichen Vorgang aus und nimmt den Verfälschungstatbestand an, statt das Geschehen isoliert als Herstellen einer unechten Urkunde und gleichzeitige Urkundenunterdrückung durch Überkleben zu betrachten.

---

246 vgl. S/S - CRAMER, § 263 Rn. 169.
247 vgl. S/S - CRAMER, § 263 Rn. 179.

Urkundsbegriff

⇒ *Kopiervorlage keine Urkunde*

Urkunde im Sinne von § 267 I StGB ist eine verkörperte Gedankenerklärung, die zur Beweiserbringung im Rechtsverkehr geeignet und bestimmt ist und die ihren Aussteller erkennen läßt.[248] Der Originalausweis erfüllt unproblematisch diese Voraussetzungen. Fraglich ist jedoch seine *Urkundsqualität als Kopiervorlage*. Der Papierschnipsel mit den Daten des Tick ist mit Tesa auf ihm festgeklebt, so daß man möglicherweise von einer *zusammengesetzten Urkunde* ausgehen könnte. Allerdings ist die Manipulation der Kopiervorlage offensichtlich.

Sie ist damit zur Beweiserbringung im Rechtsverkehr ungeeignet. Im übrigen sollte sie auch nicht zur Täuschung im Rechtsverkehr verwandt werden. Trick wollte nur die Kopie verwenden. Damit scheidet die Urkundsqualität des manipulierten Originalausweises aus.

§ 267 I 1.Alt StGB durch den Kopiervorgang

2. Durch den Kopiervorgang könnte Trick jedoch eine Urkundenfälschung i.S.d. § 267 I 1.Alt StGB begangen haben. Nach Auffassung der h.M. handelt es sich bei einfachen und unbeglaubigten Fotokopien nicht um Urkunden, da diese nur Reproduktionen des Originals sind und sich in dessen Wiedergabe erschöpfen.[249] Oft wird dies auch damit begründet, daß Fotokopien den Aussteller nicht erkennen lassen, denn Aussteller i.d.S. sei ja der Kopierende. Lehnt man diesen Ansatz ab, weil als Aussteller auch bei Fotokopien der - dann sehr wohl erkennbare - geistige Urheber der Erklärung anzusehen sei[250], dann fehlt es zumindest an der Beweiseignung und Beweisbestimmung.

Die Gegenmeinung[251] will alle Urkundenmerkmale bejahen, wenn die unbeglaubigte Fotokopie die gleiche Akzeptanz genießt wie eine Urschrift. Sie dürfte vorliegend jedoch zu keinem anderen Ergebnis kommen, da die Akzeptanz eines kopierten Schwerbehindertenausweises hinter der Windschutzscheibe sehr fraglich ist.

Kopie nur dann Urkunde, wenn Eindruck des Originals erweckt werden soll

Anders könnte es allenfalls sein, wenn die Kopie den Eindruck eines Originals erwecken sollte. Denn dann ist der Kopiervorgang seinem Wesen nach nicht mehr die Anfertigung eines Duplikats mit entsprechender Bedeutung im Rechtsverkehr, sondern vielmehr der Einsatz eines technischen Hilfsmittels zur möglichst perfekten Anfertigung eines vermeintlichen Originals und damit die Herstellung einer unechten Urkunde. Vorliegend war die Kopie jedoch als solche erkennbar.

§ 267 I 3.Alt StGB durch Verwendung der Kopie

3. Fraglich ist, ob durch das Auslegen in der Windschutzscheibe der Tatbestand des § 267 I 3.Alt. StGB verwirklicht ist.

---

248 S/S - Cramer, § 267 Rn. 2
249 Krey, BT-1, Rz. 716f m.w.N.
250 Mitsch, NStZ 1994, 88, 89
251 Mitsch a.a.O.

Die Tatbestandsalternative des "Gebrauchmachens" einer unechten Urkunde kann nach der Rechtsprechung vorliegen, wenn der Täter eine unechte Urkunde durch eine Fotokopie dem Rechtsverkehr zugänglich macht. Dadurch wird dem zu Täuschenden nämlich die sinnliche Wahrnehmung der in allen Einzelheiten abgebildeten falschen Urkunde ermöglicht.[252] Allerdings wurde bereits festgestellt, daß der manipulierte Originalausweis schon keine unechte Urkunde darstellt. Daher scheidet auch die Alternative des Gebrauchmachens von einer unechten Urkunde aus.

§ 267 I StGB (-)

4. Trick ist nicht wegen Urkundenfälschung strafbar.

II. Mißbrauch von Ausweispapieren, § 281 I StGB

obj. Tatbestand

1. § 281 I StGB ist von vornherein nicht einschlägig, da er sich nur auf *echte* Urkunden bezieht.[253] Bezüglich des Originalausweises, der zwar eine echte Urkunde darstellt, liegt ein Gebrauchen im Rechtsverkehr aber gerade nicht vor.

§ 281 I StGB (-)

2. Eine Strafbarkeit aus § 281 I StGB scheidet aus.

III. Betrug zum Nachteil der kommunalen Parküberwachung, § 263 I StGB

obj. Tatbestand

1. Trick könnte durch Täuschung der Angestellten der kommunalen Parküberwachung, die ihm erwartungsgemäß keinen Strafzettel ausstellten, einen Betrug zum Nachteil der Stadt begangen haben.

Täuschung und Irrtum (+)

Trick täuschte durch die Verwendung des gefälschten Ausweises über eine Tatsache, nämlich seine Berechtigung zum gebührenfreien Parken und erregte dadurch bei den Parküberwachern einen entsprechenden Irrtum.

Vermögensverfügung

Eine Vermögensverfügung könnte darin liegen, daß die Parküberwachung es unterlassen hat, dem Trick einen Strafzettel auszustellen. Vermögensverfügung kann auch ein irrtumsbedingtes Unterlassen sein, das unmittelbar zu einem Vermögensschaden führt.

Unschädlich ist, daß Verfügender und Getäuschter nicht identisch sind. Anerkanntermaßen ist es ausreichend, daß der Getäuschte rechtlich (*Befugnistheorie*) bzw. tatsächlich in der Lage ist (*Lagertheorie*), über das Vermögen des Geschädigten wirksam zu verfügen.[254] Es liegt dann ein Fall des sog. *Dreiecksbetrugs* vor.

---

252 BGHSt 5, 291, 292; BayObLG NJW 1991, 2163; dazu auch S/S - CRAMER, § 267 Rn. 42
253 S/S - CRAMER, § 281 Rn. 1
254 WESSELS, BT-2, § 14 II 1

Problem: Einnahmen aus Bußgeldern = Vermögen i.S.d. § 263 I StGB?

Bzgl. einer Vermögensverfügung bzw. eines Vermögensschadens könnten aber aus anderen Gründen Bedenken bestehen.

Trick wollte durch die manipulierte Kopie verhindern, daß er von der kommunalen Parküberwachung einen Bußgeldbescheid wegen unberechtigten Parkens erhielt.

Insofern ist aber fraglich, ob die auf diese Weise von der Stadt erzielten Einnahmen überhaupt Gegenstand des für § 263 I StGB relevanten Wirtschaftsverkehrs sind. Geldbußen und Geldstrafen dienen nämlich nicht (auch nicht sekundär) der Einnahmenerzielung, sondern haben ausschließlich Sanktionscharakter.[255]

Für die Stadt sind sie unter diesem Aspekt ohne wirtschaftliche Relevanz, so daß in dem Unterlassen des Ausstellens des Bußgeldbescheids auch keine Vermögensverfügung gesehen werden kann.

> **"HEMMER-METHODE":** Beachten Sie, daß beim Forderungsbetrug - anders als beim Sachbetrug - kein Verfügungsbewußtsein des Getäuschten erforderlich ist. Nur so ist es überhaupt möglich, das Unterlassen der Geltendmachung eines Anspruchs als Vermögensverfügung i.S.d. § 263 I StGB zu qualifizieren.

§ 263 I StGB (-)

3. Trick hat sich nicht wegen Betrugs strafbar gemacht.

C. STRAFBARKEIT DES TRACK

I. Betrug, § 263 I StGB

obj. Tatbestand: Täuschung und Irrtum (+)

1. Erforderlich ist zunächst eine Täuschung über Tatsachen. Dabei handelt es sich um konkrete vergangene oder gegenwärtige Geschehnisse oder Zustände der Außenwelt oder des menschlichen Innenlebens. Es fällt also auch die Täuschung über innere Tatsachen unter § 263 I StGB. Hier hat Track durch seine Bestellungen dreifach seine Zahlungsfähig- und willigkeit konkludent behauptet. Dadurch hat er auch einen entsprechenden Irrtum bei dem Qualle-Versand erregt.

Durch den Abschluß des Kaufvertrages und die anschließende Versendung der Waren hat der Qualle-Versand auch eine entsprechende Vermögensverfügung durchgeführt. Fraglich ist jedoch, ob durch diese Vermögensverfügung auch ein Schaden entstanden ist. Immerhin steht dem Qualle-Versand ein Anspruch in Höhe des Verkaufspreises gegen Track zu. Allerdings ist hier bei der gebotenen wirtschaftlichen Betrachtungsweise davon auszugehen, daß der gegen einen Zahlungsunfähigen gerichtete Anspruch nicht als kompensationsfähiges Äquivalent anzusehen ist. Daher ist der Vermögensschaden des Qualle-Versands zu bejahen.

---

255 vgl. unter diesem Aspekt BGHSt 38, 345

subj. Tatbestand	**2.** Track handelte auch vorsätzlich und in der Absicht, sich einen rechtswidrigen Vermögensvorteil zu verschaffen.
Rwk, Schuld (+)	**3.** Rechtfertigungs- und Schuldausschließungsgründe sind nicht ersichtlich.
§ 263 I StGB (+)	**4.** Track ist des Betruges (§ 263 I StGB) schuldig.

> **"HEMMER-METHODE"**: Beachten Sie, daß es an dieser Stelle auf die Manipulation bei dem Namen noch gar nicht ankommt. An der Strafbarkeit des Track aus § 263 I StGB würde sich auch dann nichts ändern, wenn er stets mit dem eigenen Namen bestellt hätte. Die für § 263 I StGB relevante Täuschungshandlung besteht allein in der Vorspiegelung der tatsächlich nicht vorhandenen Zahlungsbereitschaft.

II. Urkundenfälschung, § 267 I StGB

obj. Tatbestand	**1.** Track könnte dadurch, daß er beim zweiten Bestellschreiben seinen *zweiten Vornamen* und beim dritten Bestellschreiben eine *falsche Adresse* angegeben hat, eine Urkundenfälschung begangen haben. In Betracht kommt hierbei die § 267 I 1.Alt StGB (Herstellen einer unechten Urkunde).
Identitätstäuschung erforderlich	Eine Urkunde ist unecht, wenn sie den Anschein erweckt, ihr Aussteller sei eine andere Person als diejenige, von der sie tatsächlich herrührt. Entscheidend ist hierbei die Täuschung über die *Identität des Ausstellers, nicht über seinen Namen*.
Problem: auch durch Verwendung des eigenen Namens?	Daher kann auch eine mit dem richtigen Namen unterschriebene Urkunde unecht sein, wenn damit der gerade angesprochene Anschein erweckt werden soll.[256] Diese Auslegung ist im Hinblick auf das durch § 267 I StGB geschützte Rechtsgut, die Sicherheit und Zuverlässigkeit des Rechtsverkehrs mit Urkunden, geboten. Dies bedeutet für den vorliegenden Fall:
	Durch Hinzufügen anderer Vornamen als des Rufnamens (zweites Schreiben) wurde der Eindruck erweckt, die Bestellung sei durch eine Person erfolgt, die bisher nicht Kunde gewesen ist. Dem steht nicht entgegen, daß der Track *berechtigt* war, im Rechtsverkehr neben oder anstelle seines Rufnamens weitere Vornamen zu verwenden. Denn bei der Echtheitsprüfung im Rahmen des § 267 I StGB muß auch der Verwendungszweck berücksichtigt werden. Der Gebrauch neuer zusätzlicher Vornamen war aber gerade auf die Täuschung des Rechtsverkehrs angelegt. Die Verläßlichkeit des Beweisverkehrs war daher tangiert, so daß die Urkunde als unecht anzusehen ist.[257]

---

256 vgl. S/S - CRAMER, § 267 Rn. 52

257 vgl. BGH NStZ 1994, 487

auch durch Verwendung falscher Adressen?

Fraglich ist, ob auch in dem Fall, in dem der Täter eine falsche Adresse angibt, eine Identitätstäuschung vorliegt. Hierbei ist zu beachten, daß der Name zwar das wichtigste, keineswegs aber das einzige Identifikations- und Unterscheidungsmerkmal ist. Als weiteres Unterscheidungsmerkmal kommt daher im Versandhandel auch das Geburtsdatum in Betracht.[258]

Bei der *Anschrift* dagegen handelt es sich üblicherweise nicht um ein *zur Identifizierung geeignetes Merkmal* einer Person mit selbständiger *Bedeutung für die Identitätsbestimmung*. Eine insoweit bewußt unrichtige Angabe erschwert zwar den Rechtsverkehr, ist aber grundsätzlich keine Identitätstäuschung i.S.d. § 267 I StGB, da nicht vorgegeben wird, der Aussteller sei eine andere Person als diejenige, die nach dem Wortlaut der Urkunde als solche erscheint.

Für *Rechtsgeschäfte*, die mittels *Datenverarbeitungsanlagen abgewickelt* werden, kann dies jedoch nicht uneingeschränkt gelten. Insoweit maßgebliches Kriterium ist, ob aufgrund der vorhandenen Daten diese Person bereits erfaßt ist. Wenn eine andere Anschrift angegeben ist, gilt der Besteller als neuer Kunde. Daher ist in diesem Fall auch die Anschrift als Unterscheidungs- und Identifizierungskriterium anzusehen, so daß in diesem Fall eine Identitätstäuschung und damit eine unechte Urkunde vorliegt.

auch § 267 I 3.Alt StGB: Gebrauchmachen

Durch Abschicken der Bestellkarten liegt auch ein Gebrauchmachen i.S.d. § 267 I 3.Alt StGB vor. Ist jedoch die Urkunde von vornherein nur in Hinblick auf einen bestimmten Verwendungszweck hergestellt worden, liegt nur eine Tat i.S.d. § 52 I StGB vor. Da schon die Herstellung einer unechten Urkunde zur Täuschung im Rechtsverkehr erfolgen muß, stellt das einmalige Gebrauchmachen kein selbständiges Unrecht dar. Insofern handelt es sich bei § 267 I StGB um ein quasi zweiaktiges Delikt. Herstellen bzw. Verfälschen und Gebrauchmachen stellen dann eine tatbestandliche Handlungseinheit dar.

subj. Tatbestand

2. Track handelte auch vorsätzlich und in Täuschungsabsicht.

Rwk, Schuld (+)

3. Rechtfertigungs- und Schuldausschließungsgründe sind nicht ersichtlich.

§ 267 I StGB (+)

4. Track hat sich wegen zweier Urkundenfälschungen strafbar gemacht.

III. Konkurrenzen:

Fraglich ist, ob die beiden Fälschungshandlungen in Realkonkurrenz (§ 53 I StGB) zueinander stehen. Da die Rechtsprechung zum Fortsetzungszusammenhang aufgegeben wurde, scheint die Annahme von Tatmehrheit unausweichlich. Mit den jeweils gleichzeitig erfolgten Betrugshandlungen liegt dagegen Tateinheit vor.

---

258   vgl. BGH a.a.O.

Der erste Betrug (Bestellkarte ohne Identitätstäuschung) steht zu den weiteren deliktischen Handlungen allerdings in Tatmehrheit.

> **"HEMMER-METHODE":** Die Entscheidung des Großen Senats zum Fortsetzungszusammenhang[259] muß Ihnen, auch wenn diese Konkurrenzfigur dadurch abgeschafft wurde, bekannt sein. Bis 1994 entsprach es ständiger Rechtsprechung, bei einer Reihe von Delikten, die sich gegen das gleiche Rechtsgut richteten, in ihrer Begehungsweise gleichartig waren und von einem Gesamtvorsatz getragen wurden, von einer einzigen Tat im Sinne des materiellen Strafrechts und auch des Strafprozeßrechts auszugehen. Konsequenzen hatte diese Rechtsprechung vor allem bei der Verjährung und beim Strafklageverbrauch.
> Lesen Sie zu diesem Problem unbedingt Hemmer/Wüst, Strafrecht AT II Rn. 313 ff., denn häufig müssen Sie auf Konkurrenzebene die Problematik wenigstens kurz anreißen.

---

[259] BGH GrS NJW 94, 1663

ZUSAMMENFASSUNG:

A. Strafbarkeit des Trick

I. § 263 I StGB zu Lasten des D (+)
Vermögensschaden aufgrund subjektiven Schadenseinschlags; fremdnütziger Betrug, da für den eigennützigen die Stoffgleichheit zu verneinen ist

II. §§ 263 I, 22 StGB zu Lasten von CompuSurf (+)

III. Konkurrenzen

B. Strafbarkeit des Trick

I. § 267 I StGB (-)
Urkundsqualität der Kopie (-)

II. § 281 I StGB (-)

III. § 263 I StGB (-)
Bußgelder nicht von Vermögensschutz des § 263 I StGB umfaßt

C. Strafbarkeit des Track

I. § 263 I StGB (+)
Täuschung über die Zahlungswilligkeit

II. § 267 I StGB (+)
Identitätstäuschung auch bei Verwendung des eigenen Namens möglich

III. Konkurrenzen

DER GELDREGEN

SACHVERHALT:

Manfred befindet sich in permanenten Geldschwierigkeiten. Sein kleines Angestelltengehalt reicht weder dazu aus, seine Bedürfnisse noch die seiner Frau Elfriede zu befriedigen.

Um so überraschter ist er, als seinem Konto, das ansonsten immer weit in den roten Zahlen steckt, auf einmal 50.000 DM gutgeschrieben sind, so daß sich ein Saldo in Höhe von 30.000 DM zu seinen Gunsten ergibt. Manfred ist sich darüber im klaren, daß es sich hierbei nur um ein Versehen der Bank handeln kann. Gleichwohl beschließt er, das Geld sofort abzuheben, da die Bank schließlich selber schuld sei, wenn sie sich zu ihren Ungunsten vertue.

Manfred begibt sich daher zu der B-Bank und erhält tatsächlich am Kassenschalter 30.000 DM ausgezahlt. Als die B-Bank das Versehen bemerkt und den Kontostand richtigstellt, hat Manfred das Geld längst ausgegeben.

Einige Tage später fehlt Manfred erneut das Geld, um - wie er meint - wenigstens die nötigsten Lebenshaltungskosten abdecken zu können. Obwohl er weiß, daß er nach den Geschäftsbedingungen der B-Bank nicht mehr zu Abhebungen mit der EC-Karte berechtigt ist, versucht er gleichwohl sein Glück und erhält tatsächlich an einem Automaten der B-Bank 1000 DM ausgezahlt. Aufgrund eines Defekts des Automaten war die Karte des Manfred nicht einbehalten worden.

Seine Frau Elfriede ist davon begeistert, wie schnell sich in der heutigen Zeit Geld beschaffen läßt. Daher sei es doch für Manfred ein Leichtes, sich bei einer anderen Bank erneut „einzudecken" und ihr das schon lange ersehnte Sommerkleid, das sie in einer Nobelboutique gesehen habe, zu schenken. Schließlich sei morgen auch ihr zehnjähriger Hochzeitstag. Manfred gibt dem Drängen seiner Frau nach, hebt dieses Mal bei der C-Bank wiederum 1000 DM ab und bezahlt das von Elfriede ins Auge gefaßte Sommerkleid, das sie nach seinem Willen aber erst am morgigen Hochzeitstag tragen darf.

Nachdem die B-Bank aber schließlich die EC-Karte eingefordert hat, scheint auch diese bequeme Geldquelle endgültig zu versiegen. Manfred sieht daher keine andere Möglichkeit, als sein Glück nunmehr im Spiel zu versuchen. Da er aber bald spitz bekommt, daß letztlich immer die Bank bzw. der Automat gewinnt, will er dem Glück etwas nachhelfen und verschafft sich auf dem "Schwarzmarkt" Kenntnis von dem Spielprogramm, so daß er den Programmablauf berechnen und durch Betätigen der Risikotaste zum richtigen Zeitpunkt den Gewinn vervielfachen kann. Auf diese Weise spielt er eines Abends einen Automaten der Spielbank am Ort „leer".

Manfred, der dem Spielbankpersonal schon einige Male vorher aufgefallen war, erhält daraufhin von der Spielbank ein Hausverbot.

Da das Spielen mittlerweile für ihn aber zu einer Leidenschaft geworden ist, sucht Manfred die Spielbank vier Wochen später erneut auf und wird auch vom Spielbankpersonal nicht bemerkt.

An einem „einarmigen Banditen" gewinnt er unter ordnungsgemäßer Bedienung an diesem Abend 200 DM. Da ihm das als Taschengeld für das Wochenende genügt, verläßt er bester Laune die Spielbank.

Bearbeitervermerk:

Beurteilen Sie die Strafbarkeit von Manfred und Elfriede nach dem StGB!

LÖSUNG:

1. TATKOMPLEX: DAS ABHEBEN DES GELDES

STRAFBARKEIT DES M

I. Unterschlagung, § 246 I StGB

obj. Tatbestand

1. Fraglich erscheint bereits im vorliegenden Fall ob der Täter eine fremde, bewegliche Sache in Besitz oder Gewahrsam hat. Denn zum Zeitpunkt der Gewahrsamserlangung, die mit der Barauszahlung erfolgt war, könnte M bereits durch Übereignung nach § 929 S.1 BGB Eigentümer des Geldes geworden sein. Es erscheint hierbei lebensfremd, dem entsprechenden Übereignungsangebot des Bankangestellten eine Bedingung i.S.d. § 158 I BGB mit Inhalt, daß der von der Bank geführte Kontostand auch inhaltlich richtig ist, beizufügen. Der Bankangestellte macht sich im Rahmen des hochtechnisierten Zahlungsverkehrs regelmäßig keine Gedanken über die Richtigkeit des Kontostandes..

§ 246 I StGB (-)

2. Daher scheitert eine Unterschlagung bereits am geeigneten Tatobjekt

II. Untreue, § 266 I StGB

obj. Tatbestand

1. Eine Bestrafung kommt, da die Entgegennahme des Geldes nicht als rechtsgeschäftliches Handeln für die Bank angesehen werden kann und somit der Mißbrauchstatbestand (1.Alt) entfällt, nur aus dem Treuebruchstatbestand (2.Alt.) in Betracht. Fraglich ist jedoch, ob dem M im Verhältnis zu seiner Bank eine *qualifizierte Vermögensbetreuungspflicht* obliegt.

Vermögensbetreuungspflicht?

Eine solche Pflicht darf nicht nur eine untergeordnete sein. Vielmehr muß es sich um eine *wesentliche Vertragspflicht* handeln. Diese wird aber von der ganz h.M. im Verhältnis Bank/Kunde ausschließlich auf seiten der Bank gesehen.[260]

§ 266 I StGB (-)

2. Damit scheidet konsequenterweise auch die Verwirklichung des Treubruchstatbestands aus.

> **"HEMMER-METHODE"**: Die Ablehnung der Untreue war im vorliegenden Fall unproblematisch. Gerade im Strafrecht, wo häufig eine Vielzahl von Tatbeständen zu prüfen ist, kann und darf der Gutachtenstil nicht konsequent durchgehalten werden. Haken Sie relativ abwegige Tatbestände, die Sie der Vollständigkeit halber dennoch erwähnen wollen, deshalb ruhig im Urteilsstil ab, damit Sie genügend Zeit für die wirklichen Probleme des Falls haben.

---

260 BGHSt 24, 387.

> Bei der Untreue müssen Sie grundsätzlich den Mißbrauchs- und den treuebruchstatbestand auseinander halten. Die 1.Alt ist nur bei rechtsgeschäftlichem Handeln einschlägig, wenn der Täter durch wirksames Handeln im Außenverhältnis seine Kompetenzen im Innenverhältnis überschreitet.
> Dagegen kann der Treuebruchstatbestand auch durch rein tatsächliches Handeln verwirklicht werden.
> Die Vermögensbetreuungspflicht gilt nach h.M. für beide Alternativen. Für das Verhältnis der beiden folgt daraus, daß der Mißbrauchs- gegenüber dem Treuebruchstatbestand die lex specialis ist.

III. Betrug, § 263 I StGB

obj. Tatbestand

M könnte dadurch, daß er die Auszahlung in Kenntnis seines wirklichen Kontostandes entgegennahm, einen Betrug zu Lasten der Bank begangen haben.

Täuschung

1. Erforderlich ist zunächst im Rahmen des Betrugs eine Täuschung über Tatsachen. Unter diesem Begriff sind alle konkreten vergangenen oder gegenwärtigen Geschehnisse oder Zustände der Außenwelt und des menschlichen Innenlebens zu verstehen.[261] Im vorliegenden Fall kommt eine Täuschung über die Höhe des Kontostandes in Betracht.

durch konkludentes Handeln?

Die Möglichkeit einer Täuschung durch konkludentes Handeln ist allgemein anerkannt. Beim schlüssigen Verhalten ist also entscheidend, welcher Erklärungswert dem Gesamtverhalten des Täters nach der Verkehrsanschauung zukommt. Diese ist nach den objektiven Maßstäben der Verkehrsweise in Bezug auf den konkret in Frage stehenden Geschäftstyp zu bestimmen.

Bei Bankgeschäften kann grundsätzlich davon ausgegangen werden, daß es in den Risikobereich des Leistenden fällt, daß die Schuld besteht und die Leistung den Anspruch nicht übersteigt.[262] Daher kann dem Verhalten des M kein entsprechender Erklärungswert beigemessen werden, so daß eine Täuschung durch schlüssiges Handeln abzulehnen ist.

durch Unterlassen?

In Betracht käme jedoch eine Täuschung durch Unterlassen. Um das nach dem oben Gesagten grundsätzlich bei der Bank liegende Aufklärungsrisiko aufwiegen zu können, wäre eine Garantenstellung des M erforderlich, die eine entsprechende Aufklärungs- und Offenbarungspflicht nach sich zieht.

Garantenstellung des M aus dem Girovertrag (-)

Diese Garantenstellung könnte sich im vorliegenden Fall aus dem zwischen den beiden Parteien bestehenden *Vertragsbeziehungen* ergeben. Auch hier ist wieder nach der Art der Rechtsbeziehung zu differenzieren. Erforderlich ist nämlich in diesem Zusammenhang innerhalb der Vertragsbeziehungen ein *enges Vertrauensverhältnis*.

---

261 vgl. S/S - CRAMER, § 263 Rn. 8
262 BGH NJW 1994, 951

Dieses enge Vertrauensverhältnis kann zumindest bei normalen Geschäftsabläufen innerhalb eines Girokontos nicht angenommen werden.[263]

aus § 242 BGB (-)

Fraglich ist weiterhin, ob eine Aufklärungspflicht für M nicht aus dem Grundsatz von *Treu und Glauben* hergeleitet werden kann. In der Begründung von Aufklärungspflichten ist die Rechtsprechung zunächst relativ weit gegangen.[264] Der BGH ist jedoch inzwischen davon abgerückt und verlangt auch hier als Grundlage ein besonderes Vertrauensverhältnis, wie es eben im vorliegenden Fall gerade nicht vorliegt.[265]

aus der Höhe des Schadens (-)

In Betracht käme weiterhin, die Garantenstellung aus der Höhe des der Bank entstandenen Schadens abzuleiten. Derartige Erwägungen hat z.B. das OLG Hamburg[266] anklingen lassen, das eine Garantenstellung aus Treu und Glauben insbesondere dann annehmen wollte, wenn bei der Nichtaufklärung dem Vertragspartner ein nicht unerheblicher Schaden entstehen würde.

Diese Auffassung ist jedoch mit dem BGH (a.a.O.) abzulehnen. Vielmehr gelten auch beim Betrug durch Unterlassen nur die allgemein anerkannten Garantenstellungen (Gesetz, enges Vertrauensverhältnis, vertraglich Übernahme, Ingerenz), denn es ist nicht einzusehen, warum der Betrug im Rahmen der unechten Unterlassungsdelikte eine Sonderstellung einnehmen sollte.

§§ 263 I, 13 I StGB (-)

2. Damit scheidet mangels Garantenstellung die Annahme eines Betrugs durch Unterlassen gem. §§ 263 I, 13 I StGB aus.

IV. Ergebnis

M hat sich im ersten Tatkomplex nicht strafbar gemacht.

2. TATKOMPLEX: DAS ABHEBEN BEI DER B-BANK

STRAFBARKEIT DES M

I. Scheckkartenmißbrauch, § 266b I StGB

obj. Tatbestand

1. Indem M bei seiner Hausbank 1.000 DM abhob, könnte er sich nach § 266b StGB strafbar gemacht haben.

---

263 BGH NStZ 1994, 544
264 vgl. BGHSt 6, 198
265 BGH a.a.O.
266 NJW 1969, 336.

§ 266b StGB: echtes Sonderdelikt	§ 266b I StGB ist ein echtes Sonderdelikt, d.h. Täter kann hier nur sein, wem von seiner Bank eine Scheck- oder Kreditkarte überlassen worden ist.
⇒ *M aber tauglicher Täter*	Da dem M die EC-Karte von seiner Bank ausgestellt wurde, ist er tauglicher Täter.
	Die EC-Karte müßte ferner eine Scheck- oder Kreditkarte im Sinne des § 266b I StGB sein. Der Begriff der Scheck- oder Kreditkarte wird vom Gesetz vorausgesetzt. Die Vorschrift ist nach ihrem Sinn und Zweck aber jedenfalls nur auf solche Karten anwendbar, denen eine für § 266b I StGB tatbestandstypische Garantiefunktion innewohnt. Diese liegt vor, wenn der Inhaber der Karte durch deren Verwendung das ausstellende Institut einem Dritten gegenüber wirksam zur Zahlung verpflichten kann.
aber: § 266b I StGB im Zwei-Partner-Verhältnis nicht anwendbar	Daher ist § 266b I StGB im sog. Zwei-Partner-Verhältnis (Kundenkarten, die von Banken, Kaufhäusern Autovermietern etc. ausgegeben werden) nicht anwendbar.[267] Hier verwendet der Inhaber die Kreditkarte nämlich nur gegenüber dem ausstellenden Institut selbst, so daß nicht davon gesprochen werden kann, daß ein Dritter zu einer Zahlung verpflichtet wird.
	Die EC-Karte nimmt eine problematische Zwischenstellung ein: Sie kann sowohl gegenüber der eigenen Bank (dann nur Zwei-Partner-System) als auch gegenüber anderen Kreditinstituten (dann Drei-Partner-System) verwendet werden.
bei EC-Karte stets konkrete Verwendung maßgebend	Es kommt daher stets auf die konkrete Verwendung der Karte an. Wird wie hier in Verbindung mit der Geheimnummer am hauseigenen Automaten Geld abgehoben, kommt die eigentliche Garantiefunktion der Karte nicht zum Tragen. Diese wird in dieser Situation lediglich als "Automatenschlüssel" eingesetzt. Der Schutz durch § 266b I StGB ist hier auch weniger erforderlich, da das ausstellende Institut die Verwendung der Karte problemlos selbst überwachen kann.
§ 266b I StGB (-)	2. M hat sich daher nicht nach § 266b I StGB strafbar gemacht.

II. Betrug, § 263 I StGB

§ 263 I StGB (-)	Eine Bestrafung des M wegen Betrugs scheitert schon an einer relevanten Täuschungshandlung. Mit der Benutzung des Automaten wollte M nicht auf die Vorstellung eines anderen einwirken. Täuschen kann man nur Menschen, nicht aber Automaten.

---

267 vgl. BGHSt 38, 283; BauObLG NJW 97, 3039 und die Nachweise bei D/T, § 266b Rn. 5

III. Computerbetrug, § 263a I 3.Alt. StGB

obj. Tatbestand

M könnte aber einen Computerbetrug begangen haben.

Beeinflussung einer Datenverarbeitung

1. § 263a I StGB setzt voraus, daß der Täter das Ergebnis einer Datenverarbeitung beeinflußt. An einer Beeinflussung könnte es hier fehlen, da der M nicht auf einen bereits laufenden Datenverarbeitungsvorgang eingewirkt hat, sondern vielmehr einen solchen erst in Gang gesetzt hat. Für eine derart einschränkende Auslegung besteht aber kein Anlaß. Immerhin kann das Ingangsetzen auch als die stärkste Form der Beeinflussung angesehen werden.

Verwendung von Daten

Als Tathandlung kommt die "unbefugte Verwendung von Daten" in Betracht. Mit der Geheimnummer hat M jedenfalls Daten i.S.d. § 263a I StGB verwendet.

"unbefugt"

Was das Merkmal "unbefugt" betrifft, so geht die wohl h.M. in den Bankautomatenfällen von einer betrugsspezifischen Auslegung aus.[268]

⇒ wohl h.M.: betrugsspezifische Auslegung

Umstritten ist dann allerdings, wann ein betrugsspezifisches Verhalten vorliegt.

Nach allgemeiner Meinung liegt jedenfalls dann eine unbefugte Verwendung der EC-Karte und der Geheimnummer vor, wenn derjenige, der die Abhebung vornimmt, die Karte durch verbotene Eigenmacht erlangt hat. Hier "täuscht" der Dritte konkludent vor, zum Abheben von Geld befugt zu sein.

str., ob § 263a StGB (+), wenn Kontoinhaber Abhebungen vornimmt, obwohl Kreditrahmen überschritten

Umstritten ist dagegen die Frage, ob ein betrugsspezifisches Verhalten auch dann vorliegt, wenn der Kontoinhaber selbst Bargeld abhebt, dabei jedoch seinen Kreditrahmen überschreitet.

Nach einer Ansicht ist auf das zivilrechtliche Innenverhältnis zwischen der Bank und dem Kunden abzustellen.[269] Die Einhaltung der AGB der Banken und insbesondere die Nichtüberschreitung des Kreditrahmens sei die selbstverständliche Geschäftsgrundlage für die Benutzung des Geldautomaten. Für diese Ansicht spricht, daß auf diese Weise Strafbarkeitslücken vermieden werden, die dadurch entstehen, daß § 266b I StGB im Zwei-Partner-Verhältnis nicht anwendbar ist.

wohl abzulehnen

Gegen diese Ansicht spricht jedoch, daß die Ausgestaltung der allgemeinen Kontobedingungen die strafrechtliche Würdigung eines Verhaltens nicht so weitgehend beeinflussen kann. Andernfalls würde die Bank so die technischen Mängel mit strafrechtlichem Risiko auf ihre Kunden abwälzen.[270]

---

268 vgl. insofern D/T, § 263a Rn. 8 und OLG Köln NJW 92, 126
269 D/T, § 263a Rn. 8a; WESSELS, BT-2, § 13 V 2
270 so vor allem S/S - CRAMER, § 263a Rn. 10 f

DER GELDREGEN

Darüber hinaus enthält § 266b I StGB nach dem Willen des Gesetzgebers ein auf den Inhaber der Scheck- oder Kreditkarte beschränktes Sonderdelikt, das mit seinem geringen Strafrahmen die Fälle des Mißbrauchs durch den Karteninhaber abschließend regeln soll.[271]

Richtigerweise ist daher darauf abzustellen, ob die Daten gerade in bezug auf ihre Funktion im Programm unbefugt verwendet werden. Die persönliche Geheimzahl hat aber nur die Funktion, den Inhaber der Karte als solchen zu identifizieren. Der Inhaber "erklärt" mit der Eingabe der Geheimnummer nicht etwa konkludent seine Kreditwürdigkeit.

Da M als Inhaber der Karte mit der Verwendung der Geheimnummer lediglich seine Identität nachweist, liegt kein betrugsspezifisches Verhalten vor.

§ 263a I StGB (-)

2. M hat sich auch nicht nach § 263a I StGB strafbar gemacht.

IV. Erschleichen von Leistungen, § 265a I 1.Alt StGB

§ 265a I 1.Alt StGB (-)

Eine Bestrafung des M aus § 265a StGB scheitert aus mehreren Gründen.

138

Zum ersten fallen Geldautomaten nicht unter diese Vorschrift, da sie keine Leistung gegen "Entgelt" anbieten.

Zum zweiten setzt ein "Erschleichen" die ordnungswidrige Bedienung der technischen Vorrichtungen voraus. Daran fehlt es, weil M den Automaten mit der Geheimnummer absolut funktionsgerecht bedient hat.

Bei gleichzeitiger Bejahung des § 263a StGB würde § 265a StGB schließlich an der gesetzlich angeordneten Subsidiarität scheitern.

V. Diebstahl der 1.000 DM, § 242 I StGB

obj. Tatbestand

1. Das Abheben des Geldes trotz überschrittenen Kreditlimits könnte sich aber als Diebstahl darstellen.

139

Neben dem Tatbestandsmerkmal "fremd" ist hier vor allem auch die Wegnahme problematisch.

Für die Frage, ob ein Gewahrsamsbruch vorliegt, stellt die Rechtsprechung in erster Linie auf das äußere Erscheinungsbild ab. Hiernach liegt ein Gewahrsamsbruch dann nicht vor, wenn der bisherige Gewahrsamsinhaber die Sache übergibt, mag diese Übergabe auch auf einer Täuschung beruhen.

---

271 S/S - CRAMER, § 263a Rn. 11

bei funktionsgerechter Bedienung: Gewahrsamsübertragung

Auf die Geldautomatenfälle übertragen, bedeutet dies, daß bei funktionsgerechter Bedienung der Automat entsprechend seinem Programm den Geldbetrag frei- (und damit über-)gibt, und dies sogar unabhängig davon, ob es sich bei dem abhebenden Kunden um den Berechtigten handelt.[272]

Ein Gewahrsamsbruch von seiten des M liegt daher nicht vor.[273]

Dagegen kann auch nicht eingewendet werden, daß bei Benutzung eines Warenautomaten mittels Falschgeld regelmäßig von Diebstahl ausgegangen wird. In dieser Konstellation wird der Automat - anders als im vorliegenden Fall - noch nicht einmal formal ordnungsgemäß bedient.

§ 242 I StGB (-)

2. Mangels Gewahrsamsbruchs hat sich M daher nicht nach § 242 I StGB strafbar gemacht.

VI. Unterschlagung der 1.000 DM, § 246 I StGB

obj. Tatbestand

1. M könnte aber gleichwohl den Tatbestand der Unterschlagung erfüllt haben, wenn die 1.000 DM für ihn nach wie vor fremd gewesen wären.

Daraus, daß der Täter infolge des der Bank zurechenbaren automatisierten Geldausgabeverfahrens den Gewahrsam der Bank an dem Geld nicht bricht, folgt nach dem BGH noch nicht, daß die Bank auch mit der Eigentumsübertragung einverstanden gewesen sei.

Denn die Gewahrsamsübertragung sei ein tatsächlicher Vorgang, die Übereignung dagegen ein Rechtsgeschäft, das unter einer Bedingung erfolgen könne.[274]

Das Geldinstitut hat nämlich weder Grund noch Anlaß, das ihm gehörende Geld demjenigen zu übereignen, der nach den allgemeinen Bankenbedingungen schon längst nicht mehr zu Abhebungen berechtigt ist.

Unumstritten ist die Ansicht des BGH allerdings nicht. Es wird eingewandt, es sei widersprüchlich, Gewahrsamsübertragung und Übereignung nach unterschiedlichen Kriterien zu beurteilen.[275]

Fremdheit des Geldes (+), da nur bedingte Übereignung

Schließt man sich der Auffassung des BGH an, ist im vorliegenden Fall von einer nur bedingten Übereignung auszugehen. Das Geld war daher für M nach wie vor fremd.

140

---

272 BGH NJW 88, 979, 980
273 BGHSt 35, 158; für Diebstahl aber S/S - Eser § 242 Rn. 36 m.w.N.
274 BGH NJW 88, 979, 980, kritisch dazu Wessels, BT 2 § 2 IV 4 f
275 Wessels, BT-2, § 2 IV 4

Spätestens im Ausgeben kann dann auch die objektive Manifestation einer Zueignung gesehen werden.

Vorsatz, Rwk, Schuld (+)

2. M hat auch vorsätzlich, rechtswidrig und schuldhaft gehandelt.

§ 246 I StGB (+)

3. M hat sich nach § 246 I StGB strafbar gemacht.

3. TATKOMPLEX: DAS ABHEBEN BEI DER C-BANK

A. STRAFBARKEIT DES M

I. Scheckkartenmißbrauch, § 266b I StGB

hier: Drei-Partner-Verhältnis

1. Indem M dieses Mal bei einer fremden Bank am Automaten Geld gezogen hat, liegt hier unproblematisch das Drei-Partner-Verhältnis vor.

In dieser Konstellation wird von dem Täter auch die tatbestandstypische Garantiefunktion der EC-Karte ausgenutzt.[276]

§ 266b I StGB (+)

2. Da M vorsätzlich, rechtswidrig und schuldhaft gehandelt hat, ist er nach § 266b I StGB zu bestrafen.

II. Computerbetrug, § 263a I StGB

§ 263a I StGB (-)

Ob auch der Tatbestand des § 263a I StGB gegeben ist, hängt wiederum von der Frage ab, ob diese Vorschrift auch den Kartenmißbrauch durch den berechtigten Karteninhaber erfaßt, der lediglich seine zivilrechtlichen Befugnisse im Innenverhältnis überschreitet.[277]

Da die besseren Argumente dafür sprechen, den Kartenmißbrauch durch den berechtigten Karteninhaber von § 266b I StGB abschließend erfaßt zu sehen, hat sich M in diesem Tatkomplex ebenfalls nicht nach § 263a I StGB strafbar gemacht.

III. Unterschlagung, § 246 I StGB

§ 246 I StGB (+)

1. Eine Strafbarkeit des M wegen Unterschlagung kann man mit denselben Argumenten bejahen wie im zweiten Tatkomplex.

---

276 BGHSt 38, 283

277 dafür: ELS, BT-2, § 13 V 2; D/T, § 263a Rn. 8a mit weiteren Nachweisen; dagegen: S/S - CRAMER, § 263a Rn. 19

Eine andere Ansicht erscheint hier aber auch deshalb gut vertretbar, weil sich die fremde Bank über die Überschreitung des Innenverhältnisses gegenüber der Hausbank keine Gedanken zu machen braucht, so daß man auch von einer unbedingten Übereignung ausgehen könnte.

aber § 266b I StGB lex specialis

2. Bejaht man aber die Strafbarkeit nach § 246 I StGB, so wird man § 266b I StGB als lex specialis ansehen müssen, wenn man der vorzugswürdigen Ansicht folgt, daß die Strafbarkeit des berechtigten Karteninhabers in § 266b I StGB abschließend geregelt ist.[278]

B. STRAFBARKEIT DER E

I. Anstiftung zum Scheckkartenmißbrauch, §§ 266b I, 26 StGB

Haupttat (+)

1. Eine vorsätzliche rechtswidrige Haupttat liegt von seiten des M vor.

Bestimmen (-)

2. Zu dieser müßte die E den M bestimmt haben. Unter "Bestimmen" wird nach allgemeiner Auffassung das Wecken des Tatentschlusses verstanden. Das kann im vorliegenden Fall auch unproblematisch angenommen werden, da der M die Abhebung erst auf Drängen der E vorgenommen hat.

Anstiftervorsatz (+)

3. E hat auch mit doppeltem Anstiftervorsatz gehandelt.

Rwk, Schuld (+)

4. Rechtswidrigkeit und Schuld liegen vor.

§ 28 I StGB?

5. Auf Strafzumessungsebene ist fraglich, ob zugunsten der E § 28 I StGB zur Anwendung kommt.

h.M. (+)

Die h.M. nimmt dies an[279], da es sich bei § 266b I StGB um ein echtes Sonderdelikt handele, so daß die Kartenberechtigung ein besonderes persönliches, die Strafbarkeit begründendes Merkmal i.S.d. § 28 I StGB sei.

a.A. (-)

Nach anderer Ansicht[280] soll dies nicht der Fall sein. Die Beschränkung des § 266b I StGB auf Personen mit bestimmten Dispositionsmöglichkeiten ergebe sich nur aus der besonderen Anfälligkeit des Vermögens ihnen gegenüber, beruhe aber nicht auf dem Gedanken eine von der Rechtsgutsverletzung unabhängigen persönlichen Unrechts.

---

278 S/S - CRAMER, § 263a Rn. 11

279 vgl. D/T, § 266b Rn. 3 und die Nachweise bei S/S - LENCKNER, § 266b Rn. 13

280 vor allem S/S - LENCKNER, § 266b Rn. 13 i.V.m. § 266 Rn. 52

§§ 266b I, 26 StGB, aber § 28 I StGB

Schließt man sich der ganz überwiegenden Ansicht in der Lehre und Rechtsprechung an, so kommt der E die obligatorische Strafmilderung des § 28 I StGB zugute.

II. Hehlerei, § 259 I StGB

obj. Tatbestand

1. E könnte, indem sie das Kleid annahm, das mit dem bei der C-Bank gezogenen Geld gekauft worden war, eine Hehlerei begangen haben.

145

Das Geld stammte zunächst sicher aus einer gegen fremdes Vermögen gerichteten Tat, § 266b I StGB (vgl. oben).

E tauglicher Täter

Daß die E den M zu dieser Tat angestiftet hat, ist unschädlich, denn dadurch wird sie nicht zum Vortäter i.S.d. § 259 I StGB. Der Anstifter weckt ja gerade den Tatentschluß eines anderen. Insofern kann er tauglicher Täter einer Hehlerei bzgl. der Beute aus der angestifteten Tat sein.

Problematisch ist allerdings, daß sich die E ja nicht das Geld, sondern das mit diesem gekaufte Kleid hat schenken lassen.

hier nur (straflose) Ersatzhehlerei

Bzgl. des Geldes liegt daher nur eine Ersatzhehlerei vor, die von § 259 I StGB nach ganz allgemeiner Auffassung nicht erfaßt wird.[281]

§ 259 StGB käme aber gleichwohl in Betracht, wenn der M bei dem Erwerb des Kleids erneut ein Vermögensdelikt begangen hätte.

Eine Strafbarkeit des M nach § 263 I StGB ist hier aber nicht gegeben, da der Inhaber des Geschäfts Eigentum an dem Geld jedenfalls gutgläubig nach §§ 929 S.1, 932, 935 II BGB erwerben konnte.

Nach alledem liegt hier nur ein Fall der straflosen Ersatzhehlerei vor.

§ 258 I StGB (-)

2. E hat sich nicht nach § 259 I StGB strafbar gemacht.

4. TATKOMPLEX: DER ERSTE SPIELBANKBESUCH

STRAFBARKEIT DES M

I. Diebstahl, § 242 I StGB

obj. Tatbestand

Die Mitnahme des von M gewonnenen Geldes könnte sich als Diebstahl darstellen.

146

---

281 S/S - STREE, § 259 Rn. 14

Fremdheit der Münzen?

1. Voraussetzung dafür wäre, daß es sich bei dem Geld noch um eine für M fremde Sache handelte. Das ist aber gerade fraglich, da man auch davon ausgehen könnte, daß dem M die Münzen durch Ausschüttung nach § 929 S.1 BGB übereignet wurden. Hätte M den Automaten in jeder Hinsicht ordnungsgemäß bedient, wäre das unstreitig. Man könnte daher vertreten, die Übereignung der Münzen von seiten des Automatenaufstellers erfolge unter der konkludenten Bedingung des regelgemäßen Spielens.

wohl (-), keine bedingte Übereignung

Eine solche Argumentation läuft aber im Ergebnis auf eine Fiktion hinaus. Schon aus Gründen der Rechtssicherheit wird man verlangen müssen, daß Anhaltspunkte für einen fehlenden Übereignungswillen objektiv erkennbar sind. Rein subjektiv gebliebene Vorbehalte des Betreibers genügen nicht.[282]

Nach außen hin wird nämlich der Automat von M absolut ordnungsgemäß bedient.

Des weiteren besteht auch zu den EC-Karten-Fällen, in denen der BGH regelmäßig von einer bedingten Übereignung ausging, ein wichtiger Unterschied: zum einen fehlt es an einem durch ein entsprechendes Legitimationsmerkmal begrenzten Personenkreis - die Spielautomaten sind allgemein zugänglich - , zum anderen gibt es in diesem Bereich noch keine AGB.[283]

Nach alledem ist davon auszugehen, daß dem M die Münzen wirksam übereignet wurden.

§ 242 I StGB (-)

2. Mangels Fremdheit der Münzen hat sich M nicht nach § 242 I StGB strafbar gemacht. Aus denselben Gründen scheitert auch eine Strafbarkeit des M wegen Unterschlagung gemäß § 246 I StGB.

> "HEMMER-METHODE": Mit extrem guter Argumentation war hier auch eine anderes Ergebnis vertretbar. Konstruktiv ist die Annahme einer Bedingung immerhin möglich. Überlegen müssen Sie dann weiterhin, ob sowohl die Gewahrsamsübertragung als auch die dingliche Einigung bedingt erfolgen, vgl. hierzu die Ausführungen im zweiten Tatkomplex. Je nachdem hat sich M dann eines Diebstahls oder einer Unterschlagung schuldig gemacht.
> Beachten Sie in diesem Kontext auch OLG Celle NJW 97, 1518, das selbstverständlich von § 242 I StGB (also auch von einer bedingten Gewahrsamsübereignung) ausgeht, wenn der Täter einen Geldspielautomaten mit falschen Münzen bedient, um echte zu erlangen. Auch wenn der Automat mit einem elektronischen Münzprüfer ausgestattet ist, begeht der Täter nach Ansicht des Gerichts keinen Computerbetrug, sondern einen Diebstahl. Der Unterschied zum vorliegenden Fall besteht allerdings darin, daß aufgrund der Verwendung von Falschgeld der Automat hier noch nicht einmal formal ordnungsgemäß bedient wird.

---

282 vgl. HILGENDORF, JuS 97, 130.
283 vgl. ARLOTH, Jura 96, 354, 358.

II. Erschleichen von Leistungen, § 265a I StGB

obj. Tatbestand

M könnte sich aber eventuell nach § 265a I Alt StGB strafbar gemacht haben.

h.M.: § 265a I StGB nur bei Leistungsautomaten

1. Die noch h.M. unterscheidet hier zwischen Warenautomaten und Leistungsautomaten, wobei nur letztere von § 265a I StGB erfaßt sein sollen.[284]

Ob dieser Differenzierung zu folgen ist und in welche Kategorie der Spielautomat überhaupt einzuordnen wäre[285], kann aber dahinstehen, da die Strafbarkeit des M jedenfalls an anderen Merkmalen scheitert.

Zum ersten wird unter dem *Erschleichen* einer Leistung *nur die ordnungswidrige oder zumindest mißbräuchliche Benutzung der technischen Vorrichtungen* verstanden. Daran fehlt es, denn M hat den Spielautomaten äußerlich vollkommen ordnungsgemäß bedient.

Zum zweiten ist auch der subjektive Tatbestand nicht gegeben: Dem M ging es nicht darum, das Spielgeld nicht zu entrichten, sondern einen möglichst großen Gewinn zu erzielen.

§ 265a I 1.Alt StGB (-)

2. M hat sich damit nicht nach § 265a I 1.Alt StGB strafbar gemacht.[286]

III. Computerbetrug, § 263a StGB

obj. Tatbestand

M könnte sich aber des Computerbetrugs schuldig gemacht haben.

§ 263a I 3.Alt StGB?

1. In Betracht kommt zunächst eine Strafbarkeit nach der § 263a I 3.Alt StGB durch unbefugte Verwendung von Daten.

An dieser Stelle ist umstritten, ob eine unbefugte Verwendung von Daten nur bei Eingabe derselben vorliegt. Hieran würde es fehlen, denn M hat keine Daten in den beginnenden oder bereits angelaufenen Verarbeitungsvorgang eingeführt.

Allerdings läßt sich eine Beschränkung auf das Eingeben von Daten dem Wortlaut der Vorschrift nicht entnehmen. Es wird daher auch vertreten, daß eine Datenverwendung nicht nur vorliegt, wenn die Daten selbst Gegenstand einer Tätigkeit sind, sondern auch dann, wenn die fragliche Tätigkeit in Kenntnis und nach Maßgabe der Daten erfolgt.[287]

---

284 vgl. D/T, § 265a Rn. 1a
285 vgl. hierzu die Ausführungen bei OLG Celle NJW 97, 1518
286 das Ergebnis entspricht der ganz h.M. in der Literatur, vgl. nur HILGENDORF, JuS 97, 130, 131; ARLOTH, Jura 96, 354, 359
287 in diesem Sinn: HILGENDORF, JuS 97, 130, 131; RANFT, JuS 97, 19, 20; dagegen: ARLOTH, Jura 96, 354, 356 f.

vom BGH offengelassen	Der BGH hat die Verwirklichung der 3.Alt offengelassen, da er - um es schon vorwegzunehmen - jedenfalls die 4.Alt als gegeben ansah.
§ 263a I 4.Alt StGB?	**2.** M könnte jedenfalls in sonstiger Weise unbefugt auf den Datenablauf eingewirkt haben.
	Nach allgemeiner Auffassung stellt die 4.Alt des § 263a I StGB einen Auffangtatbestand dar, mit dem der Gesetzgeber das Entstehen von Strafbarkeitslücken verhindern wollte.
Einwirken auf den Datenablauf (+)	Das Merkmal des Einwirkens läßt sich noch unproblematisch bejahen: Das Drücken der Risikotaste hat zur Folge, daß zu diesem Zeitpunkt das normale Spiel in ein besonders programmiertes Spiel übergeht, bei dem erhöhte Gewinnchancen bestehen.[288]
unbefugt?	Fraglich ist aber, ob M *unbefugt* gehandelt hat. Die *Auslegung dieses Merkmals ist umstritten*. Es werden im wesentlichen drei Meinungen vertreten:
sog. subjektivierende Auslegung	Nach einer Ansicht kennzeichnet der Begriff unbefugt eine Datenverwendung, die dem ausdrücklichen oder mutmaßlichen Willen des Automatenaufstellers widerspricht; sog. subjektivierende Auslegung.[289]
betrugsspezifische Auslegung	Nach anderer Ansicht ist, um die Parallelität mit § 263 I StGB zu wahren, eine *betrugsspezifische Auslegung* erforderlich. Der Täter muß eine täuschungsgleiche Handlung begehen, so daß § 263 StGB gegeben wäre, wenn anstelle des Automaten ein Mensch stünde. Eine solche Auslegung hat das OLG Köln insbesondere für den EC-Kartenmißbrauch vertreten.[290]
computerspezifische Auslegung	Schließlich wird noch eine *computerspezifische Auslegung* vertreten, wonach die unbefugte Verwendung von Daten verarbeitungsspezifische Vorgänge betreffen muß. Auch nach der 4.Alt soll daher eine Computermanipulation erforderlich sein, an der es nach den Anhängern dieser Auffassung im Fall des Leerspielens von Glücksautomaten fehlt.[291]
	Gegen diese Ansicht spricht aber, daß auch das Merkmal der Computermanipulation sehr unbestimmt ist und daher vorhersehbare Ergebnisse nicht gewährleistet.[292]

---

[288] BGH NJW 95, 669, 670
[289] sog. subjektivierende Auslegung, vertreten z.B. von HILGENDORF, JuS 97, 130,132
[290] OLG Köln NJW 92, 125, 126; vgl. auch die Ausführungen im 2. Tatkomplex
[291] vgl. ARLOTH, Jura 96, 354, 358
[292] so HILGENDORF, JuS 97, 130, 132; aber auch ARLOTH selbst, vgl. Jura 96, 354, 358

DER GELDREGEN

BGH: subjektivierende Auslegung

Der BGH hat sich für den Fall des Leerspielens von Glücksautomaten der subjektivierenden Auslegung angeschlossen. Dies hat er wie folgt begründet: Da geschütztes Rechtsgut des § 263a I StGB wie beim Betrug das Individualvermögen sei, müsse dem Willen des Automatenbetreibers, des Inhabers dieses Rechtsguts, maßgebliche Bedeutung zukommen.[293] Gewinnbringendes Spielen an einem Geldautomaten sei daher nicht unbefugt, wenn es der Aufsteller ausdrücklich oder stillschweigend gestattet habe. Das verneint der BGH aber für den Fall, daß der Täter - wie im vorliegenden Fall - ein rechtswidrig erlangtes Computerprogramm auswertet, um so einen "Schlüssel" zu einem Spielverlauf einzusetzen, den der Hersteller des Spielautomaten aus gutem Grund "verschlüsselt" hat.[294]

In solchen Fällen sei das Spielen an dem Geldautomaten von dem Willen des Betreibers nicht mehr gedeckt.

Aber auch wenn man sich der betrugsspezifischen Auslegung anschließt, kann man eine Strafbarkeit des M im vorliegenden Fall bejahen, wenn man darauf abstellt, daß der Umstand, sich nicht illegal Kenntnis vom Programmablauf verschafft zu haben, schlüssig miterklärt wird.[295] In der Bedienung des Geldautomaten soll zugleich die Erklärung liegen, ein Risiko auch tatsächlich eingehen zu wollen.

Vermögensschaden und subj. Tatbestand (+)

3. Vermögensschaden des Betreibers, Vorsatz und Bereicherungsabsicht des M sind ebenfalls gegeben.

Daß der Gewinn des M eventuell durch die Verluste späterer Spiel kompensiert wird, kann nicht entscheidend sein, denn der Geldstand im Automaten ist aufgrund der Manipulationen des M jedenfalls niedriger, als er ohne das Spiel des M gewesen wäre.

§ 263a I StGB

4. Rechtswidrigkeit und Schuld liegen ebenfalls vor, so daß M aus § 263a I StGB zu bestrafen ist.

> **"HEMMER-METHODE":** Es handelt sich hier um ein sehr spezielles Problem. Mit guter eigener Argumentation konnte hier jede Ansicht vertreten werden. Insbesondere war es auch möglich, eine Strafbarkeit des M nach dem StGB völlig abzulehnen. Absolute Einigkeit zwischen Literatur und Rechtsprechung besteht aber dahingehend, daß das Leerspielen eines Glücksautomaten eine strafbare Geheimnishehlerei nach § 17 II Nr.2 UWG darstellt, was aber laut Bearbeitervermerk nicht zu prüfen war. Auch hier galt wieder die Devise: nicht das Ergebnis oder die Kenntnis der aktuellen BGH-Entscheidung, sondern die Argumente zählen. Wichtig ist, daß Sie ein strafrechtliches Problembewußtsein entwickeln, um an den kritischen Stellen einzuhaken.

---

293 BGH NJW 95, 669, 670
294 BGH NJW 95, 669, 670
295 so vor allem LACKNER, § 263a Rn. 14a.

5. TATKOMPLEX: DER ZWEITE SPIELBANKBESUCH

STRAFBARKEIT DES M

I. Hausfriedensbruch, § 123 I StGB

§ 123 I StGB (+)

M hat sich unstreitig eines Hausfriedensbruchs nach § 123 I 1.Alt StGB. schuldig gemacht. Daß es sich bei der Spielbank grundsätzlich um der Allgemeinheit zugängliche Räumlichkeiten handelt, ist unerheblich, da der Inhaber des Hausrechts durch das Hausverbot gerade deutlich gemacht hat, daß er mit dem Betreten durch den M nicht einverstanden ist.

Gemäß § 123 II StGB wird die Tat allerdings nur auf Antrag verfolgt.

II. Computerbetrug, § 263a I StGB

obj. Tatbestand

Fraglich ist, ob auch in diesem Tatkomplex von seiten des M ein vollendeter Computerbetrug vorliegt.

§ 263a I 3.Alt StGB (-)

1. Eine unbefugte Datenverwendung i.S.d. § 263a I 3.Alt StGB liegt mit Sicherheit nicht vor, denn M hat bei seinem zweiten Besuch keinerlei Sonderwissen eingesetzt.

§ 263a I 4.Alt StGB?

Folgt man der subjektivierenden Auslegung des BGH, ließe sich § 263a I 4.Alt StGB dem Wortlaut nach noch bejahen, denn M hat gegen den Willen des Automatenaufstellers auf den Datenverarbeitungsvorgang eingewirkt.

Die Annahme eines Computerbetrugs in dieser Konstellation begegnet aber durchgreifenden Bedenken, da sich das materielle Unrecht des Vorgehens des M in dem Tatbestand des Hausfriedensbruchs erschöpft.

Stellt man aber grundsätzlich zur Bestimmung des Merkmals „unbefugt" auf den Willen des Automatenaufstellers ab, so wird man wenigstens verlangen müssen, daß sich der entgegenstehende Wille auf das „wie" der Benutzung und nicht lediglich auf das „ob" bezieht.

jedenfalls subj. Tatbestand (-)

Aber selbst wenn man den objektiven Tatbestand des Computerbetrugs bejahen würde, müßte man eine Strafbarkeit des M zumindest am subjektiven Tatbestand scheitern lassen: Indem M den Automaten absolut ordnungsgemäß bedient und auch kein Sonderwissen eingesetzt hat, wird man den erstrebten Vermögensvorteil kaum als rechtswidrig bezeichnen können. Auch die Verletzung des Hausverbots führt zu keinem anderen Ergebnis, denn die zivilrechtlichen Regeln, nach denen der Spielgewinn übereignet wird, bleiben hier von unberührt.[296]

---

296 vgl. auch HILGENDORF, JuS 97, 130, 132 f.

§ 263a I StGB (-)	**2.** M hat sich bei seinem zweiten Spielbankbesuch nicht nach § 263a I StGB strafbar gemacht.

III. Konkurrenzen

§ 53 I StGB	Die Unterschlagung im 2. Tatkomplex, der Scheckkartenmißbrauch im 3. Tatkomplex, der Computerbetrug im 4. Tatkomplex und der Hausfriedensbruch im letzten Tatkomplex stehen in Tatmehrheit, § 53 I StGB.	151

ZUSAMMENFASSUNG

1. Tatkomplex: Das Abheben des Geldes

Strafbarkeit des M

I. § 246 I StGB (-)

II. § 266 I StGB (-)
keine Vermögensbetreuungspflicht

III. § 263 I StGB (-)
für Täuschung durch Unterlassen fehlt es an der Garantenstellung

2. Tatkomplex: Das Abheben bei der B-Bank

Strafbarkeit des M

I. § 266b I StGB (-)
im Zwei-Partner-Verhältnis nach h.M. nicht anwendbar

II. § 263 I StGB (-)

III. § 263a I 3.Alt StGB (-)
Vorschrift ist beim berechtigten Karteninhaber, der seine Befugnisse im Innenverhältnis überschreitet, nicht anwendbar

IV. § 265a I 1.Alt StGB (-)

V. § 242 I StGB (-)
Wegnahme aufgrund Gewahrsamsübertragung (-)

VI. § 246 I StGB (+)

3. Tatkomplex: Das Abheben bei der C-Bank

A. Strafbarkeit des M

I. § 266b I StGB (+)

II. § 263a I StGB (-)

III. § 246 I StGB (+)

B. Strafbarkeit der E

I. § 266b I, 26 StGB (+)
nach h.M. § 28 I StGB einschlägig

II. § 259 I StGB (-)

4. Tatkomplex: Der erste Spielbankbesuch

Strafbarkeit des M

I. § 242 I StGB (-)
Geld wurde übereignet

II. § 265a I StGB (-)

III. § 263a I StGB (+)
nach BGH jedenfalls 4.Alt gegeben; subjektivierende Auslegung des Merkmals "unbefugt"

5. Tatkomplex: Der zweite Spielbankbesuch

Strafbarkeit des M

I. § 123 I StGB (+)

II. § 263a I StGB (-)

III. Konkurrenzen

Seite 147

Seite 148

Notizen

STICHWORTVERZEICHNIS

Absetzen	67; 114
Angehörigenprivileg	12
Anstiftung	13; 14; 18; 19; 21; 22; 68; 69; 144
doppelter Anstiftervorsatz	13
versuchte	19; 23
Apprehensionstheorie	28; 34
Bandendiebstahl	106
schwerer	107; 110
Begünstigung	65; 67; 68; 120
Beihilfe	16; 110
psychische	16
Beleidigung	47; 48
Kundgabe	47
unter Kollektivbezeichnung	48
Beleidigungsfähigkeit	46
Bereicherungsabsicht	118
Bestimmtheitsgrundsatz	42
Betrug	36; 79; 103; 112; 113; 122 ff.; 128; 129; 134; 136
Abgrenzung zum Diebstahl	37
Dreiecksbetrug	36; 61; 128;
eigennütziger	123
Eingehungsbetrug	123
fremdnütziger	123
individueller Schadenseinschlag	123
Irrtumserregung	36; 123
Komplizenbetrug	112
Sachbetrug	37
Stoffgleichheit	123
Täuschung durch Unterlassen	134
Täuschungshandlung	36; 123
Verfügungswillen	37
Vermögensbegriff	112
Vermögensschaden	36; 123; 128
Vermögensverfügung	36; 123
Versicherungsbetrug	96
Beweiszeichen	29
Brandstiftung	88
besonders schwere	90
Inbrandsetzen	88
schwere	88; 89; 97
Computerbetrug	137; 142; 148; 150
Diebstahl	1; 28; 34; 35; 37; 39; 61; 64; 105; 139; 146
Abgrenzung zum Betrug	37
besonders schwerer Fall	39; 105
Gewahrsamsbegründung	28; 39
Vollendung der Wegnahme	39
Wegnahme	37
Zueignungsabsicht	1
Dreiecksbetrug	36; 61; 128
Dreieckserpressung	61
Eingehungsbetrug	123
Entführen	55
Entwidmung	88
Erfolgsqualifikation, Versuch der	90
Erpresserischer Menschenraub	54
einschränkende Auslegung	55
Erpressung	118
Ersatzhehlerei	145
Erschleichen von Leistungen	138; 147
Fahrlässige Körperverletzung	99; 100
Fahrlässige Tötung	95
Falsche Verdächtigung	101
Falsche Versicherung an Eides Statt	9; 19
Formalbeleidigung	48
Freibeweis	9
Freiheitsberaubung	56
Garantenstellung	15; 95; 134
Gefährdung des Straßenverkehrs	76; 87
Gefährdungsdelikt	
abstraktes	86; 89
konkretes	87; 92
Gefährliche Körperverletzung	59; 83
Gefährlicher Eingriff in den Straßenverkehr	43; 44; 75; 80
Geiselnahme	55; 63
einschränkende Auslegung	55
Geldwäsche	121
Gemeinschädliche Sachbeschädigung	93
Gewahrsam	28; 34; 39;
Gewahrsamsbruch	139
Gewahrsamsenklave	28; 39
Gewalt	40; 42
Handlungseinheit, natürliche	38
Hausfriedensbruch	27; 149
Hehlerei	67; 70; 71; 114; 120; 145
Absatzhilfe	67
Absetzen	67; 114
Ersatzhehlerei	145
Sich-Verschaffen	67; 71; 114; 120
Herbeiführen einer Sprengstoffexplosion	92

STICHWORTVERZEICHNIS

Identitätstäuschung	130
Ingerenz	15
Kausalität	15; 40
Kennzeichen	29
Komplizenbetrug	112
Konkurrenzlösung	115
Konsumtion	3; 38
Körperverletzung	
fahrlässige	99; 100
Kundgabe	47
Landfriedensbruch	41; 45
Leerspielen von Glücksautomaten	148
Leistungsautomat	147
Meineid	4; 11; 22
minder schwerer Fall	5
Meinungsfreiheit	46
Mißbrauch von Ausweispapieren	127
Mittäterschaft	80; 105
Mittelbare Falschbeurkundung	8
Nachteilszufügungsabsicht	29; 30
Näheverhältnis	61
Nötigung	40; 42; 119
Fernziele	40; 42
Gewaltbegriff	42
Verwerflichkeit	40; 119
Pressefreiheit	46
Raub	52; 60; 62; 81
Abgrenzung zur räuberischen Erpressung	51
Räuberische Erpressung	51; 61; 82
Abgrenzung zum Raub	51
Vermögensverfügung	51
Räuberischer Angriff auf Kraftfahrer	53; 56; 84
Räuberischer Diebstahl	37
Sachbeschädigung	32; 78; 91; 108; 111
gemeinschädliche	93
Sachbetrug	37
Sachwerttheorie	1
Scheckkartenmißbrauch	135; 141; 144
Selbstgefährdung	95; 99
Sitzblockade	40; 42
Sonderdelikt	135; 144

Sprengstoffexplosion	92
Stoffgleichheit	123
Strafantrag	28; 32; 36; 37
Strafvereitelung	6; 10; 12; 18; 21; 25; 66; 69; 72 ff.; 120
Angehörigenprivileg	12
Strafzumessung	40
Substanztheorie	1
Tatbestandslösung	115
Täterschaft	
mittelbare	24; 25
Tatherrschaftslehre	80
Täuschungshandlung	36
Totschlag	58
Tötung	
fahrlässige	95
Trunkenheit im Straßenverkehr	85
Üble Nachrede	46
Unbefugter Fahrzeuggebrauch	2
Uneidliche Falschaussage	14
Unerlaubtes Entfernen vom Unfallort	77
Unmittelbarkeitsgrundsatz	10
Unterlassen	15; 134
Unternehmensdelikt	57
Unterschlagung	115; 117; 132; 146
wiederholende Zueignung	115
Untreue	133
Vermögensbetreuungspflicht	133
Urkunde	29; 126
Beweiszeichen	29
Fotokopien	126
öffentliche	8
zusammengesetzte	29; 30; 33; 126
Urkundenfälschung	30; 33; 126; 130
Identitätstäuschung	130
Urkundenunterdrückung	29; 30; 31
Nachteilszufügungsabsicht	29; 30
Verbotsirrtum	16
Vereidigungsverbot	4
Verfälschungstatbestand	30
Verfügungswillen	37
Verleitung zur Falschaussage	24
Verleumdung	46
Vermögensbegriff	112
Vermögensbetreuungspflicht	133

STICHWORTVERZEICHNIS Seite 153

Vermögensschaden	36
Vermögensverfügung	36; 37; 51
Versammlungsfreiheit	40
Versicherung, eidesstattliche	9
Versicherungsbetrug	69; 98
Versuch	
erfolgsqualifizierter	90
untauglicher	20
Versuchte Anstiftung	19
Verwerflichkeit	40
Vollstreckungsvereitelung	74

Vortäuschen einer Straftat	7; 102
Wahndelikt	20
Wahrnehmung berechtigter Interessen	46
Warenautomat	147
Wegnahme	37; 39
Werkzeug, gefährliches	59
Zerstörung von Bauwerken	94
Zueignungsabsicht	1; 51

INFO '97

"Wer den Hafen nicht kennt, für den ist kein Wind günstig."
(Seneca)

Der Wind war günstig.

*** Examensergebnisse Januar 1997 ***
*** z.B: Kursteilnehmer München ***
*** in einem Termin! ***

2x sehr gut: 14,04; 14,00
14x gut: 13,41; 13,40; 13,30; 13,10; 13,00; 13,00; 12,80; 12,56; 12,50; 12,04; 11,70; 11,56; 11,56; 11,50
20x vollbefriedigend: 11,12; 10,93; 10,83; 10,80; 10,66; 10,62; 10,45; 10,45; 10,30; 10,10; 10,00
9,93; 9,90; 9,87; 9,81; 9,70; 9,54; 9,50; 9,10; 9,10

*** insgesamt also 36x über 9 Punkte! ***

Der Wind war nur günstig, weil der Hafen bekannt war!

examenstypisch • anspruchsvoll • umfassend

Juristisches Repetitorium
hemmer

hemmer/wüst Verlagsgesellschaft

Unsere Skripten

hemmer! Die Skripten — Überblick

.mini-basics

BGB für Einsteiger

.Basics

Basics

Assessor-Basics

.Zivilrecht

BGB-AT/SchR-AT

Schadensersatzrecht I–III

Schuldrecht-BT I/II

Gewährleistungsrecht

Bereicherungsrecht

Deliktsrecht I–II

Sachenrecht I–III

Kreditsicherungsrecht

Erb-/Familienrecht

ZPO I/II

Handels-/Gesellschaftsrecht

Arbeitsrecht

Rückgriffs-/
Herausgabeansprüche

IPR

Privatrecht für BWL'er, WiWis &
Steuerberater

EXAMENSTYPISCH · ANSPRUCHSVOLL · UMFASSEND

auf einen Blick

hemmer! Die Skripten

.Strafrecht

Strafrecht AT I/II

Strafrecht BT I/II

StPO

Kriminologie, Jugendstrafrecht und Strafvollzug

.Öffentliches Recht

Verwaltungsrecht I–III

Staatsrecht I–II

Europarecht

Völkerrecht

Baurecht

Polizeirecht

Kommunalrecht

Steuererklärung leicht gemacht

.Classics

Classics

.Fallsammlungen

Musterklausuren für die Scheine

Musterklausuren für's Examen

EXAMENSTYPISCH · ANSPRUCHSVOLL · UMFASSEND

Überblick

Neues Lernen mit der Hemmer-Methode

Der Aufbau

Unsere Skriptenreihe ist logisch und durchdacht aufgebaut:

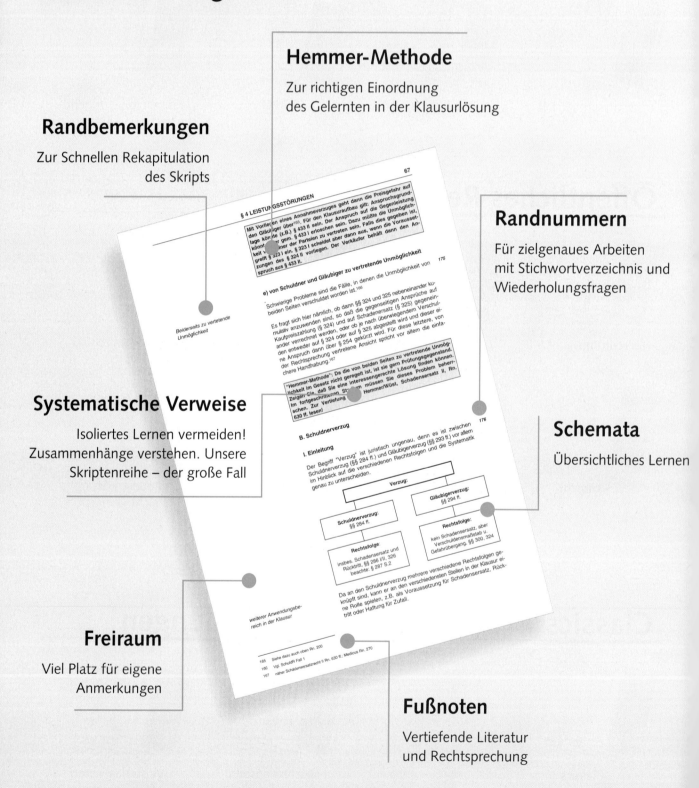

Hemmer-Methode
Zur richtigen Einordnung des Gelernten in der Klausurlösung

Randbemerkungen
Zur Schnellen Rekapitulation des Skripts

Randnummern
Für zielgenaues Arbeiten mit Stichwortverzeichnis und Wiederholungsfragen

Systematische Verweise
Isoliertes Lernen vermeiden! Zusammenhänge verstehen. Unsere Skriptenreihe – der große Fall

Schemata
Übersichtliches Lernen

Freiraum
Viel Platz für eigene Anmerkungen

Fußnoten
Vertiefende Literatur und Rechtsprechung

EXAMENSTYPISCH · ANSPRUCHSVOLL · UMFASSEND

mini-basics
Basics

Neues Lernen mit der Hemmer-Methode

hemmer! Die Skripten

Das Wichtigste in möglichst knapper Form leicht verständlich und klausurtaktisch aufbereitet. Konkrete Hinweise und Hintergrundinformationen erleichtern den Einstieg. Nichts ist wichtiger als richtig zu lernen! Sie sparen Zeit und Nerven! Das Studium macht Ihnen mehr Spaß, wenn Sie schon in den ersten Semestern wissen, mit welchem Anforderungsprofil Sie in Prüfungen zu rechnen haben und wie Sie den Vorstellungen, Ideen und Denkweisen von Klausurerstellern und Korrektoren möglichst nahe kommen. Die Basics behandeln das absolut notwendige Grundwissen. Die Hemmer-Methode vermittelt Ihnen Hintergrundwissen und gibt Ihnen Tips, wie Sie möglichst sicher durch Klausur und Hausarbeit kommen. Stellen Sie die Weichen für ein erfolgreiches Studium mit der Hemmer-Methode frühzeitig richtig.

.BGB für Einsteiger
nur DM 14,80

Jura leicht gelernt! Prüfungstypische Problemfelder des BGB im Westentaschenformat. Der ideale Einstieg ins Zivilrecht für Juristen, aber auch für BWL'er und WiWi's. Verschaffen Sie sich einen schnellen Überblick u.a. über BGB-AT, Schuldrecht, Bereicherungsrecht und Sachenrecht. Leicht und verständlich formuliert und mit vielen kleinen Beispielen. Und Jura macht Spaß!

.Basics Zivilrecht
nur DM 19,90

Vom Vertragsschluß bis zum EBV zeigt Ihnen dieses Skript, worauf es im Zivilrecht ankommt. Die wichtigsten Problemfelder des BGB werden mit der Hemmer-Methode kommentiert und zusätzlich anhand von Grafiken veranschaulicht. Dieses Skript ist sowohl für den Studienanfänger als auch für Endsemester ein unverzichtbares Hilfsmittel zur Prüfungsvorbereitung!

.Basics Strafrecht
nur DM 19,90

Alle klausurwichtigen Probleme und Fragestellungen des materiellen Strafrechts auf einen Blick: Vom StGB-AT bis hin zum StGB-BT finden Sie all das dargestellt, was als Grundlagenwissen im Strafrecht angesehen werden muß. Außerdem werden die wichtigsten Aufbaufragen mit der Hemmer-Methode einfach und leicht nachvollziehbar erläutert.

.Basics Öffentliches Recht
nur DM 19,90

Materielles und prozessuales Verfassungsrecht, ebenso wie Grundfragen des allgemeinen und besonderen Verwaltungsrechts, bilden zusammen mit wichtigen Problemstellungen des Staatshaftungsrechts die Grundlage für dieses Skript. Öffentliches Recht setzt Basiswissen voraus. Nur wenn Sie darin sicher sind, schreiben Sie die gute Klausur. Mit der Hemmer-Methode vermeiden Sie die typischen Fehler.

EXAMENSTYPISCH · ANSPRUCHSVOLL · UMFASSEND

Basics

Neues Lernen mit der Hemmer-Methode

BGB-AT / Schuldrecht-AT

Die Aufteilung der Unwirksamkeitsgründe nach den verschiedenen Büchern des BGB (z.B. BGB-AT, Schuldrecht) entspricht nicht der Struktur des Examensfalls. Unsere Skripten Primäranspruch I–III unterscheiden entsprechend der Fallfrage in Klausur, Hausarbeit und Examen zwischen wirksamen und unwirksamen Verträgen. Die Skripten Primäranspruch I–III sind als großer Fall gedacht und dienen auch als Checkliste für Ihre Prüfung.

.BGB-AT/SchR-AT

nur DM 19,90

BGB-AT · Der Primäranspruch I: Besteht der Vertrag, so kann der Anspruchsteller Erfüllung, z.B. Übereignung, Überlassung der Mietsache verlangen. Dies setzt unter anderem Rechtsfähigkeit der Vertragspartner, eine wirksame Willenserklärung, Zugang und ggf. Bevollmächtigung voraus. Nur wenn ein wirksamer Vertrag vorliegt, entsteht die Leistungspflicht des Schuldners und deren Folgeproblematik wie Wandelung und Schadensersatz.

BGB-AT/SchR-AT · Der Primäranspruch II: Scheitert der Vertrag von vornherein, so entfallen Erfüllungsansprüche. Die Unwirksamkeitsgründe sind im Gesetz verstreut, wie z.B. § 125, § 134, § 2301 BGB. Als konsequentes Rechtsfolgenskriptum sind alle klausurtypischen rechtshindernden Einwendungen zusammengefaßt. Lernen Sie mit der Hemmer-Methode frühzeitig, die im BGB verstreuten Unwirksamkeitsgründe richtig einzuordnen.

BGB-AT/SchR-AT · Der Primäranspruch III: Der Primäranspruch (bzw. Leistungs- oder Erfüllungsanspruch) fällt nachträglich weg, wie z.B. durch Erfüllung, Aufrechnung, Anfechtung, Unmöglichkeit. Nur wer Unwirksamkeitsgründe im Kontext des gescheiterten Vertrags einordnet, lernt richtig. Die rechtshemmenden Einreden bewirken, daß der Berechtigte sein Recht nicht (mehr) geltend machen kann.

EXAMENSTYPISCH · ANSPRUCHSVOLL · UMFASSEND

Schuldrecht-AT/BT

Neues Lernen mit der Hemmer-Methode

hemmer! Die Skripten

Fast in jeder Prüfung werden Sie mit Schadensersatzansprüchen konfrontiert. Schadensersatz ist Ausgleich eines vom Schädiger erlittenen Nachteils, nicht Strafe. Die klausurtypischen Problemfelder des Schadensersatzes (wie u.a. Vermögens-/Nichtvermögensschaden; unmittelbarer/mittelbarer Schaden; Primär- und Sekundärschadensansprüche) werden grundlegend dargestellt. Dabei wird der Reihenfolge in der Klausur Rechnung getragen. Wiederum gilt: Schadensersatz I–III sind Checkliste zur Vorbereitung auf Klausur und Hausarbeit.

.Schadensersatzrecht

nur DM 19,90

Schadensersatzrecht I: Unterschieden wird zwischen vertraglichem Primäranspruch auf Schadensersatz (z.B. selbständiger Garantievertrag), gesetzlicher Garantiehaftung (z.B. §§ 463 S.1, 538 I 1.Alt. BGB) verschuldensabhängigen Gewährleistungsansprüchen sowie Rechtsmängelhaftung. Wichtig ist, die verschuldensunabhängige Schadensersatzverpflichtung von der schuldhaften abzugrenzen.

Schadensersatzrecht II: Behandelt die Klassiker wie Unmöglichkeit, Verzug, pVV, c.i.c. Dabei wird insbesondere Wert gelegt auf die Nahtstellen zum Besonderen Schuldrecht. Das Skriptum will Verständnis schaffen auch für neue Tendenzen im Schadensersatzrecht, wie z.B. die immer weitergehende Billigkeitshaftung bei der c.i.c.

Schadensersatzrecht III: Befaßt sich schwerpunktmäßig mit dem Anspruchsinhalt, d.h. mit der Frage des Umfangs der Ersatzpflicht, also dem "wieviel" eines dem Grunde nach bereits bestehenden Anspruchs. Ein Schadensersatzanspruch setzt bekanntlicherweise voraus, daß sowohl Anspruchsgrund (Haftungstatbestand) als auch der Anspruchsinhalt (Rechtsfolge) gegeben ist.

in Vorbereitung

.Schuldrecht-BT I/II

nur DM 19,90

Schuldrecht-BT I: Kaufrecht, Tausch, Schenkung, Miete, VerbrKrG, HaustürWG.

Schuldrecht-BT II: Pacht, Leihe, Darlehen, Leasing und Factoring bis hin zu Schuldversprechen und Schuldanerkenntnis werden umfassend dargestellt. Auch die examenstypischen Problemkreise des Dienst- und Werkvertrags sowie des Reisevertrags dürfen nicht fehlen. Natürlich mit der Hemmer-Methode kommentiert. Ein "Muß" für jeden Juristen.

Erscheinungstermin voraussichtlich Mai 1998

Schuldrecht AT/BT

EXAMENSTYPISCH · ANSPRUCHSVOLL · UMFASSEND

Schuldrecht-BT

Neues Lernen mit der Hemmer-Methode

Gewährleistungsrecht, Bereicherungsrecht und Deliktsrecht sind die "Klassiker" jedes Examens. Genaue Kenntnisse der Zusammenhänge innerhalb der einzelnen Rechtsgebiete sowie deren Konkurrenzverhältnis sind absolut unerläßlich. Die Hemmer-Methode schärft Ihr Problembewußtsein.

.Gewährleistungsrecht

nur DM 19,90

Im Vordergrund des Gewährleistungsrechts steht die Störung des Äquivalenzinteresses: Leistung und Gegenleistung sind nicht gleichwertig. Nur wer die Möglichkeiten des Gläubigers wie Erfüllung/Nachlieferung/Nachbesserung/Wandelung/Minderung/Schadensersatz im Verhältnis zu den allgemeinen Bestimmungen (z.B. §§ 119 II; 320 ff. BGB; pVV) verstanden hat, hat klausurtypisch gelernt. Die Hemmer-Methode dient der Orientierung und erleichtert es, das Gewährleistungsrecht als Ganzes einzuordnen und zu verstehen.

.Bereicherungsrecht

nur DM 19,90

Die §§ 812 ff. BGB sind regelmäßig die Folge unwirksamer Verträge. Abgrenzungsprobleme gibt es u.a. zum Wegfall der Geschäftsgrundlage (z.B. Rückabwicklung bei der nichtehelichen Lebensgemeinschaft) und §§ 987 ff. BGB. Die Hemmer-Methode versteht sich als Gebrauchsanweisung für die erfolgreiche Bewältigung des anspruchsvollen Rechtsgebiets Bereicherungsrecht. Ohne Verständnis für dieses Rechtsgebiet bleibt der Zusammenhang im Zivilrecht im Dunkeln.

.Deliktsrecht

nur DM 19,90

Deliktsrecht I: Sämtliche klausurrelevanten Problemfelder der §§ 823 ff. werden umfassend behandelt. § 823 I BGB ist als elementarer, strafrechtsähnlicher Grundtatbestand leicht erlernbar. Die typischen Klausurprobleme wie Kausalität wurden besonders mit der Hemmer-Methode kommentiert. So vermeiden Sie häufig vorkommende Fehler. Auch bei § 831 BGB sollte nicht zu oberflächlich gelernt werden. Keinesfalls darf man sich zu früh auf den sog. "Entlastungsbeweis" stürzen.

Deliktsrecht II: Bei der Gefährdungshaftung steht im Vordergrund nicht die Tat, sondern die Zurechnung für einen geschaffenen Gefahrenkreis. Aus diesem Grund entfällt z.B. die Adäquanz bei § 833 S. 1 BGB im Rahmen der Kausalitätsprüfung. Klausurrelevant sind auch die Haftung nach StVG und ProdHaftG.

EXAMENSTYPISCH · ANSPRUCHSVOLL · UMFASSEND

Sachenrecht

Neues Lernen mit der Hemmer-Methode

Sachenrecht ist durch immer wiederkehrende examenstypische Problemfelder gut ausrechenbar. Anders als das Schuldrecht ist es ein klar strukturiertes Rechtsgebiet. In der Regel besteht deswegen eine feste Vorstellung, wie der Fall zu lösen ist. Deshalb gilt es gerade hier, mit der Hemmer-Methode den Ersteller der Klausur als imaginären Gegner zu erfassen. Es gilt, Begriffe wie Widerspruch und Vormerkung in ihrer rechtlichen Wirkung zu begreifen und in den Kontext der Klausur einzuordnen.

.Sachenrecht   nur DM 19,90

Sachenrecht I: Die allgemeinen Lehren des Sachenrechts wie z.B. Abstraktionsprinzip, Publizität, numerus clausus sind für den Einstieg und ein grundlegendes Verständnis der Materie unabdingbar. Die Hemmer-Methode vermittelt den ständigen Fallbezug, "trockenes" Lernen wird vermieden. Im Vordergrund stehen Be-sitzrecht und das examenstypische Eigentümer-Besitzer-Verhältnis. Schließlich lernen Sie auch den Beseitigungsanspruch aus § 1004 BGB kennen.

Sachenrecht II behandelt den Erwerb dinglicher Rechte an beweglichen Sachen. Neben dem Erwerb kraft Gesetzes ist Schwerpunkt der rechtsgeschäftliche Erwerb des Eigentums. Daneben geht es um die klausurrelevanten Probleme beim Pfandrecht, der Sicherungsübereignung und dem Anwartschaftsrecht des Vorbehaltsverkäufers. Zahlreiche Beispiele und Hinweise in der Hemmer-Methode ermöglichen ein anschauliches Lernen und stellen die nötigen Querverbindungen her.

Sachenrecht III gibt einen umfassenden Überblick über die examensrelevanten Gebiete des Grundstücksrechts. Lernen Sie die klassischen im Examen immer wiederkehrenden Probleme gutgläubiger Erst- und Zweiterwerb der Vormerkung, Mitreißtheorie beim gutgläubigen Erwerb einer Hypothek etc., richtig einzuordnen.

.Kreditsicherungsrecht   nur DM 19,90

Der Clou! "Wettlauf der Sicherungsgeber", "Verhältnis Hypothek zur Grundschuld", "Verlängerter Eigentumsvorbehalt und Globalzession/Faktoring" sind häufig Prüfungsgegenstand. Lernen Sie das, was zusammen gehört, als zusammengehörend zu betrachten: Wie sichere ich neben dem bestehenden Rückzahlungsanspruch einen Kredit? Unterschieden werden Personalsicherheiten (Bürgschaft, Schuldbeitritt, Schuldmitübernahme und Garantievertrag), Mobiliarsicherheiten (Sicherungsübereignung, Sicherungsabtretung, Eigentumsvorbehalt und Pfandrecht) sowie Immobiliarsicherheiten (Grundschuld und Hypothek). Nur wer die Unterscheidung zwischen akzessorischen und nichtakzessorischen Sicherungsmitteln verstanden hat, geht unbesorgt in die Prüfung.

EXAMENSTYPISCH · ANSPRUCHSVOLL · UMFASSEND

Neues Lernen mit der Hemmer-Methode

Erbrecht Familienrecht

Grundlegendes zum Erb- und Familienrecht gehört schon fast zum "Allgemein-Wissen". Das Gesetz selbst ist klar strukturiert. Es geht hier um Nachvollziehbarkeit und Berechenbarkeit. Für den Ersteller der Klausur ist Erb-/Familienrecht eine dankbare Fundgrube für Prüfungsfälle (u.a.: im Erbrecht die gesetzliche oder die gewillkürte Erbfolge, Widerruf, Anfechtung, gemeinschaftliches Testament, Vermächtnis; u.a. im Familienrecht: Ehestörungsklage, Zugewinnausgleich, nichteheliche Lebensgemeinschaft, Kindschaftsrecht).

.Erbrecht

nur DM 19,90

"Erben werden geboren, nicht gekoren" oder "Erben werden gezeugt, nicht geschrieben" deuten auf germanischen Einfluß mit seinem Sippengedanken. Das Prinzip der Universalsukzession und die Testamentsidee sind römisch-rechtliche Tradition. Die Spannung zwischen individualistischem (der Erbe steht im Vordergrund) und kollektivistischem Ansatz (die Sippe ist privilegiert) ist auch für die Klausur von großer praktischer Relevanz, z.B. gesetzliche oder gewillkürte Erbfolge, Formwirksamkeit des Testaments (auch gemeinschaftliches Testament und Erbvertrag), Widerruf und Anfechtung, Bestimmung durch Dritte, Vor- und Nach- sowie Ersatzerbschaft, Vermächtnis, Pflichtteilsrecht, Erbschaftsbesitz, Miterben, Erbschein. Auch die dingliche Surrogation, z.B. bei § 2019 BGB, und das Verhältnis Erbrecht zum Gesellschaftsrecht sollten als prüfungsrelevant bekannt sein.

.Familienrecht

nur DM 19,90

Das Familienrecht wird häufig in Verbindung mit anderen Rechtsgebieten geprüft. So sind z.B. §§ 1357, 1365, 1369 BGB Schnittstelle zum BGB-AT und nur in diesem Kontext verständlich. Die sog. "Ehestörungsklage" hat ihre Bedeutung bei §§ 823 und 1004 BGB. Da nur der geschädigte Ehegatte einen eigenen Schadensersatzanspruch gegen den Schädiger hat, stellen sich Probleme der Vorteilsanrechnung, vgl. § 843 IV BGB und Fragen beim Regreß. Von Bedeutung sind bei der "Nichtehelichen Lebensgemeinschaft" Bereicherungsrecht und, wie bei Eheleuten auch, familienrechtliche Bestimmungen sowie das Recht der BGB-Gesellschaft. Die typischen Problemkreise des Familienrechts sind berechenbar und damit leicht erlernbar.

EXAMENSTYPISCH · ANSPRUCHSVOLL · UMFASSEND

ZPO · HGB · ArbR

Neues Lernen mit der Hemmer-Methode

ZPO, HGB und Arbeitsrecht werden auch im Ersten Examen immer beliebter. Grund dafür ist die überragende Bedeutung dieser Rechtsgebiete in der Praxis. Nur wer rechtzeitig prozessuale, handelsrechtliche und arbeitsrechtliche Fragestellungen beherrscht, meistert dann auch die verkürzte Referendarzeit.

.Zivilprozeßrecht I/II

nur DM 19,90

Versäumnisurteil, Erledigung, Streitverkündung, Berufung (ZPO I, sog. Erkenntnisverfahren) sowie Drittwiderspruchsklage, Erinnerung (ZPO II, sog. Vollstreckungsverfahren) sind mit der Hemmer-Methode leicht verständlich für die Klausuranwendung aufbereitet. Von den vielen Bestimmungen der ZPO sind insbesondere diejenigen, die mit materiellrechtlichen Problemen verknüpft werden können, klausurrelevant. ZPO-Probleme werden nur dann richtig erfaßt und damit auch für die Klausur handhabbar, wenn man den praktischen Hintergrund verstanden hat. Dies erleichtert Ihnen die Hemmer-Methode.

.Handels-/Gesellschaftsrecht

nur DM 19,90

Handelsrecht ermöglicht den Klausurerstellern bestehende BGB-Probleme durch Sonderbestimmungen (z.B. § 15 HGB, Prokura) und/oder Handelsbrauch zu verlängern. Fragen des Gesellschaftsrechts, insbesondere die Haftungsproblematik, sind schwerpunktmäßig mit der Hemmer-Methode für die Klausurbearbeitung aufbereitet. Dabei gilt: Richtig gelernt ist häufig mehr! Mit Kenntnis der angesprochenen Problemkreise gehen Sie sicher in die (Examens-)klausur.

.Arbeitsrecht

nur DM 19,90

Arbeitsrecht ist stark von Richterrecht geprägt und hat sich auch, wie z.B. im Streikrecht, praeter legem entwickelt. Gerade aus diesen Gründen ist die Arbeitsrechtsklausur im Regelfall standardisiert: Kündigungsschutz (Feststellungsklage) und Lohnzahlung (Leistungsklage) bilden häufig das Grundgerüst. Eingestreut sind regelmäßig Probleme wie z.B. Gratifikationen, Urlaubsabgeltungsanspruch, faktische Bindung und Anwendbarkeit der Grundrechte. Das Skript ist klausurorientiert aufgebaut und wird mit der Hemmer-Methode zur idealen Gebrauchsanweisung für Ihre Arbeitsrechtsklausur.

EXAMENSTYPISCH · ANSPRUCHSVOLL · UMFASSEND

Neues Lernen mit der Hemmer-Methode

Sonderskripten

Über 20 Jahre Erfahrung in der Juristenausbildung kommen jetzt auch BWL'ern, WiWi's und Steuerberatern zugute. Gerade nicht verwissenschaftlicht kommt Jura 'rüber.
Wegen der ständig zunehmenden Verflechtung der internationalen Beziehungen gewinnt das IPR immer mehr an Bedeutung. Fälle mit Auslandsberührung sind inzwischen alles andere als eine Seltenheit.

.Herausgabeansprüche

nur DM 19,90

Der Band setzt das konsequente Rechtsfolgesystem der bisherigen Skripten fort. Ansprüche auf Herausgabe sind in Klausur (klassisches Examensproblem) und Praxis von wesentlicher Bedeutung. Die Anspruchsgrundlagen sind in verschiedenen Rechtsgebieten verstreut. Verschaffen Sie sich frühzeitig einen Überblick.

.Rückgriffsansprüche

nur DM 19,90

Der Regeß ist examenstypisch. Dreiecksbeziehungen sind nicht nur im wirklichen Leben problematisch, sondern auch im Recht. Der Band gibt unsere Erfahrungen mit den verschiedenen Examenskonstellationen wieder. Beispielshaft ist die Begleichung einer Schuld durch einen Dritten und der Regreß beim Schuldner. In Betracht kommen häufig GoA, Gesamtschuld und Bereicherungsrecht.

.Internationales Privatrecht

nur DM 19,90

In der Praxis wird der Jurist von morgen nicht darum herumkommen, sich mit IPR zu beschäftigen. Internationale Verflechtungen gewinnen an Bedeutung. Es wird auch den nationalen "Scheuklappen" entgegen gewirkt. Das Skript ist fallorientiert und ermöglicht den leichten Einstieg.

.Privatrecht für BWL'er, WiWis & Steuerberater

nur DM 19,90

Schneller – leichter – effektiver! Denken macht Spaß und Jura wird leicht. Gerade für "Nichtjuristen" ist wichtig, was und wie Sie Jura lernen sollen, wie Gelerntes in der Klausur angewendet wird. Wir geben Ihnen gezielte Tips und verraten typische Denkmuster von Klausurerstellern. Viele Fallbeispiele erleichtern das Verstehen.

EXAMENSTYPISCH · ANSPRUCHSVOLL · UMFASSEND

Strafrecht
Strafprozeßrecht
Kriminologie

Neues Lernen mit der Hemmer-Methode

hemmer! Die Skripten

Eine zweistellige Punktezahl ist im Strafrecht immer im Bereich des Möglichen. Gerade im Strafrecht ist es wichtig, die Klassiker genau zu kennen. Im Strafrecht/Strafprozeßrecht wird Ihre Belastbarkeit getestet: Innerhalb relativ kurzer Zeit müssen viele Problemkreise "abgehakt" werden.

.Strafrecht-AT I/II

nur DM **19,90**

Im Strafrecht-AT I finden Sie u.a. allgemeine Hinweise zum Aufbau von Klausur und Hausarbeit, das vorsätzliche Begehungs- wie auch Unterlassungsdelikt sowie das Fahrlässigkeitsdelikt. Anwendungsorientiert werden Ihnen im AT II z.B. die Problemkreise Versuch (insbesondere Rücktritt vom Versuch), Täterschaft und Teilnahme (z.B. "Täter hinter dem Täter"), die Irrtumslehre (z.B. "aberratio ictus") usw. vermittelt.

.Strafrecht-BT I/II

nur DM **19,90**

Bei den Klassikern wie u.a. Diebstahl, Betrug einschließlich Computerbetrug, Erpressung, Hehlerei, Untreue (BT I) und Totschlag, Mord, Körperverletzungsdelikten, Aussagedelikten, Urkundsdelikten, Straßenverkehrsgefährdungsdelikten (BT II) sollte man sich keine Fehltritte leisten. Mit der Hemmer-Methode wird der verständnisvolle Umgang mit Fällen, die im Grenzbereich eines oder mehrerer Tatbestände liegen, eingeübt. Auf klausurtypische Fallkonstellationen wird hingewiesen.

.StPO

nur DM **19,90**

Strafprozeßrecht hat durch die Verkürzung der Referendarzeit auch im Ersten Juristischen Staatsexamen an Bedeutung gewonnen: Begriffe wie Legalitätsprinzip, Opportunitätsprinzip, Akkusationsprinzip dürfen dann keine Fremdworte mehr sein. Lernen Sie spielerisch die Abgrenzung von strafprozessualem und materiellem Tatbegriff. Finden Sie stets den richtigen Kontext mit der Hemmer-Methode.

.Kriminologie, Jugendstrafrecht und Strafvollzug

nur DM **19,90**

Kriminologie ist eine interdisziplinäre Erfahrungswissenschaft und umfaßt im wesentlichen Aspekte des Strafrechts, der Soziologie, der Psychologie und der Psychatrie. Erscheinungsformen und Ursachen von Kriminalität, der Täter, aber auch das Opfer und Kontrolle und Behandlung des Straftäters stehen im Mittelpunkt. Nicht nur ideal für die Wahlfachgruppe.

Strafrecht · Strafprozeßrecht · Kriminologie

EXAMENSTYPISCH · ANSPRUCHSVOLL · UMFASSEND

Neues Lernen mit der Hemmer-Methode

Verwaltungsrecht

Auch die Verwaltungsrechtsskripten sind klausur- und hausarbeitsorientiert und damit als großer Fall zu verstehen. Trainieren Sie Verwaltungsrecht mit uns so, wie Sie es in der Klausur brauchen. Lesen Sie die Skripten wie ein großes Schema. Lernen Sie mit der Hemmer-Methode die richtige Einordnung. Im öffentlichen Recht gilt: Wenig Dogmatik – viel Gesetz. Gehen Sie deshalb mit dem sicheren Gefühl in die Prüfung, die Dogmatik genau zu kennen und zu wissen, wo Sie was wie zu prüfen haben. Wie Sie mit der Dogmatik in Klausur und Hausarbeit richtig umgehen, vermittelt Ihnen die Hemmer-Methode.

.Verwaltungsrecht

nur DM **19,90**

Verwaltungsrecht I: Die zentrale Klageart in der VwGO ist die Anfechtungsklage. Wie ein großer Fall sind im Verwaltungsrecht I die klausurtypischen Probleme sowohl der Zulässigkeit (z.B. Vorliegen eines VA, Probleme der Klagebefugnis, Vorverfahren) als auch der Begründetheit (z.B. Ermächtigungsgrundlage, formelle Rechtmäßigkeit des VA, Rücknahme und Widerruf von VAen) entsprechend der Reihenfolge in der Klausur grundlegend dargestellt.

Verwaltungsrecht II: Auch hier wird die richtige Einordnung der Prüfungspunkte im Rahmen der Zulässigkeit und Begründetheit von Verpflichtungsklage, Fortsetzungsfeststellungsklage, Leistungsklage, Feststellungsklage, Normenkontrolle eingeübt. Die gleichzeitige Darstellung typischer Fragestellungen der Begründetheit der einzelnen Klagearten, macht dieses Skript zu einem unentbehrlichen Hilfsmittel für die Vorbereitung auf Zwischenprüfungen und Examina.

Verwaltungsrecht III: Widerspruchsverfahren, vorbeugender und vorläufiger Rechtsschutz (insbesondere §§ 80 V, 123 VwGO), Rechtsmittel (Berufung und Revision) sowie Sonderprobleme des Verwaltungsprozeß- und allgemeinen Verwaltungsrechts sind danach für Sie keine "Fremdwörter" mehr. Profitieren Sie von unseren gezielten Tips! Wir sind als Repetitoren Sachkenner von Prüfungsfällen.

.Steuererklärung leicht gemacht

nur DM **19,90**

Das Skript gibt alle erforderlichen Anleitungen und geldwerte Tips für die selbständige Erstellung der Einkommensteuererklärung. Zur Verdeutlichung sind Beispielsfälle eingebaut, deren Lösungen als Grundlage für die eigene Steuererklärung verwendet werden können.

EXAMENSTYPISCH · ANSPRUCHSVOLL · UMFASSEND

Staatsrecht
Europarecht
Völkerrecht

Neues Lernen mit der Hemmer-Methode

hemmer! Die Skripten

Stoffauswahl und Schwerpunktbildung von Verfassungsrecht (Staatsrecht I) und Staatsorganisationsrecht (Staatsrecht II) orientieren sich am praktischen Bedürfnis von Klausur und Hausarbeit. Da in diesem Bereich häufig nach dem Prinzip "terra incognita" gelernt wurde, gilt es Lücken zu schließen. Wer Staatsrecht richtig gelernt hat, kann sich jedem Fall stellen. Lernen Sie mit der Hemmer-Methode, sich Ihres Verstandes zu bedienen. Es gilt der Wahlspruch der Aufklärung: "sapere aude" (Wage Dich Deines Verstandes zu bedienen); Kant, auf ihn Bezug nehmend Karl Popper (Beck'sche Reihe "Große Denker").

.Staatsrecht
nur DM 19,90

Staatsrecht I: Die Grundrechte sind das Herzstück der Verfassung. Zulässigkeit und Begründetheit der Verfassungsbeschwerde geben jedem Klausurersteller die Möglichkeit, Grundrechtsverständnis abzuprüfen. Die einzelnen Grundrechte werden im Rahmen der Begründetheit der Verfassungsbeschwerde umfassend erklärt. Lernen Sie mit der Hemmer-Methode den richtigen Fallaufbau, auf den gerade im öffentlichen Recht besonders viel Wert gelegt wird.

Staatsrecht II: Speziell hier gilt: Die wenigen Klassiker, die immer wieder in der Klausur eingebaut sind, muß man kennen. Dies sind im Prozeßrecht: Organstreitigkeiten, abstrakte und konkrete Normenkontrolle, föderale Streitigkeiten (Bund-/Länderstreitigkeiten); im materiellen Recht: Staatszielbestimmungen (Art. 20 GG), Finanzverfassung, oberste Staatsorgane, Gesetzgebungskompetenz und -verfahren, Verwaltungsorganisation, politische Parteien, auswärtige Gewalt.

.Europarecht
nur DM 19,90

In Zeiten unüberschaubarer Normenflut (jetzt auch noch Prüfunggegenstand EG-Recht!) ermöglicht dieses Skript die zum Verständnis notwendige Orientierung und Vereinfachung. Die klausurtypische Darstellung stellt die Weichen für Ihren Lernprozeß. Das Skriptum erfreut sich großer Beliebtheit bei Studenten und Referendaren. Verständlich und klar strukturiert erspart es Zeit und dient dem Allgemeinverständnis für dieses in Zukunft immer wichtiger werdende Prüfungsgebiet.

.Völkerrecht
nur DM 19,90

Die Probleme im Völkerrecht sind begrenzt. Der Band vermittelt den Einstieg in die Rechtsmaterie und stellt die wichtigsten Probleme des Völkerrechts dar. Ergänzt durch Beispielsfälle und die Judikatur des IGH ist dieses Skript ein unverzichtbares Hilfsmittel.

EXAMENSTYPISCH · ANSPRUCHSVOLL · UMFASSEND

Neues Lernen mit der Hemmer-Methode

Landesrechtliche Skripten

hemmer! Die Skripten

Das besondere Verwaltungsrecht ist schwerpunktmäßig in den jeweiligen Ländergesetzen geregelt. Erfolgreiche und examenstypische Vorbereitung ist daher nur mit solchen Materialien möglich, in denen die landesspezifischen Besonderheiten dargestellt werden. Auch die Praxis kann nur mit den jeweils einschlägigen landesrechtlichen Vorschriften arbeiten – und die gilt es in Lehrbüchern erst einmal zu finden. Für solche hochspezialisierten Anforderungen wurde unsere landesrechtliche Reihe konzipiert – jedes Skript mit Hemmer-Methode zum günstigen Einzelpreis von 19,90 DM!

.Baurecht
nur DM 19,90

Bauplanungs- und Bauordnungsrecht werden in klausurtypischer Aufarbeitung so dargestellt, daß selbst der Anfänger innerhalb kürzester Zeit die Systematik des Baurechts erlernt. Vertieft dargestellt werden darüber hinaus alle wichtigen Spezialprobleme des Baurechts wie gemeindliches Einvernehmen, Vorbescheid, Erlaß von Bebauungsplänen etc. – ein Muß für jeden Examenskandidaten!

Bislang für folgende Länder*
Bayern, Thüringen, Sachsen-Anhalt, NRW, Rheinland-Pfalz, Saarland

.Polizeirecht
nur DM 19,90

Gerade das Polizei- und/oder Sicherheitsrecht stellt sich von Bundesland zu Bundesland unterschiedlich dar: Hier kommt die Stärke der landesrechtlichen Skripten voll zur Geltung! Lernen Sie im jeweils regionalen Kontext die Begriffe Primär- und Sekundärmaßnahme, Konnexität, Anscheins- und Putativgefahr usw. Der Aufbau des Skripts orientiert sich an der typischen Systematik der Polizeirechtsklausur.

Bislang für folgende Länder*
Bayern, Thüringen

.Kommunalrecht

nur DM 19,90

In vielen Bundesländern ist Kommunalrecht das Herz der verwaltungsrechtlichen Klausur, da es sich mit den meisten anderen Bereichen des Verwaltungsrecht-BTs hervorragend verbinden läßt: Begriffe wie eigener und übertragener Wirkungskreis, Kommunalaufsicht, Verbands- und Organkompetenz, Befangenheit von Gemeinderäten, Kommunale Verfassungsstreitigkeit, gemeindliche Geschäftsordnung und vieles mehr, werden in gewohnt fallspezifischer Art dargestellt und erklärt.

Bislang für folgende Länder*
Bayern, NRW

* Weitere Skripten in Vorbereitung

EXAMENSTYPISCH · ANSPRUCHSVOLL · UMFASSEND

Classics
Fallsammlungen

Neues Lernen mit der Hemmer-Methode

Die Classics-Skripten fassen die examenstypischen Entscheidungen der Obergerichte zusammen. Wir nehmen Ihnen die Auswahl und die Aufbereitung der Urteile ab. Leicht ablesbar und immer auf den "sound" bedacht, machen Originalentscheidungen plötzlich Spaß. Die Fallsammlungen sind die Musterklausuren für die Scheine und das Examen. Was kommt immer wieder dran? Aufbau und Sprache werden inzident mitgeschult. Mit den Musterklausuren sind Sie fit für die Prüfung!

Classics

nur DM 19,90

Rechtskultur und Verständnis des Gesetzes werden in weiten Teilen von der Rechtsprechung geprägt. Die wegweisenden Entscheidungen müssen Student, Referendar und Anwalt bekannt sein. Auf leicht erfaßbare, knappe, präzise Darstellung wird Wert gelegt. Die Hemmer-Methode sichert den für Klausur und Hausarbeit notwendigen "background" ab.

Fallsammlungen

nur DM 19,90

"Exempla docent – beispielhaft lernen". Für kleine/große Scheine und das Examen gilt: Wer den Hafen nicht kennt, für den ist kein Wind günstig. Profitieren Sie von unserer langjährigen Erfahrungen als Repetitoren. Musterklausuren, kommentiert durch die Hemmer-Methode, vermitteln technisches know how, nämlich wie man eine Klausur schreibt, und inhaltliche Beschreibung, was überhaupt als Prüfungsthema typisch ist.

EXAMENSTYPISCH · ANSPRUCHSVOLL · UMFASSEND

Neues Lernen mit der Hemmer-Methode

Assessor-Basics

Die neue Reihe mit der Hemmer-Methode

Ergänzend zur großen Skriptenreihe nun auch unsere Assessor-Basics: Die Gebrauchsanweisung für das Assessorexamen! Als Einstieg in die Referendarzeit oder zur kompakten Wiederholung der wichtigsten Probleme. Klausurtechnik und -taktik dargestellt am "Großen Fall".

.Klausuren-Training Zivilprozeß — nur DM 24,90

Drittwiderklage · "Baumbach'sche Formel" · Versäumnisurteil · Klagerücknahme nach VU · Einseitige Erledigungserklärung · Streitverkündung · Parteiwechsel · gewillkürte Prozeßstandschaft · einverständliche Teilerledigung · unselbständige Anschlußberufung · einstweilige Verfügung · Vollstreckungsabwehrklage · Vollstreckungsbescheid und und und …

Das Hilfsmittel zur erfolgreichen Bewältigung der Referendarstation!

.Klausuren-Training Arbeitsrecht — nur DM 24,90

Streitgegenstandstheorie · verhaltensbedingte Kündigung · betriebsbedingte Kündigung · personenbedingte Kündigung · Änderungskündigung · befristeter Arbeitsvertrag · Aufhebungsvertrag · Weiterbeschäftigungsanspruch · Gläubigerverzug · EntgeltFG · innerbetrieblicher Schadensausgleich · Karenzentschädigungen gemäß §§ 74 ff. HGB.

Klausurtypische Darstellung der wichtigsten arbeitsrechtlichen Problemstellungen!

.Klausuren-Training Strafprozeß — nur DM 24,90

Abschlußverfügungen · Plädoyer des Staatsanwalts · Strafurteil · Revisionsrecht (Gutachten und Revisionsbegründung).

Eine Zusammenfassung der wichtigsten Probleme des Strafprozeßrechts unter besonderer Berücksichtigung typischer Verknüpfungen mit dem materiellen Strafrecht.

EXAMENSTYPISCH · ANSPRUCHSVOLL · UMFASSEND

Juristisches Repetitorium hemmer

gegründet 1976 in Würzburg

Profitieren Sie von unserer sog. „Integrierten Lösung"!

12 Skripten Ihrer Wahl kostenfrei

In folgenden Städten erhalten Sie mit Beginn des Haupkurses 12 Skripten kostenfrei:

- Würzburg
- Passau
- Konstanz
- Tübingen
- Gießen
- Dresden
- Leipzig
- Rostock
- Erlangen
- Augsburg
- Mainz
- Münster
- Potsdam
- Marburg
- Saarbrücken
- Greifswald
- Regensburg
- Frankfurt/M.
- Berlin
- Hamburg
- Hannover
- Trier
- Bremen
- Frankfurt/O.
- München
- Bochum
- Göttingen
- Osnabrück
- Kiel
- Jena
- Halle
- Bielefeld
- Köln
- Bonn

Unsere Empfehlung:

BGB-AT Der Primäranspruch I · BGB-AT/SchR-AT Der Primäranspruch II · BGB-AT/SchR-AT Der Primäranspruch III · Bereicherungsrecht · Strafrecht-AT I · Strafrecht-AT II · Strafrecht-BT I · Strafrecht-BT II · Verwaltungsrecht I · Verwaltungsrecht II · Verwaltungsrecht III · Staatsrecht

EXAMENSTYPISCH · ANSPRUCHSVOLL · UMFASSEND

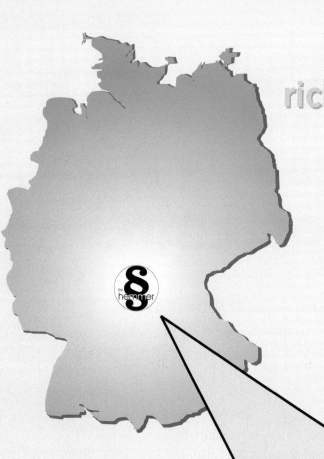

20 Jahre
Spitzenergebnisse
sind
richtungsweisender
Maßstab

in Würzburg seit '91 bis Dez. '97

6x „sehr gut"
50x „gut"

Seit 1980 in 32 Terminen bis 1996
von zehn mit „sehr gut"
9 von uns!
Januar 1997: Der Beste 14,79

Juristisches Repetitorium
hemmer
in
Würzburg
gegründet 1976

hemmer

Qualität

aus Würzburg

für ganz Deutschland

Die Ergebnisse der Würzburger Zentrale und die Mitarbeiterstruktur sind Garant für die gleichbleibend hohe Qualität des Juristischen Repetitoriums und der hemmer-Skripten.

In den 6 Terminen (Ergebnisse) 1995/96/97 erreichten in der Zentrale unsere Kursteilnehmer 5x Platz 1 – alle spätere Mitarbeiter – und mehrfach Platzziffer 2! Ergebnis Januar 1995 die sechs Besten – alle Freischützen – Schnitt 13,39.

Zusammenfassung 1991–1997:

15,08 · 14,3* · 14,08 (alle 3 Landesbeste ihres Termins) · 14,08* (Bester des Termins in Würzburg 96 I) 14,04* (Bester des Termins 94 II) · 13,87 · 13,8* 13,7 (Siebt-Semester, Bester des Termins in Würzburg 95 II) · 13,7 (Siebt-Semester) · 13,66* (Bester des Termins 97 I, 7. Semester) · 13,6* · 13,54* 13,41* · 13,3* (Bester des Termins 95 I in Würzburg) 13,3* (Beste des Termins 93 I in Würzburg) 13,29* · 13,02* (Bester des Termins 95 I in Würzburg) · 13,0 · 13,0 · 12,91* · 12,87* (Siebt-Semesterin) · 12,8* · 12,75* · 12,62 · 12,6 · 12,6 12,58* · 12,58* · 12,54* · 12,5* · 12,5* · 12,37 (Siebt-Semester) · 12,3* · 12,2 · 12,2 · 12,2* · 12,2* 12,08 · 12,18* · 12,12 · 12,08* · 12,0 · 12,0* · 12,0* 12,0* · 12,0* · 11,8 · 11,8 · 11,75* · 11,75* · 11,58* 11,5 …

* hemmer-Mitarbeiter bzw. ehemalige hemmer-Mitarbeiter

…der Erfolg gibt uns Recht

hemmer – die Zeitschrift ...

Life & LAW

... warum erst jetzt?

„kairos" (griech.) – Der rechte Zeitpunkt, das richtige Team! Nach jahrelanger Erfahrung (Repetitorium in Würzburg seit 1976) in der Examensausbildung, wissen wir, was für das Examen wichtig ist. Und wie es optimal aufbereitet wird. Repetitorium, Skriptenreihe und die neue Zeitschrift sind aufeinander abgestimmt. Die Zeitschrift, die ideale Ergänzung zu unserem Programm, ermöglicht dem Leser, aktuelle Rechtsprechung *hemmer*-typisch zu interpretieren.

... warum überhaupt?

Bestehende Ausbildungszeitschriften werden dem Examen nicht gerecht und gehen damit größtenteils an den Bedürfnissen der Leser vorbei. Häufig steht bei Aufsätzen und Rezensionen die eigene Karriere und nicht die des Lesers im Vordergrund.

Außerdem fehlt die Einbindung der Einzelentscheidung in die Gesamtdogmatik. Vielfach wird die Entscheidung nur eingescannt und ist so für Sie unbrauchbar. Wer sich stundenlang durch umfangreiche Sachverhalte und BGH-Sätze gequält hat, weiß worüber wir reden. Die Rechtsprechung hat das Gesetz und „billige" Lösung im Auge, nicht das Examen. Außerdem gilt für die Rechtsprechung anders als für den Ersteller einer Examensklausur: „Probleme wegschaffen, nicht schaffen. Der BGH kann es sich auf Grund seiner Machtposition leisten, sich über Literatur und manchmal auch über das Gesetz hinwegzusetzen. Gefährlich kann es für den Examenskandidaten werden, wenn er sich unreflektiert dem BGH anschließt.

Die Zeitschrift schult Ihre Aufmerksamkeit so, daß Sie zweckrational im Hinblick auf das Examen mit der Rechtsprechung umgehen. Sie verstehen, wie diese Rechtsprechung in das examenstypische Spiel eingebaut wird. Der konkrete sprachliche Gebrauchszusammenhang wird erklärt. Die Rechtsprechung wird für Ihr Examen übersetzt, wir filtern heraus, was für Sie wichtig ist. Arbeit wird abgenommen, Lesen wird effizient, das Gelesene leichter abrufbar.

... warum hemmer?

Examenstypischer Sprachgebrauch ist einzuüben. Lernen Sie mit unseren Spitzenjuristen (10 Juristen mit der Examensnote „sehr gut", viele mit „gut"). Wir sind weder Richter noch Professoren. Als Repetitoren ist es unsere alleinige Aufgabe, Sie gut durchs Examen zu bringen. Dementsprechend unterscheiden wir Examenswichtiges von Unnützem, setzen die Schwerpunkte für Ihr Examen richtig. Wir setzen richtungsweisende Maßstäbe auch mit der Zeitschrift.

... warum so?

Die Entscheidung ist optisch modern aufbereitet. Leichte Lesbarkeit, gut erfaßbare Zwischenüberschriften und klare Gliederung sorgen für den schnellen Überblick:

- **schnell** der Überblick
- **knapp** der Leitsatz
- Der Sachverhalt ist auf das **Wesentliche** gekürzt
- **präzise** die Entscheidungsgründe
- **examenstypisch** die Aufbereitung
- **informativ** der background

Skripten Bestellformular

hemmer/wüst Verlagsgesellschaft mbH
Mergentheimer Str. 44 · 97082 Würzburg
Tel.: 0931/78 31 60 · Fax: 0931/78 15 35

hemmer! Die Skripten

Anz.	Titel		Anz.	Titel	
	neu BGB für Einsteiger · mini-basics	nur DM 14,80		StPO	
	Basics Zivilrecht · 2. Aufl.	je DM 19,90		*neu* Kriminologie, Jugendstrafrecht und Strafvollzug	
	Basics Strafrecht · 2. Aufl.			Verwaltungsrecht I · 2. Aufl.*	
	Basics Öffentliches Recht · 3. Aufl.			Verwaltungsrecht II · 2. Aufl.*	
	BGB-AT · Der Primäranspruch I · 2. Aufl.*			Verwaltungsrecht III · 2. Aufl.*	
	BGB-AT/SchR-AT · Der Primäranspruch II · 2. Aufl.*			Steuererklärung leicht gemacht	
	BGB-AT/SchR-AT · Der Primäranspruch III · 2. Aufl.*			Staatsrecht I · 2. Aufl.*	
	Schadenersatzrecht I*			Staatsrecht II · 2. Aufl.*	
	Schadenersatzrecht II*			Europarecht · 2. Aufl.	
	Schadenersatzrecht III · 2. Aufl.*			Völkerrecht	
	neu Schuldrecht-BT I (ab Mai 1998)			Baurecht/Bayern	
	neu Schuldrecht-BT II (ab Mai 1998)			Baurecht/NRW	
	Gewährleistungsrecht*			Baurecht/RhPfz	
	Bereicherungsrecht*			Baurecht/Saarland	
	Deliktsrecht I*			Baurecht/Sachsen-Anhalt	
	Deliktsrecht II*			Baurecht/Thüringen	
	Sachenrecht I · 2. Aufl.*			Polizeirecht/Bayern · 2. Aufl.	
	Sachenrecht II · 2. Aufl.*			Polizeirecht/Thüringen	
	Sachenrecht III			Kommunalrecht/Bayern	
	Kreditsicherungsrecht*			Kommunalrecht/NRW	
	Erbrecht*			BGH-Classics Zivilrecht	
	Familienrecht*			BGH-Classics Strafrecht	
	Zivilprozeßrecht I*			*neu* Classics Ö-Recht	
	Zivilprozeßrecht II*			*neu* Basics Zivilrecht · Musterklausuren für die Scheine	
	Handelsrecht*			*neu* Basics Strafrecht · Musterklausuren für die Scheine	
	Gesellschaftsrecht*			*neu* Basics Öffentliches Recht · Musterklausuren f. d. Scheine	
	Arbeitsrecht · 3. Aufl.			*neu* Musterklausuren für's Examen · Zivilrecht	
	Herausgabeansprüche			*neu* Musterklausuren für's Examen · Strafrecht	
	Rückgriffsansprüche				
	Internationales Privatrecht			Superpaket (28 Stück · alle Skripten mit *)	444,-
	neu Privatrecht für BWL'er, WiWis & Steuerberater		**Assessorbasics:**		je DM 24,90
	Strafrecht-AT I*			Klausurentraining Zivilprozeß · 2. Aufl.	
	Strafrecht-AT II*			Klausurentraining Arbeitsrecht · 2. Aufl.	
	Strafrecht-BT I*			Klausurentraining Strafprozeß · 2. Aufl.	
	Strafrecht-BT II*				

Gesamtsumme (bitte eintragen):
zzgl. Versandkostenanteil: + 6,40 DM
Endsumme (bitte eintragen):

Ich weiß, daß meine Bestellung nur erledigt wird, wenn ich einen Verrechnungsscheck in Höhe meiner Bestellungs-Gesamtsumme zzgl. des Versandkostenanteils beilege oder zum Einzug ermächtige. Bestellungen auf Rechnung können leider nicht erledigt werden. Bei fehlerhaften Angaben wird eine Unkostenpauschale in Höhe von 30 DM fällig. Die Lieferung erfolgt unter Eigentumsvorbehalt.

Bitte alle Angaben deutlich in Druckschrift angeben!

Vorname, Name

Straße, Nr.

PLZ, Ort

Telefon, ggf. Kunden-Nr.

Buchen Sie die Endsumme von meinem Konto ab:

Kreditinstitut

BLZ, Konto-Nr.

Datum, Unterschrift

Bestellformular

Unsere Philosophy-Principles

Was den Erfolg der hemmer-Methode ausmacht

Es besteht eine allgemeine Übereinkunft: Juristische Methode kann nicht in derselben Weise erlernt werden wie Algebra; anders ausgedrückt: Es gibt in der Juristerei kein vollständiges System von Regeln, bei deren Befolgung man notwendigerweise zum richtigen Ergebnis gelangt.

kein schematisches Lernen

Von daher ist das zu schematische Lernen eine falsche, der Rechtsanwendung nicht entsprechende Lernmethode. Es besteht bei diesem, als träges Wissen bezeichnetem Lernen die Gefahr, daß abstrakte, anwendungsunspezifische Inhalte den Lernstoff bestimmen. Der Stoff wird dann in systematisch geordneter Weise dargestellt, das im Stoff enthaltene Wissen kann jedoch gerade für die in Frage stehenden Probleme nicht verwandt werden. Die unnatürlich klare Problemstellung läßt keine Fragen offen.

Assoziatives Lernen heißt: Problem erkannt, Gefahr gebannt

Die im Examen zu lösende Fallfrage ist in der Regel viel komplexer und nicht wohldefiniert. Im Gegenteil, man muß zunächst überhaupt erst einmal erkennen, daß ein Problem vorliegt. Fehlt das Gespür für das Aufstöbern des Problems, nützt dann auch das zum Problemfeld vorhandene Wissen nichts. Dieses entsprechende „feeling" für die Juristerei ist mit unserer Assoziationsmethode erlernbar.

Neben dem Fehlen von Problembewußtsein besteht ein weiteres Defizit des herkömmlichen Lernens in der Zersplitterung der Lerninhalte. Durch die künstliche Trennung von z.B. BGB-AT und Bereicherungsrecht wird der Anschein erweckt, die Inhalte hätten wenig miteinander zu tun. Schon bei den Scheinen, spätestens aber im Examen zeigt sich der Irrtum. So hat gerade der fehlgeschlagene Vertrag seine Bedeutung im Bereicherungsrecht; Minderjährigenprobleme stellen sich besonders hier (z.B. Entreicherung und verschärfte Haftung). Auch im Öffentlichen

Über das schematische Lernen

Man kann sich irren, aber es lohnt sich nicht, sich selbst zu betrügen!

Das sogenannte *schematische Lernen* suggeriert eine Einfachheit, die weder der Komplexität des Lebens noch der des Examens gerecht wird. Schematisches Lernen verführt dazu, der eigentlich im Examen gestellten Aufgabe auszuweichen. Das schematische Lernen führt zwar zu einem *kurzfristigen* Erfolgserlebnis, löst aber nicht die gestellte Aufgabe. *Unterscheiden Sie* zwischen kurzfristigem und langfristigem Gewinn. Es geht – anders als teilweise in der Schule – *nicht mehr* darum, sich mit dem geringsten Widerstand durchzumogeln. Sie leben in einer Konkurrenzgesellschaft. Schöpfen Sie Ihre eigenen Ressourcen aus. Lernen Sie, spielerisch mit dem Examensfall umzugehen. Gefragt sind nämlich *eigene Verantwortung*, *richtiges Gewichten* und *Sich-Entscheiden-können*. Textverständnis für den Examensfall kann *nur so* entstehen und vertieft werden.

Recht und Strafrecht ist das Auseinanderhalten von AT und BT künstlich und entspricht nicht der Examensrealität. Durch die schematische Trennung besteht die Gefahr, daß das Wissen in verschiedenen Gedächtnisabteilungen abgespeichert wird, die nicht miteinander in Verbindung gebracht werden.

Diesem Gesichtspunkt trägt die HEMMER-METHODE Rechnung: Wissen wird von Anfang an unter Anwendungsgesichtspunkten erworben – das gilt sowohl für unsere Skripten als auch im verstärkten Maß für den Hauptkurs. Damit wird die Kompetenz der Wissensanwendung gefördert. Gezielte Tips, wie Sie sich Zeit und Arbeit ersparen, begleiten Sie schon ab dem ersten Semester. Wir setzen unsere Ausbildung dann in unserem Examenskurs fort, indem wir auf anspruchsvollem Niveau Examenstypik umfassend einüben.

Anders als im wirklichen Leben gilt für Klausuren und Hausarbeiten:

„Probleme schaffen, nicht wegschaffen".

Mit der von uns betriebenen Assoziationsmethode lernen Sie, richtig, nämlich problemorientiert, an den Examensfall heranzugehen. Sie lernen damit, „wie" Sie an einen Examensfall herangehen und „was" das nötige Rüstzeug ist. Mit Beendigung unseres Kurses ist in der Regel das entsprechende „feeling" für Examensfälle erlernt!

Die ersten beiden Stunden in der Klausur sind entscheidend: Diese üben wir mit Ihnen in unserem Kurs immer wieder ein. Wir lassen Sie bei dem oft mühevollen Schritt vom bloß abstrakten Wissen zur konkreten Examensanwendung nicht allein. Das häufig gehörte Argument, man müsse erst 200 Klausuren schreiben, – für Freischüßler ohnehin kaum praktikabel – wird überflüssig, wenn man unter Anleitung examenstypisch trainiert.

Training unter professioneller Anleitung

Erst das ständige Training unter professioneller Anleitung führt zur Sicherheit im Examen. In den Examensfällen geht es auch häufig nicht um ein

EXAMENSTYPISCH · ANSPRUCHSVOLL · UMFASSEND